法在你身边

个人常见民事／税收／社保争议 108 问

吴天如　潘银敏　胡佳佳　陈俊红◎著

中国财经出版传媒集团
中国财政经济出版社

图书在版编目（CIP）数据

法在你身边：个人常见民事、税收、社保争议108问／吴天如等著．— 北京：中国财政经济出版社，2023.5

ISBN 978－7－5223－2176－9

Ⅰ．①法⋯　Ⅱ．①吴⋯　Ⅲ．①法律－中国－普及读物　Ⅳ．①D920.5

中国国家版本馆 CIP 数据核字（2023）第 071841 号

责任编辑：陈志伟　　　　　　责任印制：史大鹏
封面设计：MXK DESIGN STUDIO Q:1765628429　　责任校对：张　凡

法在你身边：个人常见民事、税收、社保争议108问
FA ZAI NI SHENBIAN: GEREN CHANGJIAN MINSHI SHUISHOU SHEBAO ZHENGYI 108 WEN

中国财政经济出版社 出版

URL：http://www.cfeph.cn
E-mail：cfeph@cfeph.cn

（版权所有　翻印必究）

社址：北京市海淀区阜成路甲28号　邮政编码：100142
营销中心电话：010-88191522
天猫网店：中国财政经济出版社旗舰店
网址：https://zgczjjcbs.tmall.com
北京时捷印刷有限公司印刷　各地新华书店经销
成品尺寸：170mm×240mm　16开　19印张　241 000字
2023年5月第1版　2023年5月北京第1次印刷
定价：79.00元
ISBN 978－7－5223－2176－9
（图书出现印装问题，本社负责调换，电话：010-88190548）
本社质量投诉电话：010-88190744
打击盗版举报热线：010-88191661　QQ：2242791300

Foreword 前言

"外面的世界很精彩,外面的世界很无奈",这句歌词生动而深刻地唱出了我们的生活现状——生活小康、物资充裕、精神丰富,精彩生活让人身心愉悦;人际交往、经济纠纷、信息爆炸,矛盾冲突又让人倍感困惑。

何以解忧?!

我们绞尽脑汁、呕心沥血,走访了社会上的各种人群,作了许多分析研究,得出了一个结论:隔行如隔山。由于个人欠缺相关专业知识,在面对涉及法律、社保、税收等疑问甚至纠纷时,或维权不当,或花费颇多,无法用小的成本最大限度地保护自身的合法权益。

为此,本书的四位作者精心构思选题、收集案例、潜心分析,历时 1 年提炼出了 108 个问题,运用法律、社保、税收知识,多视角审视日常生活常见问题,用专业知识帮助读者解决与生活相关的各类困扰。为确保本书质量,邀请了杭州正策律师事务所资深律师张存为先生进行了审核,使得本书增色良多。书中勒口处附有张存为律师个人微信二维码,读者如果有民事法律疑问,欢迎咨询沟通。

几经斟酌,本书终于得以成型,有幸与诸位读者见面。

你或许要问:这本书与市场上的同类书有区别吗?

你或许要问:这本书我看得明白吗?

关于本书,我们的定位是一本面向普罗大众的业务普及类书籍。因此,在选取和编写案例时,四位作者一致坚持不以光怪陆离的案例夺人眼球,不以咬文嚼字的解释引人注目,我们致力于以生活中真实发生且有代表性的案例为蓝本,以平实接地气的文字来解读分析,以解决问题、化解纠纷为导向,为普通人依法维权提供思路和方向。所以,你肯定能看得清楚、想得明白。

你或许要问:这本书真的能帮到我吗?

本书的架构简洁、务实,精心筛选了 3 个类别共 108 个热点案例,以真实鲜活的案例为切入点，融入法理分析，提示实务操作，再附以案例引用的最新法律条文，真正做到了言之有据、说之有理、法理相融、用之得力。亲爱的读者朋友，当你遇到同类型或类似的问题，可以从本书中理清解决问题的思路，找到解决问题的方案。所以，这本书将可以成为你维护自身合法权益的"百宝箱"。

受作者能力水平、知识储备所限，以及相关政策更替频繁，本书仍有诸多不足，望各位读者海涵并多提宝贵意见，以便本书再版时更趋完善。

作者

2023 年 3 月

Contents 目录

01 ▶ 第1篇　日常生活篇

问题 001：购物时没有索要发票，发生纠纷应该如何维权？／3

问题 002：单位发放补贴要个人提供发票，这样做是否合法？／4

问题 003：个人"入行"刷单搞副业，真的没有风险吗？／8

问题 004：商家说消费者违约造成其多缴税，因此收取"税点"是否合法？／10

问题 005：购物后商家名称发生变更，如果打官司应当去告谁？／12

问题 006：会员卡没有消费完公司就倒闭了，还能找老板个人"算账"吗？／13

问题 007：网购服装付钱给客服，产生经济纠纷能否要网店退钱？／16

问题 008：买卖双方对合同条款有争议，争议条款应当如何理解？／20

问题 009：二手卖家卖假货被发现，消费者能否要求赔偿？／22

问题 010：商品生产日期有问题，向消费者个人赔偿有依据吗？／25

问题 011：群接龙销售商品产生纠纷，团长可以算经营者吗？／27

问题 012：消费者与商家就售后服务发生争议，只有商家对条款的解释才算数吗？／30

问题 013：内部团购交纳诚意金后到期未交房，是否应当退还诚意金？／31

问题 014：开发商为多赚钱一房二卖，是否要赔偿消费者损失？／33

问题 015：劳动者签合同时间早于《中华人民共和国劳动合同法》实施之日，经济补偿如何计算时间？／36

问题 016：非全日制用工产生费用争议，相关补偿如何计算才合规？／39

问题 017：年休假和病假不是一回事，辞退后公司也得付年休假钱？/ 42

问题 018：工作期间遭遇车祸要求交通事故损害赔偿后，还能要求工伤赔偿吗？/ 45

问题 019：违反公司管理规定被解除合同，公司还需要向个人支付未支付的年休假工资和加班费吗？/ 47

问题 020：租客未经许可将租赁房屋转租他人从事违法活动，房东也要承担责任吗？/ 52

问题 021：租赁房屋漏水造成楼下住户财产损失，房客是否要赔偿？/ 54

问题 022：业主对小区物业服务质量不满，能否拒绝交纳物业费？/ 56

问题 023：房屋漏水修理起纠纷，拒交物业费是否合法？/ 59

问题 024：牵狗散步咬伤行人，行人打死狗是否要负责？/ 61

问题 025：近距离安装可视门铃，是否侵害邻居的个人隐私权？/ 64

问题 026：邀请他人乘车遭遇车祸受伤，车主是否无须承担责任？/ 67

问题 027：未成年人未经家长同意进行游戏充值，家长能否要求平台退钱？/ 70

问题 028：商场租户存在违约行为，消费者能否要求商场负责？/ 72

问题 029：自动订购服务在个人不知情的情况下扣费，这样做是否合法？/ 74

问题 030：恋人之间发生大额转账，究竟算借款还是赠与？/ 77

问题 031：擅自支配夫妻共同财产赠与第三者，能否算不当得利要求返还？/ 80

问题 032：他人借款到期后没有偿还，担保人也要赔钱吗？/ 83

问题 033：过量饮酒造成人员死亡，应当由谁承担责任？/ 85

问题 034：因对商家服务不满，所以在点评网上给"差评"，这样算侵权吗？/ 87

问题 035：微信群里发言诋毁侮辱他人，发言人员是否需要承担责任？/ 89

问题036：车辆为避让行人紧急刹车导致乘客受伤，应当由谁来负责？/ 93

问题037：个人借款给公司，双方应当如何缴税呢？/ 95

问题038：公司借款给股东个人，双方应当如何缴税呢？/ 99

问题039：不经同意私自转发别人照片，照片主人能要求损害赔偿吗？/ 103

02 ▶ 第2篇　婚姻家庭篇

问题040：恋爱期间情侣之间的借款，在分手后需要归还吗？/ 107

问题041：被前男友长期打电话骚扰，应如何保护自己的权益？/ 108

问题042：夫妻、恋人、情人之间签订的忠诚协议，有法律效力吗？/ 111

问题043：恋爱期间的借款、赠与、消费，分手时能索赔吗？/ 114

问题044：婚后在房产证（不动产证）上"加名"，需要缴税吗？/ 117

问题045：离婚时夫妻之间办理不动产权证过户，需要缴契税吗？/ 120

问题046：妻子不想生育，会不会对丈夫的生育权构成侵害？/ 122

问题047：有配偶的人与其他异性同居，算不算事实上的重婚？/ 124

问题048：有了离婚冷静期之后，结婚时难离亦难？/ 127

问题049：夫债妻还，天经地义吗？/ 130

问题050：夫妻一方挥霍财产，另一方能要求婚内分割财产吗？/ 132

问题051：夫妻一方不给另一方治病，患病方能要求婚内分割财产吗？/ 135

问题052：妻子婚内出轨并怀孕生子，丈夫能否要求精神损失赔偿？/ 138

问题053：一方婚前购买的股票婚后增值，另一方可否请求分割股票和股票的增值部分？/ 142

问题054：夫妻一方婚前贷款买了房子，离婚时房产怎么分？/ 144

问题055：夫妻一方婚前房屋婚后被征收，补偿款属于夫妻共同财产吗？／147

问题056：离婚协议条款没执行完毕的，离婚后还需要继续执行吗？／149

问题057：夫妻一方犯罪了需赔偿，能不能请求分割夫妻共同财产？／154

问题058：夫妻双方能相互继承遗产吗？其他人能干预或者争夺吗？／157

问题059：哪些债务属于夫妻共同债务，需要夫妻共同偿还？／160

问题060：再婚老年夫妻各自有子女，两位老人之间需要给扶养费吗？／162

问题061：孩子私下用家长手机偷偷打赏主播，家长能不能要求退还？／164

问题062：父债子还，天经地义吗？／168

问题063：子女在校读书生活费不够，可以要求父母足额支付吗？／171

问题064：夫妻二人离婚，孩子的直接抚养权应该归谁？／173

问题065：夫妻二人协议离婚，应该对子女抚养问题作出怎样的约定？／175

问题066：亲戚之间房产低价过户，税款是不是也能相应减少？／177

问题067：遗产由毫无来往的亲戚继承，还是由照顾被继承人的外人继承？／179

问题068：自然人之间的借款，是不是可以完全"私下处理"？／181

问题069：夫妻之间签订财产约定，债主要按他们约定的比例分别要债吗？／185

问题070：政府对"老赖"进行限制，会对他个人和家人有影响吗？／187

问题071：子女未履行赡养义务，能否继承父母的遗产？／190

问题072：转账给"小三"的款项和赠送的财物，原配能主张索回吗？／192

03 ▸ 第3篇 社保篇

一、社保综合类 / 197

问题073：用人单位支付现金，由职工自行缴纳社会保险费。这种方式合法吗？/ 197

问题074：试用期职工，用人单位是否可以约定试用期内不为其缴纳城镇职工社保？/ 199

问题075：未毕业的大学生参加实习，可以要求公司为其缴纳城镇职工社保吗？/ 202

问题076：用人单位只为职工缴纳了最低基数的工伤保险和失业保险，职工发生工伤事故后如何计算工伤赔偿和失业保险金？/ 204

问题077：自由职业者因每个月都由自己缴纳社保需要花费较多的资金，是否可以选择挂靠到一家公司完成社保的缴纳呢？/ 207

问题078：工伤员工不请假也不来上班，公司能否单方面辞退？/ 210

二、养老保险 / 213

问题079：内地企业招用的港澳台居民、在内地依法从事个体工商经营的港澳台居民，能否参加我国的职工基本养老保险？/ 213

问题080：缴费人到60岁退休年龄时，基本养老保险缴费不足15年，能一次性补缴至满15年办理退休手续并领取养老金吗？/ 214

问题081：缴费人曾经在某市缴纳了10年城镇职工基本养老保险，现在赴异地就业了，可以把单位和个人已缴纳的养老保险取出来吗？/ 217

问题082：自由职业者，可以在城镇职工养老保险和城乡居民养老保险中进行选择，缴纳哪一种更好呢？/ 220

问题083：缴费人刚退休就去世，交了30年的城镇职工基本养老保险白交了吗？/ 224

问题 084：缴费人若在两地都缴纳过养老保险，应该在哪里办理退休并领取退休金？/ 227

问题 085：夫妻离婚，基本养老金属于应该分割的共同财产吗？/ 228

问题 086：缴费人达到法定退休年龄且养老保险缴费满 15 年，如何计算退休后第二个月可以领到的第一笔养老金？/ 230

问题 087：50 岁退休还是 55 岁退休？按规定参加养老保险的灵活就业女性究竟应按照哪个年龄办理退休？/ 232

问题 088：退休后返聘人员，是否可以要求用人单位为其继续缴纳城镇职工基本养老保险？/ 234

三、工伤保险 / 236

问题 089：劳动者在用人单位就业发生工伤事故，因各种原因错过了工伤认定申请时限，无法享受工伤保险待遇，难道就没有其他救济渠道了吗？/ 236

问题 090：劳动者未与用人单位签订劳动合同、未办理工伤保险，仅口头约定为零底薪的业务员，如果发生工伤事故，用人单位是否需要承担工伤赔偿责任？/ 239

问题 091：久坐办公室，导致颈椎病、腰椎间盘突出、视力下降，算职业病吗？能认定工伤吗？/ 241

问题 092：休息日，职工参加单位组织的团建活动受伤，可以认定工伤吗？/ 245

问题 093：农民工，在某建筑工地做水电工，没有签订书面劳动合同，可以办理工伤保险吗？/ 247

问题 094：书面劳动合同中约定"如发生工伤，公司概不负责"条款，是否具有法律效力？/ 249

问题 095：员工受了工伤后，除了社保基金赔偿，用人单位还有赔偿责任吗？/ 252

问题 096：员工同时在两个单位上班，发生了工伤，应该由哪个单位承担工伤保险责任？/ 258

问题 097：职工夜间在家加班后猝死，能否认定工伤？/ 261

问题 098：职工工作日中午食堂就餐，午饭后返岗途中不慎摔伤，是否可以认定工伤？如果可以认定工伤应如何申请？/ 264

问题 099：退休返聘人员发生工伤事故，应该如何处理？是否可以认定工伤？/ 267

问题 100：职工在上班期间因自身疾病导致死亡的，是否可以认定工伤？/ 269

问题 101：职工下班后，在回女朋友家途中发生交通事故，可以认定为工伤吗？/ 272

问题 102：个人挂靠其他单位对外经营，其聘用的员工因工受伤，能否认定工伤？哪个单位应承担工伤保险责任？/ 276

问题 103：职工在工作时间和工作岗位，突发疾病48小时内经抢救无效"脑死亡"，超过48小时临床死亡的，能否认定工伤？/ 279

问题 104：脱贫攻坚驻村干部在扶贫工作期间，对交通事故进行施救时不慎受伤，能否认定工伤？/ 281

问题 105：职工因工作原因参加商务应酬，应酬期间喝了白酒，应酬结束后坐出租车送合同回单位途中发生交通事故受伤，能否认定工伤？/ 283

四、医疗、生育保险 / 285

问题 106：即将生娃，此时公司注销，生育保险待遇方面女职工该如何维权？/ 285

问题 107：用人单位现有员工都是男性职工，没有女性职工，是否可以不缴纳生育保险？/ 287

问题 108：母亲参加生育保险后，新生儿出生后的医疗费用可以跟随母亲的生育保险报销吗？/ 290

第1篇

日常生活篇

购物时没有索要发票,发生纠纷应该如何维权?

关键词:发票;赔偿损失

【基本案情】2022年7月,上海市的张女士因为家里电吹风机坏了,慕名去甲电器卖场购买了一个"美丽"牌电吹风机,价格是1 200元,当时卖场并没有给她开具发票。后来在一个月的使用中产品频繁出现故障,张女士向法院起诉卖场和厂家,要求他们赔偿损失。但张女士听别人说,得有发票才能赔偿损失。

【法律分析】无论张女士有无购物发票,她都可以向人民法院提起民事诉讼。因为她的合法权益受到了损害,可以向法院寻求救济。根据《民法典》第一千二百零三条规定,张女士有权请求厂家或商家赔偿自己的经济损失。

实际维权中,消费者在起诉前,一定要注意收集相关证据,因为证据是否充分,将影响你向谁提出诉讼。如果张女士手头没有发票,但有该店提供的购物收据或电脑打印的购物小票、大件商品的送货单、快递单等,上述证据相互吻合,也可以证明她与卖场之间存在商品买卖关系。此时她既可以向商家,也可以向厂家提出损失赔偿请求。但是,如果她不幸遗失了购货收据等证据,缺乏证据证明她是从该卖场购买的吹风机,此时就无法告商家了。但是一定能去告厂家,因为该产品是他们生产的,此时只要证明该产品与自己的损害结果之间存在因果关系,而且不是自己人为造成的,就可以向法院起诉要求厂家赔偿损失。

需要注意的是,如果张女士对商家不给自己开具发票的行为愤愤不平,此时不能以未开具发票作为理由起诉,人民法院也不会受理。原因在于商家是否开具发票是税务机关的管理范围,人民法院不能干涉税务机关的日常管理活动。人民法院会告知张女士,她可以向税务机关反映发票争议,寻求税务机关的帮助。

【涉税分析】商家不给消费者张女士开具发票是错误的。根据《发票管理办法》第二十条规定，商家作为销售商品、提供服务以及从事其他经营活动的主体，其既然收了消费者的货款，完成了货物销售，就有义务主动向消费者提供发票。主管税务机关一旦介入后，会要求商家及时给消费者开具发票，并依据相关规定对商家进行税务处理。

实际处理中，有人为进一步增强相关证据的证明力，也可以先向税务机关投诉商家，在税务机关督促其开具正规发票后，再向人民法院起诉商家要求赔偿损失。由于此时取得了发票，加上其他相关证据，证明力得到了进一步增强，更容易得到法院对交易的认可。

【法条索引】

1.《中华人民共和国民法典》

第一千二百零三条　因产品存在缺陷造成他人损害的，被侵权人可以向产品的生产者请求赔偿，也可以向产品的销售者请求赔偿。

2.《中华人民共和国消费者权益保护法》

第二十二条　经营者提供商品或者服务，应当按照国家有关规定或者商业惯例向消费者出具发票等购货凭证或者服务单据；消费者索要发票等购货凭证或者服务单据的，经营者必须出具。

3.《中华人民共和国发票管理办法》

第二十条　销售商品、提供服务以及从事其他经营活动的单位和个人，对外发生经营业务收取款项，收款方应当向付款方开具发票；特殊情况下，由付款方向收款方开具发票。

问题 002 单位发放补贴要个人提供发票，这样做是否合法？

关键词：汽油补贴；成本；发票

【基本案情】2020年，钱女士受聘在一家商贸公司从事业务员工作。由于公司规模较小，老板没有配备办公车辆。钱女士就开着私家车到处拜访客户，维护关系。由于每月汽油费开支比较多，要求老板予以报销。企业为降低相关人员开支，又要配平账目，便让员工去收集汽油发票，公司据实给予报销。

【法律分析】根据《企业会计制度》第一百零二条的规定，公司为员工报销的油费，实际上属于为企业开拓市场的必要支出，所以报销是没有问题的。有些人不理解，觉得税务局会允许报销个人从别处收集取得的发票吗？实际上，报销是属于会计范畴的事项，只要符合会计真实发生的要求，企业可以根据自己的报销制度给予报销，税务机关无权干涉，因为这超出了税务机关的职责范畴。

【涉税分析】按照税法相关规定，公司用来作为税收扣除的凭证应当合法有效。如果员工拿来的发票是为了报销个人交通补贴，发票也是四处收集的，虽然税务机关不能干预报销，但是公司一旦被税务机关检查发现利用不合规发票多列支出，会被认定违反了《税收征收管理法》第六十三条规定，按照偷税定性并处以罚款，发票自然也不能税前扣除。个人从公司取得的交通补贴也会并入工资薪金所得，经过当年的汇算清缴后可能需要补缴税款。

有人说，如果和钱女士一样，确实是自己个人为工作开车四处拜访，自己给车子加油取得的发票呢？如果确实为公司发生的开支，能否扣除各地规定有所不同。比如有的税务机关认为，如果钱女士和公司签订了租赁协议，因工作需要租用个人汽车，按租赁合同或协议支付的租金，在取得真实、合法、有效凭证的基础上，允许税前扣除；对在租赁期内汽车使用所发生的汽油费、过路过桥费和停车费，在取得真实、合法、有效凭证的基础上，允许税前扣除。其他应由个人负担的车辆保险费、维修费等，不得在企业所得税税前扣除。此时油费自然可以扣除，但是取得的租金依然作为劳务报酬所得，计算缴纳个税。

对于个人而言，规范的做法应该是什么呢？企业将相关补贴通过津贴方式发放给个人，此时工资薪金支出可以税前扣除，个税收入额虽然增加了，但是按照现行个人所得税法规定，个人可以享受六项专项附加扣除。一般来说，赡养老人每月可以扣除 2 000 元、子女教育每人每月可以扣除 1 000 元，合计每月可扣除 3 000 元，加上 5 000 元基本费用，扣除限额高达 8 000 元，对于一般工薪阶层而言，足以覆盖增加的汽车补贴，这样做并不会增加个人太多的税收负担。如果有的税务机关出台了专门规定，那么税收负担还可以进一步减轻。比如国家税务总局广西壮族自治区税务局公告2018年第12号规定：个人取得的公务交通补贴收入，扣除一定标准的费用后，按照《国家税务总局关于个人所得税有关政策问题的通知》（国税发〔1999〕58号）第二条规定计征个人所得税。对企业职工公务用车费用扣除标准划分为高级管理人员和其他人员两档处理，具体为：（一）高级管理人员每人每月1 950元；（二）其他人员每人每月1 200元。按照上述规定，如果公司规定符合文件要求，就可以在扣除一定标准的费用后，直接计征个人所得税，不需要再去到处寻找发票，为公司"平账"，为自己报销。

【法条索引】

1.《企业会计制度》

第一百零一条　企业应支付职工的工资，应当根据规定的工资标准、工时、产量记录等资料，计算职工工资，计入成本、费用。企业按规定给予职工的各种工资性质的补贴，也应计入各工资项目。

第一百零二条　企业在生产经营过程中所发生的其他各项费用，应当以实际发生数计入成本、费用。凡应当由本期负担而尚未支出的费用，作为预提费用计入本期成本、费用；凡已支出，应当由本期和以后各期负担的费用，应当作为待摊费用，分期摊入成本、费用。

2.《中华人民共和国个人所得税法》

第六条　关于应纳税所得额的计算：

（一）居民个人的综合所得，以每一纳税年度的收入额减除费用六万元以及专项扣除、专项附加扣除和依法确定的其他扣除后的余额，为应纳税所得额。

……

3.《国务院关于印发个人所得税专项附加扣除暂行办法的通知》（国发〔2018〕41号）第二条规定，该办法所称个人所得税专项附加扣除，是指个人所得税法规定的子女教育（定额、分摊）、继续教育（定额、本科以下可由父母扣除）、大病医疗（据实限额、家庭承担）、住房贷款利息或者住房租金（境内、定额、租贷不能同享）、赡养老人（定额、分摊）等6项专项附加扣除（见表1-1）。

表1-1 个人所得税6项专项附加扣除明细

扣除项目	扣除标准	扣除范围	扣除办法	备注
子女教育	1 000元/月·子女（被监护人）	学前：3岁至小学前	一方扣或均摊	考研期间不计境外教育应当留存资料备查
		全日制学历教育（含复读）	一年不变	
继续教育	境内学历（学位）继续教育400元/月，限48个月	本科以下学历教育期间	可由父母扣除，1 000元/月	全日制学历继续教育
		本科以下学位教育期间	可由父母扣除	
		研究生教育期间	本人扣除	
	职业资格继续教育3 600元/年	取得证书年度	本人扣除、一年一次	留存证书
大病医疗	按实限额8万元/年·人	出院结算时，医保目录由自付的1.5万—9.5万元间的部分	本人或配偶扣除	只能自行汇缴，按实享受，留存资料
			未成年子女医药费用支出可由父母一方扣除	
房贷利息	1 000元/月，限240个月	本人或配偶的首套境内住房房贷利息支出	可一方扣除	夫妻年度内不能分别享受房贷、房租扣除
			婚前房贷还可各扣一半	
住房租金	省会1 500元/月，百万以上人口城市1 100元/月，不超百万人口城市800元/月	在主要实际工作城市没有自有住房而发生的住房租金	夫妻工作城市相同，一方扣除	留存租房合同协议。扣除按工作地不按租住地标准
			夫妻工作城市不同，各自扣除	
赡养老人（监护人）	独生子女2 000元/月	年满60岁的父母、子女均去世的（外）祖父母	兄弟姐妹平均分摊	分摊不超1 000元/月
	非独生子女分摊每人不超1 000元/月		指定分摊、约定分摊	留存分摊协议

问题 003　个人"入行"刷单搞副业,真的没有风险吗?

关键词:刷单;佣金;风险

【基本案情】 赵先生工资收入一般,家中开支较大,花销上经常捉襟见肘,手头不是很宽裕。于是,他希望通过兼职增加副业收入。看到有人在微信群发广告,为店铺招募刷单人员,每成功一单支付1元费用,每天刷单量在50—100单左右。赵先生想去从事该项兼职工作,又担心其中有风险。

【法律分析】 近年来,随着电子商务行业迅猛发展,刷单也应运而生,成为少数电商提升商业信誉、增加流量的一种手段。所谓刷单,一般指由网店卖家提供购买费用,让刷单人员(以下简称"刷手")从指定的网店购买商品以提高其销量和信用度,并填写虚假好评的行为。通过这种方式,网店可以获得较好的搜索排名以吸引顾客,伪造良好的信誉情况。《反不正当竞争法》第八条规定,经营者不得通过组织虚假交易等方式,帮助其他经营者进行虚假或者引人误解的商业宣传。所以刷单行为属于违法行为。虽然该法律只是规定了对经营者进行处罚,没有涉及个人,但是对于个人声誉依然会产生不好的影响。

需要提醒的是,现行的刷单过程中,存在着巨大的诈骗风险。一开始,骗子会以练习刷单业务流程为幌子,让刷手购买小额"商品"。购买成功后,骗子会快速将购物本金和刷单佣金返还给刷手。随后按此流程操作几次,在赢得刷手的信任后,网购的商品单价会越来越高,承诺的佣金也会越来越高。此时,骗子就会拒绝兑付本金和佣金,并且忽悠刷手需要完成连续任务才能一次性返还。等到刷手完成连续任务后,骗子们又以各种系统故障、转账延迟、账户冻结等为理由,引导刷手向诈骗账户汇入同样的金额激活账户,直到最后拉黑。由于双方都是通过互联网联系,款项被犯罪分子通过各种途径分散，大多流向海外账户，实际损失财物难以被追讨。

【涉税分析】从税法角度来看，对非公司员工的个人实际支付的刷单费用，按照《个人所得税扣缴申报管理办法（试行）》（国家税务总局公告2018年第61号）规定，其存在按照劳务报酬所得代扣代缴个税的义务。实际上由于刷单行为一定程度上的违法性和隐蔽性，电商基本上都不会遵从规定为刷单人员扣缴个税。但是，如果电商刷单事实被查证后，个人取得了此类劳务报酬未预扣预缴税款，经税务机关通知而拒不申报或者进行虚假纳税申报，不缴或者少缴应纳税款的，税务机关按《税收征收管理法》第六十三条的规定，追缴刷单人员不缴或者少缴的税款、滞纳金，并处相应罚款；构成犯罪的，还要依法追究刑事责任。

【法条索引】

1.《中华人民共和国反不正当竞争法》

第八条 经营者不得对其商品的性能、功能、质量、销售状况、用户评价、曾获荣誉等作虚假或者引人误解的商业宣传，欺骗、误导消费者。经营者不得通过组织虚假交易等方式，帮助其他经营者进行虚假或者引人误解的商业宣传。

2.《中华人民共和国税收征收管理法》

第六十三条 纳税人伪造、变造、隐匿、擅自销毁账簿、记账凭证，或者在账簿上多列支出或者不列、少列收入，或者经税务机关通知申报而拒不申报或者进行虚假的纳税申报，不缴或者少缴应纳税款的，是偷税。对纳税人偷税的，由税务机关追缴其不缴或者少缴的税款、滞纳金，并处不缴或者少缴的税款百分之五十以上五倍以下的罚款；构成犯罪的，依法追究刑事责任。

扣缴义务人采取前款所列手段，不缴或者少缴已扣、已收税款，由税务机关追缴其不缴或者少缴的税款、滞纳金，并处不缴或者少缴的税款百分之五十以上五倍以下的罚款；构成犯罪的，依法追究刑事责任。

问题 004　商家说消费者违约造成其多缴税，因此收取"税点"是否合法？

关键词：违约；税点

【基本案情】2021年8月，刘小姐购买了一套新房准备装修，在某品牌橱柜连锁店（个体户，需要缴纳个人所得税）中预定了价值3万元的橱柜，刘小姐预付了1万元定金。上门测量结束后因为多种因素，2021年9月，刘小姐准备与橱柜店取消定制合同，要求退还定金。商家认为橱柜属于定制产品，在刘小姐签订合同支付定金后，商家已经前往厂家定制原材料制作了半成品，同时自己已经申报纳税，刘小姐还应当承担定制产品原材料的违约损失，以及已申报的10个点税款。刘小姐对承担税款不服，于是向法院起诉。

【法律分析】在日常的经济活动中，合同是一个十分重要的信息载体。人们常说：口说无凭，立字为据。那么在合同中为了表示诚意，一般会要求支付订金。目前在我国法律层面，订金这个概念是不明确的，但在我国的司法审判实践中，订金一般被视为预付款。简单来说，就是无论你给对方多少订金，之后即使你违约了，对方也要退还给你。所以，如果签订的协议上写的是订金，那么钱一般能要回来。如果是定金，《民法典》第五百八十七条对此进行了明确的规定："债务人履行债务的，定金应当抵作价款或者收回。给付定金的一方不履行债务或者履行债务不符合约定，致使不能实现合同目的的，无权请求返还定金；收受定金的一方不履行债务或者履行债务不符合约定，致使不能实现合同目的的，应当双倍返还定金。"刘小姐与对方签订的定金协议，如果不履行合同约定，那么对方就可以直接没收其定金，而如果商家没有履行协议，则要将双倍的定金返还给刘小姐，所以签订定金合同时要慎重。但是需要注意的是，《民法典》第五百八十六条规定，定金不得超过主合同交易金额的20%。刘小姐签订的买卖合同仅价值3万元，法定定金不得超过6 000元，实际定金支付了10 000元，超出20%的部分（即4 000元）无效，不能适用定金罚则。但是，如果橱柜原材料的损失报废超过了定金，商家与刘小姐就超过部分的损失进行协商。协商不成的，商家可以依据《买卖合同司法解释》第二十八条规定，即"买卖合同约定的定金不足以弥补一方违约造成的损失，对方请求赔偿超过定金部分的损失的，人民法院可以并处，但定金和损失赔偿的数额总和不应高于因违约造成的损失"，向法院起诉请求刘小姐赔偿超过定金部分的损失，当然，定金和损失赔偿的数额总和不应高于因违约造成的损失。如果违约的损失没超过定金，那么商家多收的4 000元定金肯定要退还给刘小姐。如果商家坚持不肯还，刘小姐同样可以向法院起诉，依法请求法院判决商家返还多收的定金。

【涉税分析】首先，根据《税收征收管理法》第二条、第九十条规定，对税收具有征收权的只有税务机关、海关。该商家并非税务机关，也未经法律授权，无权收取所谓的税点。如果认为因为对方未准备履行合同从而产生税收损失，应当协商赔偿金额，协商不成可以通过仲裁或者向人民法院提起民事诉讼的方式，就相关税收损失要求赔偿，但是不能自行收取税款。

其次，按照现行的税收规定，如果合同未履行就提前终止了，因为经济业务未发生，所以该商家不缴增值税、个人所得税；如果合同已经履行完毕，发生了经济业务，而只是履行不适当，例如质量不合格赔偿、延迟送货赔偿等，因经济业务已经发生，该商家仍然需要缴增值税、个人所得税。

【法条索引】

1.《最高人民法院关于审理买卖合同纠纷案件适用法律问题的解释》

第二十二条　买卖合同当事人一方违约造成对方损失，对方主张赔偿可得利益损失的，人民法院在确定违约责任范围时，应当根据当事人的主张，依据民法典第五百八十四条、第五百九十一条、第五百九十二条、本解释第二十三条等规定进行认定。

2.《中华人民共和国民法典》

第五百八十六条 当事人可以约定一方向对方给付定金作为债权的担保。定金合同自实际交付定金时成立。定金的数额由当事人约定；但是，不得超过主合同标的额的百分之二十，超过部分不产生定金的效力。实际交付的定金数额多于或者少于约定数额的，视为变更约定的定金数额。

3.《中华人民共和国税收征收管理法》

第二条 凡依法由税务机关征收的各种税收的征收管理，均适用本法。

问题005 购物后商家名称发生变更，如果打官司应当去告谁？
关键词：发票；变更；起诉

【基本案情】钱先生在店名为"动心旗舰店"的网店购买了一件品牌电吹风，价值999元，收货后网店给他开具了一张标注为永发电器公司的增值税普通发票，但是他查询了该公司在电商平台的工商营业执照后，发现上面标注为永发电器集团有限公司。后经查询了解到该公司已经变更为永发电器集团有限公司，但是税务登记未作变更。如果发生纠纷应当以谁为起诉对象？这张变更前的发票能否作为证据使用？

【法律分析】店铺的组织机构代码指的是对中华人民共和国境内依法注册、依法登记的机关、企事业单位、社会团体和民办非企业单位颁发的一个在全国范围内唯一的、始终不变的代码标识。由于电器公司已经变更为永发电器集团有限公司，此时确定起诉对象应当以组织机构代码证为准。在本案中，张先生应当以永发电器集团有限公司作为诉讼对象。

【涉税分析】按照《网络发票管理办法》（国家税务总局令第30号）第

十条规定，永发电器公司在发生工商登记信息变更后，到税务机关申请信息变更。在名称已经发生变更情况下，依据《发票管理办法》第二十一条规定，此时以变更前的旧名称开具的发票属于不合规发票，不能作为证明交易真实发生的依据，应当向企业要求重新开具发票。

【法条索引】

1. 《中华人民共和国电子商务法》

第十五条　电子商务经营者应当在其首页显著位置，持续公示营业执照信息、与其经营业务有关的行政许可信息、属于依照本法第十条规定的不需要办理市场主体登记情形等信息，或者上述信息的链接标识。

前款规定的信息发生变更的，电子商务经营者应当及时更新公示信息。

2. 《网络发票管理办法》（国家税务总局令第30号）

第十条　开具发票的单位和个人应当在办理变更或者注销税务登记的同时，办理网络发票管理系统的用户变更、注销手续并缴销空白发票。

3. 《中华人民共和国发票管理办法》

第二十二条　不符合规定的发票，不得作为财务报销凭证，任何单位和个人有权拒收。

问题006　会员卡没有消费完公司就倒闭了，还能找老板个人"算账"吗？

关键词：会员卡；倒闭；起诉

【基本案情】 2020年至2021年期间，出于早教目的，张某等多位家长到甲公司经营的婴幼儿游泳馆签订入会协议，为自己的孩子预存了

3 000 至 5 000 元不等的会员费，并进入了该公司组建的会员微信群。按照该公司法人及唯一股东赵某的要求，付款以微信转账或支付宝转账方式支付给赵某个人。2021 年末，由于本地新冠疫情防控需要，该婴幼儿游泳馆闭店停业。同时，该公司由于资金匮乏，拖欠承租场地租金。家长们多次在微信群中提出退款，甲公司在退还部分家长未使用费用后，赵某提出公司无法继续经营，便不再进行退款，并在 2022 年 1 月强行解散微信群，且关闭手机无法联系。于是张某等家长协商后决定共同起诉甲公司及赵某，要求退还剩余服务费用。

【法律分析】第一，按照《民法典》规定，张某等家长与甲公司签订了合同，双方就应该按照合同依法行使权益，履行义务。按照《民法典》第五百六十三条规定，因不可抗力致使不能实现合同目的的，可以解除合同。法律上所说的不可抗力是指不能预见、不能避免且不能克服的客观情况，本案中发生新冠疫情由于是无法预见、不能避免的，而且按照政府疫情防控要求，一定时期内不能经营。所以甲公司在承租场地到期后不再继续经营，其实际上已经不再具备继续履行的条件及能力，该公司所经营的游泳馆在疫情防控期间未营业，因此甲公司应当按照消费者剩余消费次数折算后，退还相应的预付费用，此时双方的债权债务关系才算了结。

第二，赵某依然要负责退还家长预付的费用。赵某认为他的公司属于有限责任公司，那么也就意味着作为债务人的甲公司，以法律规定的财产范围对某项债务承担责任。既然公司资产已经资不抵债，那么是不是债务就算到此为止了？

答案是否定的。按照公司法的规定，公司经营过程中发生的债务，债权人只得向公司主张债务，而不能起诉股东。但是一人公司只有一个自然人或者法人作为股东，股东不能形成有效的公司治理和监督约束机制，很容易利用其控制地位，混淆公司财产和股东的个人财产。因此，我国公司法对一人公司规定了比普通公司更为严格的监管要求，设定一旦一人股东举证证明不了自己的财产与公司的财产是独立的，那么应当承担责任。

在实际生活中，我们经常看到一人公司的企业主将公私账户混为一体，难分难解。遇到家庭生活支出就从企业提取，企业资金周转不灵便用家庭财产垫付。在本案中，该公司法人及唯一股东赵某利用自己的微信或支付宝收款，实际上是故意将公司财产转为自己的财产，从而无法证明哪些财产是自己的，哪些是公司的。公司既然财产都不能够独立，如何存在能独立承担债务的基础呢？这种做法严重损害了张某等债权人的合法权益。所以股东赵某依法应当就公司的债务承担连带责任。所以，公司如果承担不了相应责任，家长们还可以要求股东赵某还钱，正所谓"跑得了和尚，跑不了庙"。

提示：连带责任是民法上的一个概念，通俗的理解就是股东和公司都可以被要求对债权负全责。既然公司没钱归还预付款，那么就可以继续找股东赵某，因为他的行为造成公司财产与个人财产混淆，走到今天这个局面他也有不可推卸的责任，所以法律支持家长可以继续找他算账，讨回欠款。

【涉税分析】2022年3月28日，《国务院关于设立3岁以下婴幼儿照护个人所得税专项附加扣除的通知》（国发〔2022〕8号）发布，规定纳税人照护3岁以下婴幼儿子女的相关支出，按照每个婴幼儿每月1 000元的标准定额扣除。父母可以选择由其中一方按扣除标准的100%扣除，也可以选择由双方分别按扣除标准的50%扣除，具体扣除方式在一个纳税年度内不能变更。该文件同时规定，3岁以下婴幼儿照护个人所得税专项附加扣除自2022年1月1日起实施。

按照上述规定，家中有3岁以下婴幼儿子女需要照护，个人每月可以适当扣除相关限额。有人问：如果老板没有给你开具消费发票怎么办？根据国家税务总局关于3岁以下婴幼儿照护专项附加扣除的问答口径：3岁以下婴幼儿照护专项附加扣除不需要发票，只需要按规定填报相关信息就可以享受政策。相关信息包括：配偶及子女姓名、身份证件类型（如身份证、子女出生医学证明等）及号码、本人扣除比例等。

所以，无论是否取得消费发票都不影响各位宝爸宝妈享受这项优惠政策。

【法条索引】

1.《中华人民共和国民法典》

第五百六十三条　有下列情形之一的，当事人可以解除合同：

（一）因不可抗力致使不能实现合同目的；

（二）在履行期限届满前，当事人一方明确表示或者以自己的行为表明不履行主要债务；

（三）当事人一方迟延履行主要债务，经催告后在合理期限内仍未履行；

（四）当事人一方迟延履行债务或者有其他违约行为致使不能实现合同目的；

（五）法律规定的其他情形。

以持续履行的债务为内容的不定期合同，当事人可以随时解除合同，但是应当在合理期限之前通知对方。

2.《中华人民共和国公司法》

第六十三条　一人有限责任公司的股东不能证明公司财产独立于股东自己的财产的，应当对公司债务承担连带责任。

问题007　网购服装付钱给客服，产生经济纠纷能否要网店退钱？

关键词：网络；客服；退款

【基本案情】 老李平日比较喜欢甲品牌男装，由于价格比较昂贵，看到在某电商平台入驻的 A 商店有代购促销活动，付款 10 000 元就能购买男装。由于该电商关联的银行账户额度所限，经与店铺老板钱某沟通后，钱某提出老李可以通过平台付款 5 000 元，再向店铺客服小赵微信转账 5 000 元。2020 年 8 月 25 日，老李告知赵某商品有变化，待确定后再发货，小赵表示同意。后双方对购买商品的品种和数量进行了变更，交易价格变更为4 800元。A商店将通过平台支付的200元退还给老李，但通过微信支付给小赵的款项还有5 000元没有退回。老李多次要求小赵退款无果，李某将A商店告到法院，请求退代购货款。同时，向主管税务机关投诉A商店未向其开具发票。

【法律分析】根据《民法典》第一百七十条规定，执行法人或者非法人组织工作任务的人员，就其职权范围内的事项，以法人或者非法人组织的名义实施的民事法律行为，对法人或者非法人组织发生效力。通俗地说就是作为企业法人，应当对工作人员的经营活动承担民事责任。在本案中，交易发生的时候，小赵是A商店的员工，并作为A商店所经营网络店铺的客服与李某就购买男装事宜进行了磋商，客服小赵的行为属于网店客服人员职权范围的分内事项，行使的是客服的职务行为而非个人行为。老李有理由相信小赵的行为是因为他代表A商店与其进行交易磋商，老李也就是因为他作为客服的身份才信任并付款，结合前期二人交易磋商已经达成一致，所以才向小赵的个人微信转账5 000元货款，小赵的行为不能看作他的个人行为，应该看作等同于A商店作出的行为。

其次，在本案中，A商店并未就交易磋商的方式和渠道进行特殊提示或告知，因此无论该磋商的行为是通过电商平台还是微信，只是磋商渠道和方式的不同。考虑到消费者对购物、沟通软件使用习惯、个人偏好的不同以及其他具体特殊情况，不能仅仅因为消费者老李未全部通过电商平台支付货款，就轻易否认消费者老李与商家的相关交易行为。老李与A商店就购买男装建立了网络购物合同。李某提出变更购买男装的种类及数量，并要求退还剩余款项，小赵表示同意，应该看作是李某与A商店就合同内容进行了变更，A商店应退还剩余款项5 000元。

提示：《现代汉语词典》关于职务的解释，是指职位规定所应该担任的工作。职务行为就是在职责范围内开展工作的行为，是法人或者其他组织的工作人员行使职务的行为，是履行职责的活动，与其个人行为相对应。

【涉税分析】 现实生活中，有些消费者与商家发生了购物经济纠纷，依据《发票管理办法》第十九条规定，向商家的主管税务机关投诉其没有开具发票行为，有的则认为对方不开发票存在偷税的嫌疑。

首先，消费者作为公民，索取发票是其正当、合法的权益；商家则有如实提供发票的义务。消费者当然有权举报商家的税收违法行为，但是不开发票不等同于偷税。因为对规范经营的企业（比如一些大型超市）来说，无论要不要开发票，无论是从电商渠道购买还是线下购买，对其而言缴纳的税收是一样的，唯一不同的只是有时客户并不需要发票而已，比如去超市买瓶牛奶、买包香烟，消费者一般不会主动索要发票。但这不等于超市卖牛奶、卖香烟的收入不用缴税。少数财务不规范的企业可能会偷逃税，由于发票的开票数据是和税务机关联网的，企业肯定要对所有已开票数据做收入进行申报，并依法缴纳相应税收。而对于不开票收入，税务机关不能通过开票直接监控，一些企业可能会逃避申报，为少纳税，能不开票就不开票。

其次，税务机关无权对在交易中损害消费者权益的行为进行处理。消费者与商家存在的合同纠纷，只能合法维权，通过向市场管理机构投诉或者向人民法院提起民事诉讼解决。有少数消费者在维权时剑走偏锋，试图通过举报商家偷税的方式获取高额封口费，此时性质就发生了变化，原本一个正常合法合理的维权活动就转化为违法甚至犯罪活动。根据《刑法》第二百七十四条规定，以揭发他人违法犯罪相要挟，索取他人财物，如果达到一定金额和次数的标准，构成敲诈勒索罪。我们要知道，即使商家的偷税、漏税行为属实，也并不影响敲诈者使用要挟、勒索的非法手段企图非法占有公司钱财的主观目的，因此该做法将会受到刑法的严厉惩处。

【法条索引】

1.《中华人民共和国民法典》

第一百七十条　执行法人或者非法人组织工作任务的人员，就其职权范围内的事项，以法人或者非法人组织的名义实施的民事法律行为，对法人或者非法人组织发生效力。

法人或者非法人组织对执行其工作任务的人员职权范围的限制，不得对抗善意相对人。

2.《中华人民共和国发票管理办法》

第二十条　销售商品、提供服务以及从事其他经营活动的单位和个人，对外发生经营业务收取款项，收款方应当向付款方开具发票。

3.《中华人民共和国税收征收管理法》

第六十三条　纳税人伪造、变造、隐匿、擅自销毁账簿、记账凭证，或者在账簿上多列支出或者不列、少列收入，或者经税务机关通知申报而拒不申报或者进行虚假的纳税申报，不缴或者少缴应纳税款的，是偷税。对纳税人偷税的，由税务机关追缴其不缴或者少缴的税款、滞纳金，并处不缴或者少缴的税款百分之五十以上五倍以下的罚款；构成犯罪的，依法追究刑事责任。

4.《中华人民共和国刑法》

第二百七十四条　敲诈勒索公私财物，数额较大或者多次敲诈勒索的，处三年以下有期徒刑、拘役或者管制，并处或者单处罚金；数额巨大或者有其他严重情节的，处三年以上十年以下有期徒刑，并处罚金；数额特别巨大或者有其他特别严重情节的，处十年以上有期徒刑，并处罚金。

5.《最高人民法院　最高人民检察院关于办理敲诈勒索刑事案件适用法律若干问题的解释》（法释〔2013〕10号）

第一条　敲诈勒索公私财物价值二千元至五千元以上、三万元至十万元以上、三十万元至五十万元以上的，应当分别认定为刑法第二百七十四条规定的"数额较大""数额巨大""数额特别巨大"。各省、自治区、直辖市高级人民法院、人民检察院可以根据本地区经济发展状况和社会治安状况，在前款规定的数额幅度内，共同研究确定本地区执行的具体数额标准，报最高人民法院、最高人民检察院批准。

问题008 买卖双方对合同条款有争议，争议条款应当如何理解？

关键词：合同；争议；违约

【基本案情】2021年9月，小刘通过A公司经营的旅游App预定B市客房，支付方式为"到店支付"，订单下单后即被从银行卡中扣除房款。后小刘因为家中有事，取消了出行计划，没有入住该酒店。小刘月底在查阅手机银行时发现，订单提交时已经扣除了房款。小刘认为，住房肯定应该到店后付款，A公司先行违约，所以要求取消订单。A公司认为，自己已经在服务条款中就"到店支付"进行了补充说明，即"部分酒店住宿可能会对您的银行卡预先收取全额预订费用"，自己已经履行了告知义务，根本不构成违约；同时电子发票已经开具，产生了纳税义务，拒绝退款。小刘将A公司起诉至法院，要求其退还预扣的房款。

【法律分析】根据生活常识，大家通常认为"到店支付"一般意味着用户到酒店办理好住宿时付款，没有入住之前不需要支付。因此即使该条款后补充说明部分酒店会"预先收取全额预订费用"，但根据《民法典》第四百九十六条规定，对这种例外情形应当进行特别提示和说明，如果只是在内容复杂繁多的条款中进行了规定，根本起不到提示消费者的作用。一般来说，商家会在格式合同中对表述这类条款的文字、符号采用与其他条款不同的字体、字号、格式或用个别的标识予以注明，如在条款前加"※"号等符号、在底下划线或用红字显示等。

但是，仅仅在字体、字号上进行区别并不意味着已经履行了提醒义务，所以还要在方法上予以区别。对免责、限责格式条款应进行个别提醒，对每一个条款、每一项规定都应逐一进行提醒，不能概括描述或简单提醒。一般来说，规范机构会通过录音或者录像方式，使合同接受方明确知道该免责、限责条款有几项、几条规定。但是本案中的商家显然没有尽到这些义务，格式条款也就成了"霸王条款"。考虑到时间成本，一般消费者会向消费者协会投诉，或者向市场监管部门投诉。如果双方利益差异较大难以弥合，此时才会选择向法院起诉。

【涉税分析】已经开具发票不是拒绝退款的理由。本案中交易行为还没有发生，按照《发票管理办法》要求，此时由于交易未完成，还没有到开具发票的时间，本来就不应该开具电子发票，商家提前开具发票本身就是违反了《发票管理办法》。即便交易完成，发票也只是证明商业交易活动完成的一个凭证，不能因为已经开具发票，就不允许消费者撤销合同。如果交易合同被依法撤销，商家应当无偿予以退款。增值税电子普通发票的法律效力等同于税务机关监制的增值税普通发票，增值税电子普通发票具有可复制、无法回收的特点。由于其报销时可以重复打印，所以具有可复制性，一旦开具，依照现行规定暂不得作废，只能开具红字增值税电子普通发票。商家完全可以通过开具红字发票的方式，冲销这张已经开具的发票，且并不会增加商家的纳税义务。

提示：通常开具的正数发票叫蓝字发票，开具的负数发票叫红字发票。可以这样理解，如发现发票开错了或因某种原因对方退回来了，发票需要作废但是又无法作废时，就需要通过开具红字发票来处理。由于红字发票上的金额都是负数，过去一般都是用红笔写以作区别，也被称为负数发票。当企业已经开完发票，却发现发票有错或是在别人有退货的情况下，此时可以开红字发票来冲抵已开错的蓝字发票。

【法条索引】

1.《中华人民共和国民法典》

第四百九十六条 提供格式条款的一方未履行提示或者说明义务，致使对方没有注意或者理解与其有重大利害关系的条款的，对方可以主张该条款不成为合同的内容。

2.《中华人民共和国发票管理办法》

第十九条 销售商品、提供服务以及从事其他经营活动的单位和个人,对外发生经营业务收取款项,收款方应当向付款方开具发票。

问题009 二手卖家卖假货被发现,消费者能否要求赔偿?
关键词:二手;惩罚性赔偿

【基本案情】小高比较喜欢甲品牌无线耳机,因为囊中羞涩迟迟没有购买。2022年3月,老杨在某二手商品网络交易平台发布二手"甲知名品牌无线耳机"的交易信息,称该无线耳机系其外出旅游时在官方专营店购买其他数码产品时赠送的,为全新正品,现闲置低价转让。小高获知该信息,向老杨确认该二手商品是全新官方正品后,通过二手商品网络交易平台与老杨达成交易。小高收到耳机后,发现该无线耳机是假冒产品,认为老杨的销售行为构成欺诈,于是向法院提起诉讼,请求判令老杨返还已支付的购物款并承担价款3倍的惩罚性赔偿责任。法院经审理查明,老杨销售的"二手商品"确系假冒产品,且老杨短时间内在某二手商品网络交易平台以同样宣传方式已销售同款无线耳机40余件,交易金额超5万余元。

【法律分析】消费者享有公平交易权,是市场交易行为的本质要求,是我国社会主义市场法治原则在消费领域的具体体现。消费活动作为一种特殊的民事活动,在消费法律关系中,消费者与经营者的法律地位是平等的,他们之间所产生的行为属市场交易行为,因而应当遵守市场交易的基本原则,也就是《民法典》和《消费者权益保护法》所确立的自愿、平等、公平、诚实信用、等价有偿的原则,从而保证经营者和消费者进行交易时双方享有公平交易的权利。但是在实际交易过程中,个别不法经营者利用自己的信息优势,欺骗消费者从中牟取利益。如果个人遭遇此类问题,应该如何寻求有效的法律帮助呢?

有些经营者主张自己未办理经营执照,不应当适用《消费者权益保护法》3倍赔偿的规定。在实际的法院判决中,部分法院将长期从事二手交易营利活动的销售者定性为经营者,适用《消费者权益保护法》的相关规定,以切实维护消费者的合法权益。

当消费者在网购中出现纠纷时,有以下几种解决途径:

(1)与商家进行协商。当网购商品出现问题时,最方便快捷的解决途径就是及时与商家取得联系并进行沟通,协商处理,达成和解。

(2)向网购平台投诉。当商家不愿意主动处理网购问题时,可以联系网购平台的客服向其投诉维权,要求其介入处理。

(3)请求消费者协会或者依法成立的其他调解组织调解。消费者可通过电话、信件、网络通信、亲自到访等方式向消费者协会投诉,通过消费者协会调解解决。

(4)向有关行政部门申诉。消费者和经营者发生权益争议后,可以请求政府有关行政部门依行政程序解决争议。与其他争议解决途径相比,申诉具有高效、快捷、力度强等特点。

(5)根据与经营者达成的仲裁协议提请仲裁机构仲裁或向人民法院提起诉讼。如果上述途径均无法解决问题,消费者可通过仲裁或诉讼维权。

如果遇到网购纠纷选择起诉进行维权,那么需要注意诉讼地点的选择。如果卖家在交易中单独明示"发生争议由卖家所在地法院管辖",此时就只能向卖家所在地法院起诉,相关往返花费等维权成本就会比较大。但是需要注意的是,由于该条款属于格式条款,如果仅仅是在不显著位置进行了标注,那么法院会认为卖家没有对消费者尽到提醒义务。因为有些消费者如果看到这些条款,就可能考虑到未来一旦发生纠纷,维权成本过高,从而放弃购买意愿。发生上述情况,消费者完全可以主张该条款不视为合同的内容。

如果双方对管辖没有明确约定,则对于这种"线上订立,线下交货"的买卖合同，即交易形式为消费者在网上购买商品，卖家采用快递送货上门，在双方没有特别约定的情况下，消费者的收货地就是合同履行地。因此，消费者既可以向卖家住所地法院起诉，也可以向消费者的收货地（即消费者的收货地址）法院起诉。出于降低维权成本及方便诉讼考虑，消费者可以就近选择提起诉讼的法院，向收货地法院起诉。

提示：格式条款又称为标准条款，是指当事人为了重复使用而预先拟定、并在订立合同时未与对方协商的条款，如保险合同、拍卖成交确认书等，都是格式合同。

【法条索引】

1.《中华人民共和国消费者权益保护法》

第四十五条　消费者因经营者利用虚假广告或者其他虚假宣传方式提供商品或者服务，其合法权益受到损害的，可以向经营者要求赔偿。广告经营者、发布者发布虚假广告的，消费者可以请求行政主管部门予以惩处。广告经营者、发布者不能提供经营者的真实名称、地址和有效联系方式的，应当承担赔偿责任。

第五十五条　经营者提供商品或者服务有欺诈行为的，应当按照消费者的要求增加赔偿其受到的损失，增加赔偿的金额为消费者购买商品的价款或者接受服务的费用的三倍；增加赔偿的金额不足五百元的，为五百元。法律另有规定的，依照其规定。

2.《中华人民共和国民事诉讼法》

第二十三条　因合同纠纷提起的诉讼，由被告住所地或者合同履行地人民法院管辖。

3.《最高人民法院关于适用〈中华人民共和国民事诉讼法〉的解释》

第二十条　以信息网络方式订立的买卖合同，通过信息网络交付标的的，以买受人住所地为合同履行地；通过其他方式交付标的的，收货地为合同履行地。合同对履行地有约定的，从其约定。

第三十一条　经营者使用格式条款与消费者订立管辖协议，未采取合理方式提请消费者注意，消费者主张管辖协议无效的，人民法院应予支持。

问题 010　商品生产日期有问题，向消费者个人赔偿有依据吗？

关键词：生产日期；十倍赔偿

【基本案情】老钱平时热衷养生，看到某网络电商的网上商城在进行广告宣传，于是购买了 B 公司销售的 12 盒西洋参礼盒。他在食用时不经意发现，商品外包装标签标识的生产日期与盒内商品手写生产日期不符，该商品生产日期有被人为篡改的迹象。更为重要的是商品即将过期，且赠品鱿鱼丝是"三无产品"，无厂名、厂址、保质期，收到时就已过期。老钱根据政府公开信息和举报告知书得知，B 公司成立日期居然晚于其购买礼盒内的生产日期，证明 B 公司当时还没有依法注册，该商品属于不符合食品安全标准的不合格食品。老钱一怒之下将 B 公司起诉至法院，要求其承担退货退款并给予赔偿 10 倍购货款的责任，同时要求网络电商平台承担连带赔偿责任。

【法律分析】《食品安全法》对预包装食品的包装标签应当标明的事项进行了规定。

根据 GB7718-2011《食品安全国家标准 预包装食品标签通则》的规定，"应清晰标示预包装食品的生产日期和保质期。如日期标示采用'见包装物某部位'的形式，应标示所在包装物的具体部位。日期标示不得另外加贴、补印或篡改。"但是在日常消费中，经常看到包装物上的日期标识是采取喷码打印或钢印印刷的方式。按照规定，生产日期应当在生产当天进行打印。然而在实际经营中，个别不法经营者为了降低成本、减少损失，往往通过技术手段修改临期的食品标注日期,误导消费者前来购买。

在本案中,B公司违反法律规定,并且企业的成立日期晚于标注的生产日期,明显属于虚假信息。由于该商品属于不符合食品安全标准的食品,法院依法支持老钱主张退货退款并支付价款10倍赔偿的诉讼请求。该网络电商在其平台上公布了商家名称、所在地、客服电话等商家信息,且已经提供商家有效地址及联系方式,故对于老钱要求网络交易平台承担连带退款和赔偿责任的诉讼请求,没有法律依据,法院对此未予支持。

需要注意的是,消费者如果发现购买了不合格食品,要做到以下几点:

(1)要截取在网络平台购物记录页面图片,妥善保留与客服交流沟通的聊天记录,并及时向平台售后服务进行投诉。

(2)尽量维持所购食品原状,能准确辨认该食品批号或生产日期和保质期。

(3)封存中毒食品或可疑中毒食品,以备送检。

(4)对疑似食物中毒的消费者应及时到正规医疗机构就诊,取得相关的诊断证明。

【法条索引】

1.《中华人民共和国消费者权益保护法》

第五十五条 经营者提供商品或者服务有欺诈行为的,应当按照消费者的要求增加赔偿其受到的损失,增加赔偿的金额为消费者购买商品的价款或者接受服务的费用的三倍;增加赔偿的金额不足五百元的,为五百元。法律另有规定的,依照其规定。

2.《中华人民共和国食品安全法》

第一百四十八条 消费者因不符合食品安全标准的食品受到损害的,可以向经营者要求赔偿损失,也可以向生产者要求赔偿损失。接到消费者赔偿要求的生产经营者,应当实行首负责任制,先行赔付,不得推诿;属于生产者责任的,经营者赔偿后有权向生产者追偿;属于经营者责任的,生产者赔偿后有权向经营者追偿。

生产不符合食品安全标准的食品或者经营明知是不符合食品安全标准的食品，消费者除要求赔偿损失外，还可以向生产者或者经营者要求支付价款十倍或者损失三倍的赔偿金；增加赔偿的金额不足一千元的，为一千元。但是，食品的标签、说明书存在不影响食品安全且不会对消费者造成误导的瑕疵的除外。

群接龙销售商品产生纠纷，团长可以算经营者吗？
关键词：群接龙；赔偿

【基本案情】刘女士通过业主群的群接龙微信小程序在老徐发布的商品链接中下单了 A 品牌床上四件套，并通过微信转账方式向老徐指定的账户转账 169 元。到货后，刘女士发现所购商品并非品牌正品，起诉要求退款退货及 3 倍赔偿。团长老徐则认为自己有正当工作，平时只是业余参与销售推广，不是经营者，没有义务履行上述义务。刘女士于是向人民法院起诉，要求老徐退款退货及 3 倍赔偿。

【法律分析】众所周知，群接龙微信小程序是目前出现的一种新型线上销售商品平台。近年来，因为互联网经济蓬勃发展，微信群接龙团购商品成为一种十分流行的消费模式，也得到了广大消费者的认可。在实际生活中，经营者是指以营利为目的而从事商品生产销售和提供服务的人。根据《消费者权益保护法》第十六条规定，经营者向消费者提供商品或者服务，应当依照本法和其他有关法律、法规的规定履行义务。群主老徐采取的并非传统的 B2C 销售模式，而是 C2C 销售模式，但是其有固定的进货渠道和销售群体，且进行了持续的商业销售活动，虽然个人没有办理营业证照，但是在微信群以转发编辑商品具体信息、图片的方式，持续性地向群成员推销帮卖商品，可见群主在行为上对交易具有一定的控制力，促成订单目的就是为了赚取佣金，具有明显的营利性。而且未向消费者明示自己的身份性质，应当受到《消费者权益保护法》的约束。若是个人闲置物品的出卖人，不以出卖商品或提供服务作为职业，则不应当随意扩大解释被理解为经营者，不适用《消费者权益保护法》。

有人说，那如果在群接龙中买到了有问题的食品呢？此时消费者就应当按照《食品安全法》第一百四十八条规定，要求销售者老徐支付价款 10 倍或者损失 3 倍的赔偿金；增加赔偿的金额不足 1 千元的，为 1 千元，此时并不适用《消费者权益保护法》的赔偿规定。可见法律对食品的保障力度更大，要求更高。

如果因为产品存在缺陷造成他人损害的，依据《民法典》第一千二百零三条规定，此时被侵权人既可以以老徐作为被告，也可以以产品生产者作为被告。但是此处并非正品，也没有证据显示是产品缺陷造成了消费者的损害，此时只能以销售者老徐作为被告。同时，老徐发布商品信息，并以"A 品牌"等文字进行虚假宣传，误导消费者，构成商业欺诈，应当退还货款并承担 3 倍价款的惩罚性赔偿责任。

【涉税分析】对于老徐而言，如果认定其为经营者，则其应当依法履行纳税申报义务。由于全国推行"五证合一"登记改革，企业加载统一社会信用代码的营业执照后，无须再次进行税务登记。但是需要到税务机关进行相关信息的补录。依据《消费者权益保护法》第二十二条规定，如果消费者索要发票等购货凭证或者服务单据的，经营者必须向消费者出具。

而如果认定老徐为促销人员，以获取劳务报酬作为收入，此时应当签订劳务合同，并在税务机关代开普票交付给经营者，再由经营者作为扣缴义务人，预扣预缴其个人所得税，然后在次年进行个税汇算清缴。

如果经营者未给老徐预扣预缴个税，此时老徐应当向税务机关申报其劳务报酬所得。如果经税务机关通知之后老徐拒不申报，税务机关将依据《税收征收管理法》第六十三条定性为偷税，并向老徐追缴其不缴或者少缴的税款、滞纳金，并处不缴或者少缴的税款百分之五十以上五倍以下的罚款；同时依据《税收征收管理法》第六十九条规定对扣缴义务人（实际经营者）处应扣未扣、应收未收税款百分之五十以上三倍以下的罚款。

【法条索引】

1.《中华人民共和国消费者权益保护法》

第二十二条 经营者提供商品或者服务，应当按照国家有关规定或者商业惯例向消费者出具发票等购货凭证或者服务单据；消费者索要发票等购货凭证或者服务单据的，经营者必须出具。

第五十五条 经营者提供商品或者服务有欺诈行为的，应当按照消费者的要求增加赔偿其受到的损失，增加赔偿的金额为消费者购买商品的价款或者接受服务的费用的三倍；增加赔偿的金额不足五百元的，为五百元。法律另有规定的，依照其规定。

2.《中华人民共和国个人所得税法》

第九条 个人所得税以所得人为纳税人，以支付所得的单位或者个人为扣缴义务人。

3.《中华人民共和国税收征收管理法》

第六十三条 纳税人伪造、变造、隐匿、擅自销毁账簿、记账凭证，或者在账簿上多列支出或者不列、少列收入，或者经税务机关通知申报而拒不申报或者进行虚假的纳税申报，不缴或者少缴应纳税款的，是偷税。对纳税人偷税的，由税务机关追缴其不缴或者少缴的税款、滞纳金，并处不缴或者少缴的税款百分之五十以上五倍以下的罚款；构成犯罪的，依法追究刑事责任。扣缴义务人采取前款所列手段，不缴或者少缴已扣、已收税款，由税务机关追缴其不缴或者少缴的税款、滞纳金，并处不缴或者少缴的税款百分之五十以上五倍以下的罚款；构成犯罪的，依法追究刑事责任。

第六十九条 扣缴义务人应扣未扣、应收而不收税款的，由税务机关向纳税人追缴税款，对扣缴义务人处应扣未扣、应收未收税款百分之五十以上三倍以下的罚款。

问题 012　消费者与商家就售后服务发生争议，只有商家对条款的解释才算数吗？

关键词：保修；更换

【基本案情】小罗在某网络购物平台开设网络店铺，从事某品牌电动摩托车锂电池的销售经营活动。小罗在其网络店铺销售商品时对外宣称：商品"签收15天内支持免费退换货，半年内质量问题换新，两年保修"。小齐看到该店铺的商品售后保障服务很到位，加上价格也比较合适，于是在小罗的网络店铺购买了该品牌的电动摩托车锂电池。结果使用三个月后，发现存在充电不满等质量问题，便要求小罗按销售承诺为其更换新电池。小罗经检查确认，发现交付的锂电池确实存在质量问题，同意为小齐更换新的电池。没过多久，更换的电池再次出现同样的质量问题。小齐通过平台与小罗协商，小罗明确此前并未给小齐换新电池，仅更换了电芯，并以销售承诺中的"换新"仅指换"新电芯"为由，拒绝为小齐更换全新的电池。小齐因此起诉至法院，请求判令解除与小罗的网络购物合同，并由小罗退还已支付的货款。

【法律分析】在生活中，经常会遇到消费者与商家围绕商品促销条款如何解释而争执不下。作为商家，自然是尽可能作出对自己有利的解释。那么是不是说消费者即使对此有不同看法也毫无办法，就只能默认商家的独家解释呢？

根据《消费者权益保护法》第二十条的规定，经营者向消费者提供有关商品或者服务的质量、性能、用途、有效期限等信息，应当真实、全面，不得作虚假或引人误解的宣传。小罗在销售案涉商品时，通过商品网络详情页对小齐作出承诺，所售商品"半年内质量问题换新"，按社会普通消费者的通常理解，此处的"换新"应指电池整机换新，但是小罗故意没有进行明确解释，利用语言的模糊性试图作出对自己有利的解释。实际上，对于上述所谓的格式条款，无形之中限制、排除消费者的合法权利，一般应以社会普通消费者能够理解的方式进行表达，而不是商家所认为的"我说对就对，我说错就错"。当消费者对其中某些用语的理解与经营者的理解不同时，应以进行交易时消费者的通常理解作为标准进行解释，才能真正起到公平正义的效果。

【法条索引】

《中华人民共和国消费者权益保护法》

第二十条　经营者向消费者提供有关商品或者服务的质量、性能、用途、有效期限等信息，应当真实、全面，不得作虚假或者引人误解的宣传。

问题013 内部团购交纳诚意金后到期未交房，是否应当退还诚意金？

关键词：诚意金；交房；预约合同

【基本案情】 2020年2月1日，刘某作为房地产开发公司下属物业公司的员工，与物业公司签订了一份房屋内部团购协议书。协议约定：某项目A栋公寓住宅楼开工建设，该房屋物业公司组织集团公司内部员工及相关租户与其签订内部团购活动协议。协议还约定：乙方自愿向甲方缴纳20万元作为购买该项目建筑面积100平方米及以上的意向诚意金，办理意向诚意金缴纳手续后即成为该项目的内部团购客户，在乙方与开发商签订正式的商品房买卖合同后，乙方所缴纳意向金直接用于充抵购房款；协议为甲乙双方就认购本次推售物业所达成的预约合同，在本次推售物业正式公开发售时，乙方成功认购后，甲方承诺将依据认购流程与开发商签订正式的商品房买卖合同。上述协议签订后，刘某于协议签订当日以银行转账方式向该房屋物业公司支付约定的 20 万元购房诚意金。3 年过去，协议约定的建筑房屋项目却一直未能开盘销售，刘某也未与开发商签订商品房买卖合同。刘某因此要求该房屋物业公司退款，协商未果后即向法院提起诉讼，要求该房屋物业公司归还其购房诚意金 20 万元及 3 年的利息损失。

【法律分析】诚意金即意向金，多在房产中介与买房和卖房双方签订的合同中体现。其实法律上并没有诚意金之说，此名词也不等同于法律意义上的违约金、定金或者订金。

中介收取的诚意金，在现有的法律法规中没有相关的条文明确。更何况大多数中介都把"保留对诚意金的最终解释权"写在相关约定中，使房屋买卖双方处于被动、从属状态。由于中介利用了"诚意金"作幌子，往往能造成一个供不应求的假象。作为自创的商业用语，"诚意金"在商品房销售中，主要是由于供求关系紧张，处于卖方市场的开发商普遍强势，从而采取了预售证获得之前便收取费用的方式，用来甄别、圈定客户。这种做法，往往不能保证所有缴纳诚意金的客户都买到房，只是提供一种与买房相关的潜在机会。"诚意金"并非法律意义上的"定金"。房地产开发企业在预售前收取"诚意金"，并经常将其与排号、认购等行为挂钩。从法律意义上讲，定金有担保效力，担保未来双方将签订具体买卖合同，缴纳定金时，双方已明确标的物及价格。

根据《商品房销售管理办法》第二十二条规定，不符合商品房销售条件的房地产开发企业不得销售商品房，不得向买受人收取任何预订款性质费用。换句话说，任何以预售商品房为标的收取的"诚意金"等款项都是该预售商品房的预付款，应存入该项目的预售款监控账户。开发商在未取得商品房预售许可证之前向购房人收取购房诚意金，属违规行为。

在本案中，刘某与该房屋物业公司所签订的内部团购协议书是为了保证将来签订正式的商品房买卖合同而签订的预约合同,故该案属于《民法典》中的预约合同纠纷。刘某在签订内部团购协议后,依照协议约定向该房屋物业公司支付了购房诚意金,已经全面履行了合同义务。但协议中所约定的建筑房屋项目因故未能开盘销售,导致刘某签订商品房买卖合同购买房屋的目的落空,该房屋物业公司构成违约。依据《民法典》第四百九十五条第二款的规定,该房屋物业公司应当承担违约责任,同时其所收取原告的购房诚意金应予返还。内部团购协议虽未对违约责任进行具体约定,但原告实际遭受了付出款项的利息损失,应当参照合同订立时贷款市场报价利率的标准予以计算。

【法条索引】

《中华人民共和国民法典》

第四百九十五条 当事人约定在将来一定期限内订立合同的认购书、订购书、预订书等,构成预约合同。

当事人一方不履行预约合同约定的订立合同义务的,对方可以请求其承担预约合同的违约责任。

第五百七十七条 当事人一方不履行合同义务或者履行合同义务不符合约定的,应当承担继续履行、采取补救措施或者赔偿损失等违约责任。

问题014 **开发商为多赚钱一房二卖,是否要赔偿消费者损失?**
关键词:一房二卖;赔偿

【基本案情】刘先生于 2022 年 3 月 20 日、3 月 21 日先后至甲市某置业有限公司开发的楼盘看房,因房屋系精装修,刘先生想要作为学区房使用,他与妻子均对该套房屋十分满意,刘先生即与销售顾问孙小姐商谈购房事宜。2022年3月21日，刘先生与该销售顾问签订《商品房认购协议书》（协议书上无公司盖章），认购该楼盘7幢808室房屋一套，认购总价为345万元。当天，孙小姐出具"认购单"一份，载明刘先生于2022年3月21日付定金20万元，刘先生签字确认。后刘先生向销售顾问提供的银行账户（户名：甲市某置业有限公司）支付了20万元定金。

2022年3月26日，该房产公司销售人员告诉刘先生，因该房屋有别人出高价购买，所以该房屋不再出售给刘先生。刘先生不同意该房产公司的违约行为。该房产公司提出补偿刘先生3万元，未得到刘先生的同意。

2022年3月27日，该房产公司在未与刘先生沟通的情况下，自行将20万元退款至刘先生银行账户。2022年4月，刘先生以该房产公司违约为由诉至法院，要求确认双方之间的认购协议已经解除，并要求该房产公司双倍返还定金，支付剩余的20万元。

【法律分析】从古至今，信用被视为立身之本，人无信不立。进入现代社会，信用更成为维系市场经济良好发展的关键因素。在本案中，房产公司为获取更高利益，随意废弃合同，应当予以谴责。本案的焦点有两个：

第一，孙小姐系该房产公司安排在售楼处的置业顾问，其向客户介绍、推销房屋，与客户确认购房的行为符合其身份，因为她是代表该房产公司履行职责。刘先生作为普通购房客户，基于孙小姐的身份和行为，根据孙小姐的指示向其提供的对公账户支付了定金，应视为刘先生向该房产公司支付了购房定金，刘先生与该房产公司之间成立商品房预约合同关系。该房产公司明知刘先生已向其工作人员提供的银行账户支付了购房定金，仍以更高的价格将案涉房屋出售给案外人，这种行为在法律上已经构成违约，应承担相应的违约责任。

第二，刘先生与该房产公司之间成立商品房预约合同关系，但由于涉案房屋已被该房产公司出售给案外人，此时已经无法要求房产公司继续履行合同，因此刘先生有权要求房产公司双倍返还定金，支付剩余 20 万元的诉讼请求应予以支持。

提示："定金"与"订金"，一字之差，天壤之别。众所周知，定金作为债权担保的一定数额的货币，它属于一种法律上的担保方式，目的在于促使债务人履行债务，保障债权人的债权得以实现。比如在买卖关系中，买方在签订合同后付给卖方部分款项，作为将来付款的担保。如果买方不履行合同，卖方可以不退还定金；如果卖方按照合同履行了供货义务，定金便折为货款；如果卖方没有按照合同履行供货义务，则应当承担双倍返还定金的责任。简单来说，定金是担保之意，也就是不可退。订金则一般被视为预付款，通常指买卖双方在具有交易意向后，为表示诚意，由买受方交付给出卖方的一笔款项。"订金"的效力一般取决于双方当事人的约定，双方当事人如果没有另行约定，那么钱款可以如数退还。一字之差，带来的法律后果却有天壤之别。

由于中国人历来讲究"口说无凭，立字为据"。有了白纸黑字，谁也不能赖账。个人与商家的任何口头约定，都需要体现在相关的合同中。如果双方在订金或定金方面达成口头协议，但没有将其体现在合同中，则并不具有法律效力。

【法条索引】

《中华人民共和国民法典》

第五百八十六条　当事人可以约定一方向对方给付定金作为债权的担保。定金合同自实际交付定金时成立。

定金的数额由当事人约定；但是，不得超过主合同标的额的百分之二十，超过部分不产生定金的效力。实际交付的定金数额多于或者少于约定数额的，视为变更约定的定金数额。

劳动者签合同时间早于《中华人民共和国劳动合同法》实施之日,经济补偿如何计算时间?

关键词:养老保险;经济补偿金

【基本案情】2004年11月1日起,王某某到某煤电股份有限公司上班。2019年1月以来,因某煤电股份有限公司欠付王某某工资,且没有足额缴纳养老保险,王某某便于2021年6月申请仲裁并引发诉讼。公司认为计算经济补偿金时劳动者的工作年限应自《中华人民共和国劳动合同法》实施之日起算,故认定王某某经济补偿金的年限为13.5年(2008年1月至2021年5月)。

【法律分析】首先,既然公司不遵守合同约定,基本劳务保障都不能兑现,劳动者可以依法解除劳动合同。按照《劳动合同法》第三十八条规定,未及时足额支付劳动报酬的,未依法为劳动者缴纳社会保险费的,都属于可以解除劳动合同的法定情况。

其次,我们要了解经济补偿金赔偿标准。经济补偿金是指在劳动者无过失的情况下,劳动合同解除或终止时,用人单位依法一次性支付给劳动者的经济上的补助。按照《劳动合同法》第四十七条规定,经济补偿按劳动者在本单位工作的年限,每满一年支付一个月工资的标准向劳动者支付。六个月以上不满一年的,按一年计算;不满六个月的,向劳动者支付半个月工资的经济补偿。

最后,公司的说法是没有法律依据的。《劳动合同法》于2008年1月1日起施行,第九十七条第三款规定:"本法施行之日存续的劳动合同在本法施行后解除或者终止,依照本法第四十六条规定应当支付经济补偿的,经济补偿年限自本法施行之日起计算;本法施行前按照当时有关规定,用人单位应当向劳动者支付经济补偿的,按照当时有关规定执行。"从该条法律规定可以知道,如果劳动者与用人单位在2008年1月1日前便存在劳动关系,在此之后解除劳动关系的，对于 2008 年之前并不是一概不支持经济补偿金，只是应按照当时的法律规定执行，分段计算和认定。

用人单位未及时足额支付劳动报酬的，不论按照《劳动合同法》的规定，还是按照该法施行前的规定，单位均应向劳动者支付经济补偿金，故不应仅计算劳动合同法实施之后的经济补偿金，实施前的部分亦应计算。

【涉税分析】要准确区分"解除劳动合同"与"终止劳动合同"的概念。

解除劳动合同，是指在劳动合同没有到终止日期前，劳动者或用工单位单方或协商一致解除劳动合同的行为。

终止劳动合同，是指劳动合同期满、劳动者开始依法享受基本养老保险待遇、劳动者死亡，或者被人民法院宣告死亡或者宣告失踪、用人单位被依法宣告破产、用人单位被吊销营业执照、责令关闭、撤销或者用人单位决定提前解散等条件具备一条，劳动合同自动终止的行为。

税收上对于解除劳动关系和终止劳动关系，税收待遇是不同的。

对于解除劳动合同关系，根据《财政部 国家税务总局关于个人所得税法修改后有关优惠政策衔接问题的通知》（财税〔2018〕164 号）规定，个人与用人单位解除劳动关系取得一次性补偿收入，在当地上年职工平均工资 3 倍数额以内的部分，免征个人所得税；超过 3 倍数额的部分，才需要计算缴纳个人所得税。

比如老张所在的公司位于 A 市，老张获得了 300 000 元经济补偿金（2022 年 1 月获得），A 市上年度（即 2021 年）职工平均工资是 90 000 元，那么免征个人所得税对应的经济补偿金 = 90 000 元 × 3 = 270 000 元。老张获得 300 000 元已经超过免征税额度，所以超出部分的金额 30 000 元（300 000 - 270 000）需要纳税。

对于终止劳动合同，合同到期终止所支付补偿金也属于个人与任职或者受雇有关的其他所得，应并入综合所得计算征收个人所得税。

提示：财税〔2001〕157 号规定，企业依照国家有关法律规定宣告破产，企业职工从该破产企业取得的一次性安置费收入，免征个人所得税。

【法条索引】

1.《中华人民共和国劳动合同法》

第三十八条　用人单位有下列情形之一的，劳动者可以解除劳动合同：

（一）未按照劳动合同约定提供劳动保护或者劳动条件的；

（二）未及时足额支付劳动报酬的；

（三）未依法为劳动者缴纳社会保险费的；

（四）用人单位的规章制度违反法律、法规的规定，损害劳动者权益的；

（五）因本法第二十六条第一款规定的情形致使劳动合同无效的；

（六）法律、行政法规规定劳动者可以解除劳动合同的其他情形。

用人单位以暴力、威胁或者非法限制人身自由的手段强迫劳动者劳动的，或者用人单位违章指挥、强令冒险作业危及劳动者人身安全的，劳动者可以立即解除劳动合同，不需事先告知用人单位。

第四十七条　经济补偿按劳动者在本单位工作的年限，每满一年支付一个月工资的标准向劳动者支付。六个月以上不满一年的，按一年计算；不满六个月的，向劳动者支付半个月工资的经济补偿。

劳动者月工资高于用人单位所在直辖市、设区的市级人民政府公布的本地区上年度职工月平均工资三倍的，向其支付经济补偿的标准按职工月平均工资三倍的数额支付，向其支付经济补偿的年限最高不超过十二年。

本条所称月工资是指劳动者在劳动合同解除或者终止前十二个月的平均工资。

2.《关于个人所得税法修改后有关优惠政策衔接问题的通知》（财税〔2018〕164号）

个人与用人单位解除劳动关系取得一次性补偿收入（包括用人

单位发放的经济补偿金、生活补助费和其他补助费），在当地上年职工平均工资3倍数额以内的部分，免征个人所得税；超过3倍数额的部分，不并入当年综合所得，单独适用综合所得税率表，计算纳税。

问题 016 非全日制用工产生费用争议，相关补偿如何计算才合规？

关键词： 非全日制用工；补偿

【基本案情】2017年11月，张女士与A超市签订非全日制用工合同，约定张女士担任超市卖场员工，工资标准为每小时17元，按照实际工作小时数结算工资。为规避风险，A超市在合同中约定，张女士属于非全日制员工，超市发放的工资中包含养老保险费、医疗保险费和个人应缴纳的社会保险费，超市无须为张女士缴纳基本养老保险费、基本医疗保险费和公积金，由张女士以个人身份参加基本医疗和养老保险；张女士属非全日制用工员工，合同期内不享受全日制员工的年休假等福利。后因超市故意减少张女士工作时间，张女士离职。

张女士认为，超市诱导其签订非全日制用工合同，入职后实际工作情况与全日制员工一致，但工资计算及福利均不相同，其要求该超市支付未休的年休假工资、高温补贴和赔偿金等。于是向仲裁委提出仲裁，仲裁委未支持其请求。张女士不服，向当地人民法院起诉A超市。

【法律分析】随着产业结构调整及就业形势变化，灵活就业作为涵盖领域广泛、就业容量巨大的就业方式，正在迅速发展成为吸纳就业的重要渠道。

非全日制用工就是灵活就业的一种主要形式。根据《劳动合同法》第六十八条规定，非全日制用工，是指以小时计酬为主，劳动者在同一用人单位一般平均每日工作时间不超过 4 小时，每周工作时间累计不超过 24 小时的用工形式。

非全日制用工虽被纳入《劳动合同法》范围，但其实质仍类同于劳务用工，《劳动合同法》第六十九条、第七十条、第七十一条、第七十二条分别规定，可以不订立书面合同；可以随时通知对方终止用工；终止用工时，用人单位不向劳动者支付经济补偿等。在本案中，双方虽签订非全日制用工合同，但从实际工作情况看，超市并未按照非全日制用工要求为张女士安排工作时间，且基本在每月固定时间发放工资，实际是以非全日制用工关系规避用人单位在全日制劳动关系中应承担的法律义务，故应以全日制劳动关系确定双方的权利义务。

实践中，经常出现个别用人单位以与员工签订非全日制用工合同的方式规避用工主体责任及法律风险的情况。但是严格来说，合同只是一个形式，如果合同名为非全日制用工而实际是按照全日制标准履行权利义务的，此时工作时间、用工方式、工资发放等均与全日制用工人员相同的，实际上是通过合同形式变相逃避用人单位的责任。作为员工，如果发现此类损害个人合法权益行为，可以通过以下三个合法途径维护自身合法权益：

一是依据《劳动合同法》第八十条规定，用人单位直接涉及劳动者切身利益的规章制度违反法律、法规规定的，由劳动行政部门责令改正，给予警告；给劳动者造成损害的，应当承担赔偿责任。

二是依法申请劳动仲裁。劳动仲裁的时效是 1 年。仲裁时效期间从当事人知道或者应当知道其权利被侵害之日起计算。需要注意的是，劳动仲裁是提起劳动争议诉讼的前提条件。根据《劳动法》《最高人民法院关于审理劳动争议案件适用法律若干问题的解释》的规定，劳动法律关系发生争议，仲裁程序是法定的必经程序，即劳动争议仲裁程序是人民法院受理的前置程序，当事人必须先向劳动争议仲裁委员会申请仲裁，对仲裁裁决不服的，才可以向人民法院起诉，否则，人民法院不予受理。

一般的仲裁遵循自愿原则，实行的是一裁终局制，作为当事人只能在仲裁和诉讼两种方式中选择。但是处理劳动争议的程序设置却是并用两种程序，并将仲裁规定为诉讼的必要条件。劳动争议仲裁是劳动争议诉讼的法定前置程序，即"审前仲裁"制度。劳动争议当事人必须先将争议提交劳动仲裁机构仲裁。

三是可以依法提起民事诉讼。仲裁裁决后，如对仲裁裁决不服，应在收到裁决书后15日内向人民法院提起诉讼。有的单位在合同书面协议选择被告住所地、合同履行地、合同签订地、原告住所地、标的物所在地等与争议有实际联系的地点的法院管辖，但不得违反法律与司法解释对级别管辖和专属管辖的规定。

提示：立法者将劳动争议的仲裁设置为法院受理案件的前置程序有两方面原因：一是考虑到法院和法官不是专门处理劳动争议的专业部门和专业人员，不一定了解劳动争议中的情况；二是考虑到法院受理案件的数量太大，如果所有劳动争议案件直接向人民法院起诉，会加重法院的工作负担。

【法条索引】

《中华人民共和国劳动合同法》

第六十九条　非全日制用工双方当事人可以订立口头协议。

从事非全日制用工的劳动者可以与一个或者一个以上用人单位订立劳动合同；但是，后订立的劳动合同不得影响先订立的劳动合同的履行。

第七十条　非全日制用工双方当事人不得约定试用期。

第七十一条　非全日制用工双方当事人任何一方都可以随时通知对方终止用工。终止用工，用人单位不向劳动者支付经济补偿。

第七十二条　非全日制用工小时计酬标准不得低于用人单位所在地人民政府规定的最低小时工资标准。

非全日制用工劳动报酬结算支付周期最长不得超过十五日。

# 问题 017 年休假和病假不是一回事，辞退后公司也得付年休假钱？

关键词：年休假；病假

【基本案情】2017年9月1日，赵某入职某服务公司从事会计工作。2019年8月25日19点，赵某申请14天调休假。次日6点，公司驳回其请假申请，但赵某一直未上班。

2019年9月16日，公司发出解除劳动合同告知书，以赵某连续旷工3天以上、未完成工作任务、擅自删除客户数据等为由，解除劳动合同。后赵某申请劳动仲裁，请求裁令公司支付其2018年、2019年未休年休假工资。仲裁委终结审理后，赵某诉至法院。诉讼中，公司主张赵某在2019年3月已休息16天，年休假已休完。经查，2019年3月8日，苏州市某医院出具病假证明书，因赵某早期人工流产建议休息1个月。法院认为，根据赵某的工作年限，其2018年法定年休假有5天，2019年的年休假根据赵某当年在职时间折算为3天。赵某在2019年3月系因流产休假，并非法定年休假，某服务公司未提供证据证明赵某已休法定年休假，一审法院判决某服务公司支付赵某2018年及2019年未休年休假工资差额。

【法律分析】休息休假是劳动者的一项基本权利。现行规定明确将带薪年休假工资报酬引发的争议作为劳动争议案件受理，对于全面落实带薪年休假制度、切实保障劳动者休息休假的权利和促进企业的长远发展，具有重大意义。

本案件涉及以下几个问题：

第一，公司不批准个人调休假，个人未上班的，公司能否解除劳动合同？《劳动合同法》第三十九条规定，严重违反用人单位的规章制度的，用人单位可以解除劳动合同。赵某申请调休假并非法定休假，作为公司员工，应当经过公司内部人事管理部门审批后才可休假，在没有经过批准后自行休假，属于违反公司规章制度。

第二，病假休假不能直接等同于公休假。病假是指劳动者本人因患病或非因工负伤，需要停止工作进行医疗时，企业应该根据劳动者本人实际参加工作年限和在本单位工作年限，给予一定的医疗假期。《企业职工患病或非因工负伤医疗期规定》第二条规定，医疗期是指企业职工因患病或非因工负伤停止工作治病休息不得解除劳动合同的时限。病假建议书仅是医生对病休期限提出的建议，用人单位享有相应的病假审批权，用人单位可据劳动者的病情及是否能从事用人单位安排的工作等情况，决定劳动者实际可否休病假及休病假天数。

第三，公司无权直接以病假冲抵公休假。病假是职工因疾病而必须休息治疗的医疗期，年休假是在职员工法定享有的休假，病假与年休假不能相互折抵。但是需要注意的是，如果病假期过长，则无法享受当年公休假。对于不能享受带薪年休假的情形，《职工带薪年休假条例》第四条明确规定，累计工作满 1 年不满 10 年的职工，请病假累计 2 个月以上的；累计工作满 10 年不满 20 年的职工，请病假累计 3 个月以上的；累计工作满 20 年以上的职工，请病假累计 4 个月以上的，存在上述三类情形，此时不可以享受当年公休假。因此，如果未达到上述请假时长的，依然可以享受公休假。

第四，带薪年假不能直接"年底自动清零"。带薪年休假一般可以在一个年度内集中或分段安排，确有必要跨年度安排的，也可以跨一个年度安排。如果公司从未安排员工休年休假，员工也未曾向公司书面提出不休年休假。即便公司规章制度规定年休假当年不休则"年底自动清零"，但该规定明显不符合法律规定，侵害了劳动者的合法权益，法院不应当认定其有效，相反，公司还应当根据实际情况向劳动者支付未休年休假折算工资报酬。如果公司安排员工休年休假，但是职工因本人原因且书面提出不休年休假，此时才可以"年底自动清零"。

【涉税分析】根据《关于个人与用人单位解除劳动关系取得的一次性补偿收入征免个人所得税问题的通知》（财税〔2001〕157 号）、《财政部 税务总局关于个人所得税法修改后有关优惠政策衔接问题的通知》（财税〔2018〕

164号）文件规定，个人因与用人单位解除劳动关系而取得的一次性经济补偿收入、退职费、安置费等所得要按照以下方法计算缴纳个人所得税：

1. 个人与用人单位解除劳动关系取得一次性补偿收入（包括用人单位发放的经济补偿金、生活补助费和其他补助费），在当地上年职工平均工资3倍数额以内的部分，免征个人所得税；超过3倍数额的部分，不并入当年综合所得，单独适用综合所得税率表，计算纳税。

2. 个人领取一次性补偿收入时按照国家和地方政府规定的比例实际缴纳的住房公积金、医疗保险费、基本养老保险费、失业保险费，可以在计征其一次性补偿收入的个人所得税时予以扣除。

3. 企业依照国家有关法律规定宣告破产，企业职工从该破产企业取得的一次性安置费收入，免征个人所得税。

【法条索引】

1.《中华人民共和国劳动合同法》

第三十九条　用人单位单方解除劳动合同（过失性辞退）

劳动者有下列情形之一的，用人单位可以解除劳动合同：

（一）在试用期间被证明不符合录用条件的；

（二）严重违反用人单位的规章制度的；

（三）严重失职，营私舞弊，给用人单位造成重大损害的；

（四）劳动者同时与其他用人单位建立劳动关系，对完成本单位的工作任务造成严重影响，或者经用人单位提出，拒不改正的；

（五）因本法第二十六条第一款第一项规定的情形致使劳动合同无效的；

（六）被依法追究刑事责任的。

2.《企业职工患病或非因工负伤医疗期规定》

第三条　企业职工因患病或非因工负伤，需要停止工作医疗时，根据本人实际参加工作年限和在本单位工作年限，给予3个月到24个月的医疗期：

（一）实际工作年限 10 年以下的，在本单位工作年限 5 年以下的为 3 个月；5 年以上的为 6 个月。

（二）实际工作年限 10 年以上的，在本单位工作年限 5 年以下的为 6 个月；5 年以上 10 年以下的为 9 个月；10 年以上 15 年以下的为 12 个月；

15 年以上 20 年以下的为 18 个月；20 年以上的为 24 个月。

第四条　医疗期 3 个月的按 6 个月内累计病休时间计算；6 个月的按 12 个月内累计病休时间计算；9 个月的按 15 个月内累计病休时间计算；12 个月的按 18 个月内累计病休时间计算；18 个月的按 24 个月内累计病休时间计算；24 个月的按 30 个月内累计病休时间计算。

3.《职工带薪年休假条例》

第五条　单位根据生产、工作的具体情况，并考虑职工本人意愿，统筹安排职工年休假。

年休假在 1 个年度内可以集中安排，也可以分段安排，一般不跨年度安排。单位因生产、工作特点确有必要跨年度安排职工年休假的，可以跨 1 个年度安排。

单位确因工作需要不能安排职工休年休假的，经职工本人同意，可以不安排职工休年休假。对职工应休未休的年休假天数，单位应当按照该职工日工资收入的 300% 支付年休假工资报酬。

工作期间遭遇车祸要求交通事故损害赔偿后，还能要求工伤赔偿吗？

关键词：车祸；工伤

【基本案情】2016 年 7 月 23 日，老李到甲公司上班，从事维修工作。2017 年 8 月 5 日，老李因交通事故受伤住院治疗，花费医疗费

53 183.31 元。2019 年 1 月 28 日，市人社局做出工伤认定决定书，认定老李受到的事故伤害为工伤。2020 年 9 月 8 日，市劳动能力鉴定委员会做出劳动能力鉴定结论书，确定老李的伤情为九级伤残。同时经调查，发现老李在甲公司上班期间，甲公司未给老李缴纳工伤保险费。

【法律分析】侵权，顾名思义是一种侵害他人合法权益的行为，因此侵权也可以称为一种侵害。本案涉及了两方面的侵害：一方面，老李因为个人遭遇了交通事故，自身的健康权受到了侵害；另一方面，作为劳动者，他的基本权利受到了侵害，甲公司未给老李缴纳工伤保险费，基本劳动保障没有依法兑现。那么对于老李而言，应当如何保障自身受到损害的权利？

第一，依法提起机动车交通事故损害赔偿。根据《民法典》第一千一百七十九条、第一千二百零八条规定，机动车肇事方应当赔偿医疗费、护理费、交通费、营养费、住院伙食补助费等为治疗和康复支出的合理费用，以及因误工减少的收入。由于造成了残疾，还应当赔偿辅助器具费和残疾赔偿金。那么这里的赔偿标准应当如何确定呢？

新修订《最高人民法院关于审理人身损害赔偿案件适用法律若干问题的解释》（法释〔2022〕14 号）于 2022 年 5 月 1 日起施行。该司法解释第六条至第十三条，分别规定了相关的赔偿项目，由于各地经济水平存在差异，因此赔偿标准差距较大，具体数额要关注本地出台的标准。其中比较重要的几个年限是：计算护理期限不超过 20 年；残疾赔偿金根据受害人丧失劳动能力程度或者伤残等级，按照法院所在地上一年度城镇居民人均可支配收入标准，自定残之日起按 20 年计算。但 60 周岁以上的，年龄每增加 1 岁减少 1 年；75 周岁以上的，按 5 年计算。发生的交通费、医疗费都必须依据正规收款凭证进行。

第二，依法提起工伤赔付责任。有人提出，交通事故赔偿已给付了医疗费、丧葬费、护理费、残疾用具费、误工工资的，还能享受工伤保险待遇吗？答案是可以。劳动者在工作期间因第三人的侵权行为受到伤害，同时构成工伤的，产生两个法律事实，依据两个不同的法律关系，劳动者既可依法享受工伤保险待遇，也可以获得民事侵权赔偿，不能因为劳动者获取了侵权赔偿，就将用人单位没有为劳动者缴纳工伤保险而应承担的工伤赔付责任也给免除了。对于不可能重复发生的医疗费，用人单位则无须重复给付，应当予以扣除。

【法条索引】

《中华人民共和国民法典》

第一千一百七十九条 侵害他人造成人身损害的，应当赔偿医疗费、护理费、交通费、营养费、住院伙食补助费等为治疗和康复支出的合理费用，以及因误工减少的收入。造成残疾的，还应当赔偿辅助器具费和残疾赔偿金；造成死亡的，还应当赔偿丧葬费和死亡赔偿金。

第一千二百零八条 机动车发生交通事故造成损害的，依照道路交通安全法律和本法的有关规定承担赔偿责任。

问题019 违反公司管理规定被解除合同，公司还需要向个人支付未支付的年休假工资和加班费吗？

关键词：疫情；解除合同

【基本案情】钱先生于2019年7月到A承包公司工作，2020年1月双方签订无固定期限劳动合同，钱先生开始在公司项目部工作。2021年7月31日—8月6日，承包公司根据疫情防控工作小组发出的关于应对疫情的通知，对疫情防控期间的工作安排、人员管理、疫情防控措施及中高风险地区返回项目人员做出规定，要求主动员工上报，配合好疫情防控工作。钱先生作为项目部的行政管理人员，负责该项目的疫情防控工作。

2021年8月8日晚，钱先生私自外出与朋友聚餐时，与他人发生纠纷并报警处理。因钱先生有近期外地行程记录，也未提供7日内核酸检测报告，被派出所转至街道办事处实施7天封闭隔离。2021年8月9日，钱先生向其上级领导汇报了其于2021年7月29日至次日到外地的行程记录，并就发生纠纷及实施封闭隔离一事提交了书面说明。

2021年8月18日，A公司发布通报，通报载明：钱先生在疫情暴发后未按要求隔离，违反项目封闭管理规定私自外出饮酒、寻衅滋事、打架斗殴，给疫情防控带来隐患，造成不良影响，公司给予钱先生党内严重警告、开除（解除劳动合同）处分。2021年9月17日，公司按照劳动合同载明地址向钱先生邮寄了解除劳动合同手续通知书。钱先生对此不服，将A公司告上法庭，并列举证据，证明自己在职期间存在加班和未休年休假的事实。

【法律分析】疫情防控工作，是党中央、国务院部署的保障人民群众生命安全的重要举措，作为个人应当严格遵守各地疫情防控要求，主动配合疫情防控工作。本案中钱先生隐瞒个人行程，未及时向当地社区报备外地行程，未按要求隔离，不仅应当受到道德上的谴责，也违反《治安管理处罚法》《刑法》的相关规定。具体主要涉及以下情况：

一是涉疫风险地区来人不按规定主动向社区和单位报备行程，隐瞒病情、瞒报行程信息、隐瞒与确诊病例或者无症状感染者有密切接触史的，涉嫌违反《治安管理处罚法》第二十三条，将处以警告或者200元以下罚款；情节严重的，将处以5日以上10日以下拘留，可以并处500元以下罚款。引起新型冠状病毒传播或者有传播严重危险的，涉嫌妨害传染病防治罪，依据《刑法》追究刑事责任。

二是封控区、管控区的居民拒不配合封控管理，擅自外出、聚集的，涉嫌违反《治安管理处罚法》第二十三条，将处以警告或者200元以下罚款；情节严重的，将处以5日以上10日以下拘留，可以并处500元以下罚款。引起新型冠状病毒传播或者有传播严重危险的，涉嫌妨害传染病防治罪，依据

《刑法》追究刑事责任。

对于钱先生而言，则需要注意以下法律规范：

首先，依法解除劳动合同。根据《劳动合同法》第三十九条规定，钱先生严重违反用人单位的规章制度，属于可以解除劳动合同的法定情形，此时用人单位可以单方面解除劳动合同。由于此时是钱先生个人过失造成的，也不符合《劳动合同法》第四十六条规定，用人单位无须向其支付经济赔偿。即便个人申请劳动仲裁或者提起民事诉讼，也会面临裁决不予支付请求的结果。

其次，用人单位应当全额支付钱先生的加班费和应休未休年休假工资。依据《劳动法》第四十四条、四十五条规定，上述工资、加班费属于个人应得酬劳，不受解除劳动合同影响，应当全额予以支付。

最后，《劳动合同法》第八十七条规定，用人单位违反该法规定解除或者终止劳动合同的，应当依照该法第四十七条规定的经济补偿标准的 2 倍向劳动者支付赔偿金。

《劳动合同法实施条例》第二十五条规定，用人单位违反劳动合同法的规定解除或者终止劳动合同，依照劳动合同法第八十七条的规定支付了赔偿金的，不再支付经济补偿。赔偿金的计算年限自用工之日起计算。

根据以上规定，如果用人单位违法解除或终止劳动合同，此时应当按照《劳动合同法》第四十七条规定的经济补偿标准的 2 倍向劳动者支付赔偿金，赔偿金的计算年限自用工之日起计算，无须另行支付经济补偿金。

【法条索引】

1.《中华人民共和国治安管理处罚法》

第二十三条　有下列行为之一的，处警告或者二百元以下罚款；情节较重的，处五日以上十日以下拘留，可以并处五百元以下罚款：

（一）扰乱机关、团体、企业、事业单位秩序，致使工作、生产、营业、医疗、教学、科研不能正常进行，尚未造成严重损失的；

2.《中华人民共和国刑法》

第三百三十条　妨害传染病防治罪。

违反传染病防治法的规定，有下列情形之一，引起甲类传染病传播或者有传播严重危险的，处三年以下有期徒刑或者拘役；后果特别严重的，处三年以上七年以下有期徒刑：

（一）供水单位供应的饮用水不符合国家规定的卫生标准的；

（二）拒绝按照卫生防疫机构提出的卫生要求，对传染病病原体污染的污水、污物、粪便进行消毒处理的；

（三）准许或者纵容传染病病人、病原携带者和疑似传染病病人从事国务院卫生行政部门规定禁止从事的易使该传染病扩散的工作的；

（四）拒绝执行卫生防疫机构依照传染病防治法提出的预防、控制措施的。

单位犯前款罪的，对单位判处罚金，并对其直接负责的主管人员和其他直接责任人员，依照前款的规定处罚。甲类传染病的范围，依照《中华人民共和国传染病防治法》和国务院有关规定确定。

3.《中华人民共和国劳动合同法》

第三十六条　协商解除劳动合同。

用人单位与劳动者协商一致，可以解除劳动合同。

第三十八条　劳动者单方解除劳动合同。

用人单位有下列情形之一的，劳动者可以解除劳动合同：

（一）未按照劳动合同约定提供劳动保护或者劳动条件的；

（二）未及时足额支付劳动报酬的；

（三）未依法为劳动者缴纳社会保险费的；

（四）用人单位的规章制度违反法律、法规的规定，损害劳动者权益的；

（五）因本法第二十六条第一款规定的情形致使劳动合同无效的；

（六）法律、行政法规规定劳动者可以解除劳动合同的其他情形。

用人单位以暴力、威胁或者非法限制人身自由的手段强迫劳动者劳动的，或者用人单位违章指挥、强令冒险作业危及劳动者人身安全的，劳动者可以立即解除劳动合同，不需事先告知用人单位。

第三十九条　用人单位单方解除劳动合同（过失性辞退）。

劳动者有下列情形之一的，用人单位可以解除劳动合同：

（一）在试用期间被证明不符合录用条件的；

（二）严重违反用人单位的规章制度的；

（三）严重失职，营私舞弊，给用人单位造成重大损害的；

（四）劳动者同时与其他用人单位建立劳动关系，对完成本单位的工作任务造成严重影响，或者经用人单位提出，拒不改正的；

（五）因本法第二十六条第一款第一项规定的情形致使劳动合同无效的；

（六）被依法追究刑事责任的。

第四十六条　经济补偿。

有下列情形之一的，用人单位应当向劳动者支付经济补偿：

（一）劳动者依照本法第三十八条规定解除劳动合同的；

（二）用人单位依照本法第三十六条规定向劳动者提出解除劳动合同并与劳动者协商一致解除劳动合同的；

（三）用人单位依照本法第四十条规定解除劳动合同的；

（四）用人单位依照本法第四十一条第一款规定解除劳动合同的；

（五）除用人单位维持或者提高劳动合同约定条件续订劳动合同，劳动者不同意续订的情形外，依照本法第四十四条第一项规定终止固定期限劳动合同的；

（六）依照本法第四十四条第四项、第五项规定终止劳动合同的；

（七）法律、行政法规规定的其他情形。

租客未经许可将租赁房屋转租他人从事违法活动，房东也要承担责任吗？

关键词：转租；传销

【基本案情】房东老张家中有两套住房，其中一套住房位于城市某小区5栋，用来出租改善家庭生活条件。2020年4月，经人介绍，老张把该套房屋出租给个人老王，约定租期2年。老王称自己在本地某公司打工，和几个朋友合租。平时按季度支付房租3 600元。老张因对方一直按时支付房租，从未上门查看租户情况。

2021年9月17日，住房所在地的居委会通知房东老张，说他家租客涉嫌从事传销活动被公安机关调查。后公安机关也通知老张了解情况。此时老张才知道，老王在未经老张同意的情况下，将该房屋内部分隔成若干个小房间，并转租给钱某等5人进行传销活动。

【法律分析】第一，房东老张对租客从事传销活动并不知情。老张只是与老王签订了房屋出租合同，并不知道老王将房屋出租给他人从事传销活动，此时不应追究老张的法律责任。而且老王未经老张同意非法改建房屋，给老张也造成了经济损失。

第二，依据《关于审理城镇房屋租赁合同纠纷案件司法解释的理解与适用》第十三条规定，二房东老王对老张的房屋进行非法改造，未经老张同意，因此应当拆除房屋内部隔断，赔偿房屋非法改建损失，承担损害赔偿责任。如果合同同时约定有违约金条款，除非双方在合同中约定违约金和赔偿损失不能一并主张，否则可以同时并用。在行政法方面，老王作为二房东，如果知道钱某等人非法从事传销活动依然转租，应当依据《治安管理处罚法》进行拘留和罚款。如果老王参与其中，其甚至可能构成刑事犯罪。

在实际生活中，房东为防范此类情况，应当注意如下方面：

一是在合同中应当明确约定，房屋不得用于传销等非法用途，尽到告知义务。后期如果租户从事违法行为，可以证明房东已经尽到告知义务，对此并不知情。如果租户违反合同约定对外转租等，可以根据合同条款约定，依法解除合同。

二是在合同中应当明确支付违约金的规定。一般来说，支付违约金是对合同签订方不遵守合同的一种惩罚措施，也有一定弥补损失的作用，但是未必能全部覆盖损失金额。因此，如果约定违约金不能完全弥补损失，此时应当向人民法院要求追加违约金，直至弥补全部损失；如果约定违约金明显高于损失（一般认为达到30%），此时法院可以酌情调减，确保公平公正。

【法条索引】

1.《中华人民共和国治安管理处罚法》

第五十七条　房屋出租人将房屋出租给无身份证件的人居住的，或者不按规定登记承租人姓名、身份证件种类和号码的，处二百元以上五百元以下罚款。

房屋出租人明知承租人利用出租房屋进行犯罪活动，不向公安机关报告的，处二百元以上五百元以下罚款；情节严重的，处五日以下拘留，可以并处五百元以下罚款。

2.《关于审理城镇房屋租赁合同纠纷案件司法解释的理解与适用》

第十三条　承租人未经出租人同意装饰装修或者扩建发生的费用，由承租人负担。出租人请求承租人恢复原状或者赔偿损失的，人民法院应予支持。

问题 021 租赁房屋漏水造成楼下住户财产损失,房客是否要赔偿?

关键词:漏水;断裂漏水

【基本案情】 老林因家中有3套房,因此选择将2套房出租。其中1套房屋出租给小黄居住。为避免纠纷,双方签订的房屋租赁合同约定,在小黄居住期间,水、电、煤气、电器等设施如使用不当出现损坏或火灾,由小黄承担责任。后小黄租住期间,某天凌晨房屋厨房水管断裂漏水,致使楼下住户小董家中被水淹,出租人老林的房屋也受到了损害。老林赔偿了小董15万元后,向法院起诉承租人小黄要求赔偿,认为小黄的行为同时给其房屋造成经济损失3万元,小黄共计应该赔偿18万元。

双方当事人对涉案房屋水管断裂漏水的原因产生争议。老林认为是小黄使用不当所致,小黄则称系水管年久失修所致。老林主张小黄使用不当,但是又拿不出证据证明。而小黄提交了自来水公司员工老赵出具的现场鉴定报告单,证实涉案房屋水管管道年久失修存在老化问题。涉案房屋漏水发生在凌晨1点多,正是一般人休息熟睡的时间,老林主张漏水系小黄使用不当造成亦与常理不符。一审法院认为,老林认为水管断裂漏水系小黄使用不当造成,根据谁主张谁举证的原则,老林应就其主张提供证据予以证明。现老林没有证据证明系小黄使用不当导致水管断裂漏水,应承担举证不能的法律后果,驳回出租人老林的诉讼请求。老林上诉后,二审维持原判。

【法律分析】 现实生活中,租房时因为房屋内设施老化造成损失、引发纠纷的情况是比较普遍的。

作为签订合同的双方，如何划分清楚彼此应当承担的民事责任，成为一个社会关注的热点问题。

第一，依法签订的合同，对各方当事人均具有法律约束力，当事人应当按照约定全面履行自己的责任和义务。在本案中，因为在合同条款中对造成损失有明确约定，只要不违反法律法规要求，此时可以根据民法中意思自治的要求，签订合同双方根据自己的主观判断来决定民事法律关系的设立、变更和终止。本案中，老林与小黄在房屋租赁合同中明确约定："如房屋结构出现漏水、漏雨等其他问题由出租人老林负责修缮。"因此，因涉案房屋水管破裂导致的修缮问题，按照合同约定应由老林负责。合同还约定："承租人小黄居住期间：水、电、煤气、电器等设施如使用不当出现损坏或火灾，由小黄修复或承担。"故按照合同约定，小黄仅对因使用不当造成的损失承担责任。

第二，民法中存在谁主张、谁举证的要求，通俗地说就是当事人应对自己提出的主张提供证据并加以证明。老林只是提出认为小黄使用不当的观点，但是并没有拿出有力的证据证明自己的观点；相反，小黄提交了自来水公司员工赵某出具的现场鉴定报告单，证实涉案房屋水管管道年久失修存在老化问题，证明了自己的主张事实有具体事实依据。既然老林不能证明自己的观点，那么就要承担最终诉讼失败的后果。

法院认定，涉案房屋漏水发生在凌晨1点多，正是一般人休息熟睡的时间，老林主张漏水系小黄使用不当造成亦与常理不符。有人对此感到不理解，不是谁主张谁举证吗？这时法院为什么可以根据常理进行判断呢？其实这部分推定是基于相关事实的存在为社会公认，不应产生争议。因此出于效率考虑，不再增加当事人证明责任。除非此时老林拿出其他证据反驳，否则将推定相关事实不存在。

提示：为避免后续出租房屋产生争议，当事人在确定承租后，应当在房屋出租前，对重要设施进行双方共同检查。比如房屋内的电器、家具是否有损坏；墙面是否有裂缝、倾斜，老旧房屋外墙是否容易有剥落情况发生；线路是否有老化现象；检查各个排污通道是否排水通畅；墙面、天花板是否漏水等情况。如有存在此类情况，应当在租赁合同中写明损坏状况，并与房东明确维修期限、维修责任，避免后期出现问题后对簿公堂。

【法条索引】

1.《中华人民共和国民法典》

第五百零九条 当事人应当按照约定全面履行自己的义务。

2.《中华人民共和国民事诉讼法》

第六十四条 当事人对自己提出的主张，有责任提供证据。

3.《最高人民法院关于民事诉讼证据的若干规定》

第九条 下列事实，当事人无须举证证明：

（一）众所周知的事实；

（二）自然规律及定理；

（三）根据法律规定或者已知事实和日常生活经验法则，能推定出的另一事实；

（四）已为人民法院发生法律效力的裁判所确认的事实；

（五）已为仲裁机构的生效裁决所确认的事实；

（六）已为有效公证文书所证明的事实。

前款（一）、（三）、（四）、（五）、（六）项，当事人有相反证据足以推翻的除外。

问题 022

业主对小区物业服务质量不满，能否拒绝交纳物业费？

关键词：物业服务；物业费

【基本案情】 甲物业管理公司在物业服务合同到期后，起诉业主苏某等人不交纳2021年物业费。苏某等人以甲物业管理公司的服务质量没有达到物业合同约定的服务标准为由，同时由于物业管理公司得知无法续约后，后期三个月物业服务存在重大瑕疵，只履行清扫垃圾、门口保安值班等基本职能，业主多次反映公用设施设备组件均已出现不同程度的老化、失效，包括地灯、路灯锈蚀，楼道瓷砖脱落，园区路面破损，消防设备年久失修，各电梯均存在不同程度问题，物业管理公司均拖延不予解决，因此业主们拒交物业费。

【法律分析】甲物业管理公司在提供物业服务的过程中并未达到双方约定的物业服务标准，出现物业服务问题，构成民法上的瑕疵履行，按照《民法典》九百四十六条规定，业主可以通过法定程序解除物业合同，但是如果造成物业公司损失的，应当依法进行赔偿。

物业公司与小区业主之间签订了物业服务合同，在合同履行后期只是部分履行了合同约定，对于合同约定的电梯维修、路灯损坏等事项未予以修理，此时属于违反合同约定，应当承担违约责任。但是物业公司只是部分时期未能全面履行合同约定，不能因为其最后三个月的合同不当履行，而拒付2021年全年物业费，此时法院也不会支持业主的主张。考虑到物业公司本身存在过错，法院在判决时应当酌情减轻需要交纳的物业费。

有业主对此不理解，那么物业公司管理不善造成的公共设施损毁应该如何维权呢？此时应当依照业主委员会和物业公司签订的物业服务合同，以业主委员会为原告起诉原物业公司，要求其对相关设施损失进行恢复原状；如果不能恢复的，应当依法赔偿损失。

提示：有的业主对物业公司起诉自己这件事存在不满情绪，在收到法院开庭通知后依然拒绝出庭。《民事诉讼法》第一百四十三条规定，被告经传票传唤，无正当理由拒不到庭的，或者未经法庭许可中途退庭的，可以缺席判决。由于被告未出庭，对于物业公司违约行为不能列出证据，结果就是面临败诉的结果。

【涉税分析】实际生活中，有业主因与物业公司存在纠纷，以物业公司不开具发票、偷税为由向税务机关进行举报。

第一，业主支付物业费是基于双方物业服务合同约定，主要根据民法典解决。而物业公司拒开发票涉嫌偷税，应当由税收行政法律规范。即便物业公司存在偷税行为，只要其物业服务符合合同约定，业主也无权以物业公司偷税为由，拒绝交纳物业费；即便双方有物业纠纷协商不成的，也是通过向住房建设主管部门投诉，或向人民法院起诉或者仲裁解决。举报偷税或者未开具发票，不是业主拒绝支付物业费的合法理由。

第二，作为公民而言，业主如果发现物业公司存在偷税行为，有权向各地税务机关举报中心举报。举报可以采用书信、口头、电话或者举报人认为方便的其他形式提出。实名举报和匿名举报都可以，但实名举报才有奖励。涉税举报要提供的证据，包括账册凭证、合同协议、发票收据等，原件复印件均可。依据《发票管理办法》第二十条规定，物业公司收取物业费，有向业主开具发票的义务。如果拒绝开具发票，业主可以向12366或者主管税务机关进行反映，要求其开具发票。

【法条索引】

1.《中华人民共和国民法典》

第九百四十四条 业主应当按照约定向物业服务人员支付物业费。物业服务人已经按照约定和有关规定提供服务的，业主不得以未接受或者无须接受相关物业服务为由拒绝支付物业费。

业主违反约定逾期不支付物业费的，物业服务人可以催告其在合理期限内支付；合理期限届满仍不支付的，物业服务人员可以提起诉讼或者申请仲裁。

物业服务人员不得采取停止供电、供水、供热、供燃气等方式催交物业费。

2.《中华人民共和国物业管理条例》

第六十四条 违反物业服务合同约定，业主逾期不交纳物业服务费用的，业主委员会应当督促其限期交纳；逾期仍不交纳的，物业服务企业可以向人民法院起诉。

3.《中华人民共和国民事诉讼法》

第一百四十三条　原告经传票传唤，无正当理由拒不到庭的，或者未经法庭许可中途退庭的，可以按撤诉处理；被告反诉的，可以缺席判决。

4.《中华人民共和国发票管理办法》

第二十条　所有单位和从事生产、经营活动的个人在购买商品、接受服务以及从事其他经营活动支付款项，应当向收款方取得发票。取得发票时，不得要求变更品名和金额。

问题023 房屋漏水修理起纠纷，拒交物业费是否合法？
关键词：修理；拒交；物业费

【基本案情】业主老杨2015年在A小区购置一套商品房，2022年房屋出现漏水情况，长达数月无法解决。物业公司告知房屋质量问题应当由开发商负责维护，但是目前已经超过5年质保期，无法进行免费维修。如果老杨需要修理，则应向维修人员支付相关费用。业主老杨要求物业公司必须尽快修复，否则将拒付2022年物业费。双方对此争执不下。

【法律分析】对于社会大众来说，买套房子是人生中的一件大事。根据《建设工程质量管理条例》（中华人民共和国国务院令第279号）第四十条、《房屋建筑工程质量保修办法》（中华人民共和国建设部令第80号）第七条规定，在正常使用条件下，房屋建筑工程的最低保修期限为：

1. 地基基础工程和主体结构工程，为设计文件规定的该工程的合理使用年限；

2. 屋面防水工程、有防水要求的卫生间、房间和外墙面的防渗漏，为5年；

3. 供热与供冷系统，为2个采暖期、供冷期；

4. 电气管线、给排水管道、设备安装为2年；

5. 装修工程为2年。

其他项目的保修期限由建设单位和施工单位约定。

在实践中，一旦过了保修期，若发生在单个业主家中，属于业主的专有部分，业主可自行聘请维修人员，或付费要求物业公司提供维修服务。有人对此感到不解，为什么我交纳了维修基金，自己房子出现质量问题反而不能用？原因在于房屋维修基金正式称呼为住宅专项维修资金，用于房屋保修期满后房屋主体结构、公共部位和公共设施设备的维修、更新工程。房屋主体承重结构部分包括基础、内外承重墙体、柱、梁、楼板、屋顶等；公共部位是指户外墙面、门厅、楼梯间、走廊通道等；公共设施设备是指房屋及相关配套区域内、由业主共同拥有并使用的上下水管道、电梯、外立面、消防设施、绿地、道路、沟渠和其他共用设施设备等。

如果发生在房屋的共有部分，则可要求物业公司对其进行维修，费用由相应业主按各自拥有的权属份额共同承担。住宅专项维修资金是由全体业主交纳的，属全体业主共同所有。一般情况下，维修资金由物业所在地的房地产管理部门统一监督设立，由物业管理公司或管理单位申请支取使用。业主委员会成立之后，经业主户数和建筑面积的三分之二以上同意可以将维修资金划转到业委会，由业委会行使管理权力。相反，如果发生在房屋的个人专有部分，又超过了保修期，此时只能是自行付费维修。

【法条索引】

1. 《城市房地产开发经营管理条例》

第三十条　保修期内，因房地产开发企业对商品房进行维修，致使房屋原使用功能受到影响，给购买人造成损失的，应当依法承担赔偿责任。

2. 《商品房销售管理办法》

第三十三条 房地产开发企业应当对所售商品房承担质量保修责任。当事人应当在合同中就保修范围、保修期限、保修责任等内容做出约定。保修期从交付之日起计算。

3. 《建设工程质量管理条例》

第四十条 在正常使用条件下，建设工程的最低保修期限为：

（一）基础设施工程、房屋建筑的地基基础工程和主体结构工程，为设计文件规定的该工程的合理使用年限；

（二）屋面防水工程、有防水要求的卫生间、房间和外墙面的防渗漏，为 5 年；

（三）供热与供冷系统，为 2 个采暖期、供冷期；

（四）电气管线、给排水管道、设备安装和装修工程，为 2 年。

其他项目的保修期限由发包方与承包方约定。

建设工程的保修期，自竣工验收合格之日起计算。

第四十一条 建设工程在保修范围和保修期限内发生质量问题的，施工单位应当履行保修义务，并对造成的损失承担赔偿责任。

第四十二条 建设工程在超过合理使用年限后需要继续使用的，产权所有人应当委托具有相应资质等级的勘察、设计单位鉴定，并根据鉴定结果采取加固、维修等措施，重新界定使用期。

牵狗散步咬伤行人，行人打死狗是否要负责？
关键词：咬伤；紧急避险；重大过失

【基本案情】2022 年 6 月，小区业主老王带其爱犬散步，未带狗绳等约束设施。狗突然发狂将小区另一业主刘先生的女儿小刘咬伤。刘先生一怒之下冲上去将狗当场打死。事后老王向人民法院起诉要求其赔偿财产损失，刘先生则认为，老王牵狗没有系狗绳，造成他人受伤，存在明显重大过失。宠物狗当场咬伤他人，刘先生自己的行为属于紧急避险。同时，刘先生要求老王赔偿小刘精神损失费、医药费、误工费等经济损失。

【法律分析】随着现代社会的日益发展，宠物成了民众生活中的重要伴侣。但是由饲养宠物引发的纠纷争议，也是层出不穷。

对于饲养动物损害责任，民法典规定是无过错责任。但是根据《民法典》第一千二百四十六条、第一千二百四十七条规定，判定养狗人员养的狗是不是禁止饲养的烈性犬，对于事后责任的认定是存在区别的。一般来说，各地政府都公布了本地的禁养烈性犬品种名录。如果是烈性犬伤人，此时不考虑狗主人是否有过错，一律由其承担民事责任。因为烈性犬本身属于禁止饲养范围，存在较大的人身危险性，不再考虑受侵害人是否存在过错。如果是宠物犬，造成他人人身受到伤害，此时则需要分情况进行讨论。如果被侵害人存在挑逗宠物狗等情形从而造成其受到人身攻击，此时饲养人固然有管理不善的责任，但是被侵害人自身也有过错，应当承担部分责任，完全由饲养人承担有失公平。但是，如果被侵害人没有过错，此时无论饲养人是否存在过错，都应该就宠物狗咬伤他人承担民事责任，支付医药费等经济赔偿。

那么，当事人基于愤怒，将咬人犬类当场打死是否需要承担法律责任呢？此类情况要区分具体情形，如果现场狗完全失控，不对其采取措施必将造成更大的危险，按照民法典紧急避险的规定，此时将其击毙，不承担民事责任；如果是现场狗咬人后当场被狗主人控制无法继续咬人，此时不应当继续对其进行打击致死，由于此时狗咬人的危险已经消除，因为泄愤等原因杀狗，就属于紧急避险超过必要的限度，应当承担必要的赔偿责任。

实际生活中，存在有人没有当场将狗打死，但事后见到该狗乘机将其打死的情况。此时属于故意毁坏他人财物，如果被饲养人发现，应当承担赔偿责任。同时，如果被打死的狗价值超过5千元，就符合故意毁坏他人财物罪标准，可能构成刑事犯罪。在大中型城市部分宠物狗价值不菲，几万元甚至十几万元的都有。因此,建议在发生此类冲突时要及时报警,固定相关证据,切勿通过私人暴力方式去维护"公平正义",否则最后的结果才是得不偿失。

【法条索引】

1.《中华人民共和国民法典》

第一百八十二条 因紧急避险造成损害的,由引起险情发生的人承担民事责任。

危险由自然原因引起的,紧急避险人不承担民事责任,可以给予适当补偿。

紧急避险采取措施不当或者超过必要的限度,造成不应有的损害的,紧急避险人应当承担适当的民事责任。

第一千二百四十六条 违反管理规定,未对动物采取安全措施造成他人损害的,动物饲养人或者管理人应当承担侵权责任;但是,能够证明损害是因被侵权人故意造成的,可以减轻责任。

第一千二百四十七条 禁止饲养的烈性犬等危险动物造成他人损害的,动物饲养人或者管理人应当承担侵权责任。

2.《中华人民共和国刑法》

第二百七十五条 故意毁坏公私财物,数额较大或者有其他严重情节的,处3年以下有期徒刑、拘役或者罚金;数额巨大或者有其他严重情节的,处3年以上7年以下有期徒刑。

3.《最高人民检察院 公安部关于公安机关管辖的刑事案件立案追诉标准的规定(一)》

第三十三条 故意毁坏公私财物,涉嫌下列情形之一的,应予立案追诉:

(一)造成公私财物损失5千元以上的;

(二)毁坏公私财物3次以上的;

(三)纠集3人以上公然毁坏公私财物的;

(四)其他情节严重的情形。

问题 025 近距离安装可视门铃,是否侵害邻居的个人隐私权?

关键词:可视门铃;隐私权

【基本案情】老李、老赵系同一小区前后楼的邻居,两家最近距离不足20米。在小区已有安装监控设施的基础上,老李为随时监测住宅周边,在其入户门上安装了一款采用人脸识别技术、可自动拍摄视频并存储的可视门铃,位置正对老赵等前栋楼多家住户的卧室和阳台。老赵认为,老李可通过手机App操控可视门铃,长期监控其住宅,侵犯隐私,致使其生活不得安宁。老李则认为,可视门铃感应距离仅3米,拍摄到的老赵家模糊不清,不构成侵犯隐私,且其从未有窥探老赵的意图,对方应予以理解。所以老李不同意将可视门铃拆除或移位。后老赵诉至法院,请求判令老李拆除可视门铃、赔礼道歉并赔偿财产损失及精神损害抚慰金。

【法律分析】民法方面:随着隐私权的理念逐步深入人心,在现实生活中,隐私权成为一个被反复提到的概念。那么,究竟什么是隐私权呢?

个人隐私是指公民个人生活中不愿公开或让他人知悉的秘密。在日常生活中,每个人都有不愿让别人知道的个人生活的秘密,这个秘密在法律上被称为隐私,如个人的私生活、生活习惯、身体缺陷等。自己的秘密不愿让他人知道,是自己的权利,这个权利就叫隐私权。按照《民法典》第一千零三十二条规定,隐私是自然人的私人生活安宁和不愿为他人知晓的私密空间、私密活动、私密信息。《民法典》第一千零三十三条则规定,除法律另有规定或者权利人明确同意外,任何组织或者个人不得进入、拍摄、窥视他人的住宅、宾馆房间等私密空间。在本案中,被告老李虽是在自有空间内安装可视门铃,但设备拍摄的范围超出其自有领域,摄入了原告老赵的住宅,无论主观上是否有故意,实际上已经介入了对方的私密空间。住宅具有私密性,是个人生活安宁的起点和基础，对于维护人格尊严和人格自由至关重要。可视门铃能通过人脸识别、后台操控双重模式启动拍摄，并可长期录制视频并存储，加之原、被告长期近距离相处，都为辨认影像提供了可能，以此获取住宅内的私密信息和行为现实可行，原告的生活安宁确实将受到侵扰。因此，被告的安装行为已侵害了原告的隐私权。

刑法方面：在现实生活中，有部分人员在出租屋、宾馆安装隐形摄像头，偷窥、拍摄他人不雅视频，并将录制视频在网上出售牟利，此时已经涉嫌制作、贩卖、传播淫秽物品牟利罪。有人认为，自然人在家里、宾馆这些私密空间的性行为本身不具有淫秽性，也不是自己组织表演，不应当构成犯罪。虽然从内容上而言，自然人在私密空间的性行为本身不具有淫秽性，但犯罪嫌疑人将其编辑、贩卖、对外传播，则具有描绘性行为或者露骨宣扬色情的客观特点，符合刑法对"淫秽物品"的界定。视频文件存在露骨宣扬色情，被非法传播后都能给观看者带来淫秽性刺激，具有严重的社会危害性。值得注意的是，如果传播上述拍摄的他人不雅视频，即便没有对外出售牟利，也构成传播淫秽物品罪。但是如果视频内容并非不雅视频，此时并不构成刑事犯罪，只是需要按照治安管理处罚法进行处理。

行政法方面：如果个人在出租屋、宾馆等地方安装微型摄像头偷窥、拍摄他人私密生活，但是仅为自己观看，并未对外出售牟利。此时只是违反《中华人民共和国治安管理处罚法》，并未构成刑事犯罪，可以处5日以下拘留或者500元以下罚款；情节较重的，处5日以上10日以下拘留，可以并处500元以下罚款。

【法条索引】

1.《中华人民共和国民法典》

第一千零三十二条　自然人享有隐私权。任何组织或者个人不得以刺探、侵扰、泄露、公开等方式侵害他人的隐私权。

隐私是自然人的私人生活安宁和不愿为他人知晓的私密空间、私密活动、私密信息。

第一千零三十三条 除法律另有规定或者权利人明确同意外，任何组织或者个人不得实施下列行为：

（一）以电话、短信、即时通信工具、电子邮件、传单等方式侵扰他人的私人生活安宁；

（二）进入、拍摄、窥视他人的住宅、宾馆房间等私密空间；

（三）拍摄、窥视、窃听、公开他人的私密活动；

（四）拍摄、窥视他人身体的私密部位；

（五）处理他人的私密信息；

（六）以其他方式侵害他人的隐私权。

2.《中华人民共和国治安管理处罚法》

第四十二条 有下列行为之一的，处五日以下拘留或者五百元以下罚款；情节较重的，处五日以上十日以下拘留，可以并处五百元以下罚款：

（一）写恐吓信或者以其他方法威胁他人人身安全的；

（二）公然侮辱他人或者捏造事实诽谤他人的；

（三）捏造事实诬告陷害他人，企图使他人受到刑事追究或者受到治安管理处罚的；

（四）对证人及其近亲属进行威胁、侮辱、殴打或者打击报复的；

（五）多次发送淫秽、侮辱、恐吓或者其他信息，干扰他人正常生活的；

（六）偷窥、偷拍、窃听、散布他人隐私的。

3.《中华人民共和国刑法》

第三百六十三条 制作、复制、出版、贩卖、传播淫秽物品罪 以牟利为目的，制作、复制、出版、贩卖、传播淫秽物品的，处三年以下有期徒刑、拘役或者管制，并处罚金；情节严重的，处三年以上十年以下有期徒刑，并处罚金；情节特别严重的，处十年以上有期徒刑或者无期徒刑，并处罚金或者没收财产。

邀请他人乘车遭遇车祸受伤，车主是否无须承担责任？
关键词：车祸；事故责任

【基本案情】2019年3月29日，徐先生驾驶非营运的小型汽车在某县建设西路与某大道交叉路口，与蒋女士驾驶的小型汽车发生碰撞，致两车损坏，田女士受伤。事故发生时，田女士无偿搭乘徐先生驾驶的车辆。该事故经公安局交警部门认定：蒋女士、徐先生负事故的同等责任，田女士无责任。事故发生后，田女士住院治疗18天，后经鉴定构成九级伤残。蒋女士驾驶的小型汽车在某保险公司投保了交强险和商业三者险100万元，事故发生在保险期限内。田女士起诉请求判令徐先生、蒋女士和某保险公司赔偿医疗费等各项费用369 477.34元。

经法院审理认为，本案是机动车之间发生的交通事故纠纷，蒋女士、徐先生负事故的同等责任，田女士无责任，蒋女士、徐先生应向田女士承担相应赔偿责任。因蒋女士驾驶的机动车在某保险公司投保了交强险及商业三者险100万元，故田女士的损失由某保险公司首先在交强险保险合同约定的范围内予以赔偿。超出交强险部分，根据蒋女士在交通事故中的责任，由某保险公司在商业三者险合同约定的范围内按50%比例予以赔偿。徐先生驾驶非营运机动车允许田女士无偿搭乘同行，发生交通事故并造成田女士受伤，徐先生在事故中虽有责任，但与田女士系好意搭乘关系，依法应当减轻其赔偿责任，故对不属于保险范围内的损失部分酌定由徐先生按70%比例予以赔偿。最终判决某保险公司赔偿田女士因该交通事故产生的各项损失合计116 559.99元，徐先生按70%比例赔偿田女士经济损失合计85 091.99元。

【法律分析】好意搭乘是指行为人出于助人的善意允许他人免费搭乘自己车辆的行为。好意搭乘作为一种善意施惠、助人为乐的行为，是互帮互助的中华民族传统美德的生动体现。虽然《民法典》在第一千一百六十五条规定，对于行为人因过错侵害他人民事权益造成损害的，应当承担侵权责任。但是，在好意搭乘过程中车辆发生交通事故造成搭乘人损害，让驾驶人承担全部责任，有失公平，也不利于鼓励人民群众善意助人。因此，《民法典》在第一千二百一十七条同时规定，属于该机动车一方责任的，应当减轻其赔偿责任。在本案中，由于交通事故责任认定，蒋女士、徐先生负事故的同等责任，但是考虑到徐先生并非营运车辆，好意搭乘他人让其承担全部责任有失公平，酌情予以适当减轻，本案中按照70%比例承担赔偿责任。

有人对保险赔偿顺序感到不理解，为什么先是强制保险负责赔偿，其次才是商业保险，最后才是责任人赔偿。这是由于强制保险与商业保险的定位不同所决定的。目前在我国强制保险主要目的在于社会保障，只要发生道路交通事故，保险公司就要在限额内向被侵权人依法予以赔偿；而商业保险更多在于分散风险，被侵权人应当直接向承保交强险的保险公司申请赔偿，不足清偿部分再向商业保险申请。如果对方没有购买商业保险，此时不足部分由侵权人承担。

但是，进行交通肇事赔偿并不一定等同于不构成刑事犯罪。即便违章驾驶人员积极赔偿了对方，但是如果符合《最高人民法院关于审理交通肇事刑事案件具体应用法律若干问题的解释》第二条、第三条规定情形，依然要追究刑事责任。比如出现死亡1人或者重伤3人以上，负事故全部或者主要责任的；死亡3人以上，负事故同等责任的；造成公共财产或者他人财产直接损失，负事故全部或者主要责任，无能力赔偿数额在30万元以上的；或者交通肇事致1人以上重伤，负事故全部或者主要责任，并具有酒后、吸食毒品后驾驶机动车辆等情形的，都要以交通肇事罪定罪处罚。如果因为为逃避法律追究而逃跑，将会面临3年以上7年以下有期徒刑；因逃逸致人死亡的，处7年以上有期徒刑。

【法条索引】

1.《中华人民共和国民法典》

第一千二百一十三条　机动车发生交通事故造成损害，属于该机动车一方责任的，先由承保机动车强制保险的保险人在强制保险责任限额范围内予以赔偿；不足部分，由承保机动车商业保险的保险人按照保险合同的约定予以赔偿；仍然不足或者没有投保机动车商业保险的，由侵权人赔偿。

第一千二百一十七条　非营运机动车发生交通事故造成无偿搭乘人损害，属于该机动车一方责任的，应当减轻其赔偿责任，但是机动车使用人有故意或者重大过失的除外。

2.《最高人民法院关于审理交通肇事刑事案件具体应用法律若干问题的解释》

第二条　交通肇事具有下列情形之一的，处三年以下有期徒刑或者拘役：

（一）死亡一人或者重伤三人以上，负事故全部或者主要责任的；

（二）死亡三人以上，负事故同等责任的；

（三）造成公共财产或者他人财产直接损失，负事故全部或者主要责任，无能力赔偿数额在三十万元以上的。

交通肇事致一人以上重伤，负事故全部或者主要责任，并具有下列情形之一的，以交通肇事罪定罪处罚：

（一）酒后、吸食毒品后驾驶机动车辆的；

（二）无驾驶资格驾驶机动车辆的；

（三）明知是安全装置不全或者安全机件失灵的机动车辆而驾驶的；

（四）明知是无牌证或者已报废的机动车辆而驾驶的；

（五）严重超载驾驶的；

（六）为逃避法律追究逃离事故现场的。

第三条　交通运输肇事后逃逸，是指行为人具有本解释第二条第一款规定和第二款第（一）至（五）项规定的情形之一，在发生交通事故后，为逃避法律追究而逃跑的行为。

第四条　交通肇事具有下列情形之一的，属于"有其他特别恶劣情节"，处三年以上七年以下有期徒刑：

（一）死亡二人以上或者重伤五人以上，负事故全部或者主要责任的；

（二）死亡六人以上，负事故同等责任的；

（三）造成公共财产或者他人财产直接损失，负事故全部或者主要责任，无能力赔偿数额在六十万元以上的。

未成年人未经家长同意进行游戏充值，家长能否要求平台退钱？

关键词：未成年人；游戏充值

【基本案情】 王女士由于对手机并不熟悉，所以未设置密码。其儿子趁王女士熟睡时悄悄拿走手机，在网上进行了游戏充值，短短1个月银行卡被扣1万多元，辛苦几个月的血汗钱变成了孩子游戏里的"皮肤"。王女士请求A市消费者权益保护委员会（以下简称"消保委"）尽量追回充值款项。消保委立即联系游戏公司，向游戏公司陈述未成年人误充值的事实以及王女士的家庭情况，希望企业能够从承担社会责任、履行消费者权益保护的义务角度出发，遵守国家关于未成年人保护及游戏充值、直播打赏的相关规定，将钱款退给王女士。经A市消保委多次沟通调解，游戏公司最终返还了9 000多元，王女士表示满意。

【法律分析】说起电子网络游戏，喜爱者将其视为生活中不可或缺的伴侣，厌恶者将其视为"电子鸦片"，认为长时间沉溺网络游戏会使人产生精神依赖，且容易使未成年人游离于现实世界之外，引发性格异化风险。孰是孰非，莫衷一是。但是社会对此也存在普遍共识，从对未成年人合法权益的保护，未成年人的身心发展、认知程度及心智健全程度出发，应当限制其玩网游游戏。从而努力为未成年人健康成长创造良好网络环境。

因此，《最高人民法院关于依法妥善审理涉新冠肺炎疫情民事案件若干问题的指导意见（二）》对未成年人参与网络付费游戏和网络打赏纠纷提供了规则指引，明确限制民事行为能力人未经其监护人同意，参与网络付费游戏或者网络直播平台"打赏"等方式支出与其年龄、智力不相适应的款项，监护人请求网络服务提供者返还该款项的，人民法院应予支持。

在实际生活中，由于一些游戏公司聘用了大量专家专门研究玩家消费心理和心理弱点，用来设计提升游戏，未成年人就更容易因为自己年龄、智力和综合判断能力方面存在的不足而成为网络游戏算计的对象。对家长而言，该类纠纷一旦进入诉讼程序，当事人往往还会面对举证上的困难以及时间和经济上的成本，建议首先请求本地消费者权益保护委员会进行调解，争取实现退款。

如果无法实现上述目的，就应当收集相关证据，比如在线及充值的时间为法定节假日：表明孩子是充值人的可能性较大；充值的数额比较大且频率高；游戏中的聊天记录语言风格显得较为幼稚，则孩子更有可能是游戏玩家等。同时积极将当地的消费水平、居民收入以及家庭的收入水平和充值的金额进行对比，提出充值行为与未成年人的年龄、智力不相适应。因为民事诉讼的证明和刑事诉讼不同，不要求达到"排除合理怀疑"的程度，只要能够让法官觉得你的证据比对方的证据更具有说服力，那么获得认可的概率就会大大增加。

当然，在实际诉讼过程中原告可能会以家长自身手机密码被孩子掌握，对于该结果的发生家长也有一定不可推卸的责任，从而主张家长承担部分责任，实现全额退款依然存在一定难度。家长作为未成年人的监护人，应当加强对孩子的引导、监督，并应保管好自己的手机、银行卡密码，防止孩子用来绑定进行大额支付。

【法条索引】

1.《最高人民法院关于依法妥善审理涉新冠肺炎疫情民事案件若干问题的指导意见（二）》

第9点　限制民事行为能力人未经其监护人同意，参与网络付费游戏或者网络直播平台"打赏"等方式支出与其年龄、智力不相适应的款项，监护人请求网络服务提供者返还该款项的，人民法院应予支持。

2.《最高人民法院关于民事诉讼证据的若干规定》

第十四条　电子数据包括下列信息、电子文件：

（一）网页、博客、微博客等网络平台发布的信息；

（二）手机短信、电子邮件、即时通信、通信群组等网络应用服务的通信信息；

（三）用户注册信息、身份认证信息、电子交易记录、通信记录、登录日志等信息；

（四）文档、图片、音频、视频、数字证书、计算机程序等电子文件；

（五）其他以数字化形式存储、处理、传输的能够证明案件事实的信息。

问题028　商场租户存在违约行为，消费者能否要求商场负责？

关键词：逾期发货；履行瑕疵；连带清偿

【基本案情】某家具经营管理公司系A市著名家具市场，张某承租该家具经营管理公司的展位经营使用。李某与张某签订定/销货单，购买餐台、桌椅、茶几、边柜等家具，并将货款支付至张某的家具店。李某认为张某逾期发货，且交付家具的颜色不符合合同要求，导致其收到家具后无法使用，故诉诸法院，要求解除与张某签订的定/销货单，并要求张某与某家具经营管理公司共同承担退还货款并支付违约金的责任。法院认定，履行瑕疵尚未达到合同目的不能实现的严重程度，故对李某以此为由要求解除合同的诉讼请求不予支持。结合双方合同约定的内容、履行情况等，判令张某支付李某相应违约金，某家具经营管理公司对张某的债务承担连带清偿责任。

【法律分析】合同一经有效成立，就具有法律效力，当事人双方都必须严格遵守，恰当履行，不得擅自变更或解除，这是法律规定的重要原则。只是在主客观情况发生变化使合同履行成为不必要或不可能，合同继续存在已失去积极意义，可能会造成不恰当的结果时，才允许解除合同。在本案中，李某认为张某逾期发货，且交付家具的颜色不符合合同要求，要求解除合同，但是实际上如购买的商品仅存在瑕疵，还没有达到不能实现合同目的的严重程度，此时消费者完全可以通过要求卖家支付违约金或者换货得以实现目的，没必要走到必须通过解除合同才能解决问题的最终境地。如果允许当事人在合同存在违约时就可以随便解除，不考虑违约的实际情况，那么市场经济下的交易的可靠性、稳定性将无从谈起，订立合同的初衷将不复存在，必将对经济秩序造成毁灭性的打击。

那么，为什么要把商场当作一个承担连带清偿债务责任的主体呢？因为民法认定的连带责任，是指依照法律规定或者当事人的约定，由2名或2名以上当事人对共同产生的不履行民事义务的民事责任承担全部责任，并因此引起内部债务关系的一种民事责任。法律之所以规定了连带责任，主要是为了方便受损方及时维护自身权益，实际上扩大了受害者得到法律救济帮助的可能性。实践中，有些商场在长期经营过程中已经形成一定的品牌效应，成为一个地区知名品牌，经营者选择在该商场内租赁展位是基于品牌带来的广告效益，消费者选择在商场内购买商品是基于对该市场品牌的信赖。如果商场置身事外，疏于对其内部经营者的管理和监督，侵害消费者合法权益，此时商场应与商场内的经营者承担连带责任。因此，法律规定商场承担连带责任，作为个人可以向商家提出诉求，那么商场基于自身利益，就会在经营者的选择和管理上做到尽责，推动其对经营者的监管到位，从而保证了消费者的合法权益得到有效保护。

【法条索引】

《中华人民共和国民法典》

第一百七十八条 二人以上依法承担连带责任的，权利人有权请求部分或者全部连带责任人承担责任。

连带责任人的责任份额根据各自责任大小确定；难以确定责任大小的，平均承担责任。实际承担责任超过自己责任份额的连带责任人，有权向其他连带责任人追偿。

连带责任，由法律规定或者当事人约定。

问题029 自动订购服务在个人不知情的情况下扣费，这样做是否合法？

关键词：订购服务；免费使用

【基本案情】金某于2021年7月6日免费订阅了某科技公司提供的一款软件的服务。9月3日，金某突然收到某支付平台还款98元的短信。金某查看账单并联系该科技公司及支付平台后，得知上述98元是用于支付其原来免费订阅的软件服务。该科技公司称，分别在7月6日和8月6日向金某发过电子邮件，告知其免费使用31天和后续订阅收费事宜。金某与科技公司、支付平台交涉无果，诉至法院要求返还订购费。法院经审理认为，该科技公司虽发送了电子邮件，但金某并未点击查看，对其主张的已告知事实不予采信。且金某注册软件时的界面、协议所载内容均系该科技公司准备的格式条款，对涉及金某实体性权利的自动续费及免密代扣协议条款，并未尽到提示说明义务，属无效格式条款。经调解，该科技公司同意将自动续费费用退还金某。

【法律分析】近年来，移动支付成为日常交易的主要支付方式，各大交易平台为提升交易效率，简化交易流程，相继推出扫码支付、刷脸支付、免密支付等多种支付手段，为交易带来了便利，却也增加了消费者的交易风险。对于消费者而言，在交易过程中与企业相比，无论在信息的获取方面，还是合同的签订上，都明显处于弱势地位。

格式条款又称为标准条款，是指当事人为了重复使用而预先拟定，并在订立合同时未与对方协商的条款，如保险合同、拍卖成交确认书等，都是格式合同。在当今社会经济生活中，格式合同的使用已经十分普遍。比如保险合同，航空或旅客运输合同，供电、供水、供热合同和邮政电信服务合同等。格式合同的普遍使用，利弊均有。格式条款的三大规则包括提示规则、无效规则和解释规则。

采用格式条款订立合同的，提供格式条款的一方应当遵循公平原则确定当事人之间的权利和义务，并采取合理的方式提请对方注意免除或者限制其责任的条款，按照对方的要求，对该条款予以说明。对于提供格式条款一方，怎样才算履行了提示义务呢？根据人民法院的规定，提供格式条款的一方如果对于免除或者限制其责任的内容，在合同订立时采用足以引起对方注意的文字、符号、字体等特别标识，并按照对方的要求对该格式条款予以说明的，人民法院就应当认定其已尽到合理提示和说明义务。

格式条款具有《民法典》规定情形的，或者提供格式条款一方免除其责任、加重对方责任、排除对方主要权利的，该条款无效。提供格式条款的一方当事人违反《民法典》的规定，并具有规定的情形之一的，人民法院应当认定该格式条款无效。

格式条款的解释规则是，对格式条款的理解发生争议的，应当按照通常理解予以解释。对格式条款有两种以上解释的,应当作出不利于提供格式条款一方的解释。格式条款和非格式条款不一致的,应当采用非格式条款。通常理解规则就是说对格式条款的解释、某些特殊术语,应以一般人的惯常的理解为准,而不应仅以条款制作人的理解为依据。

在本案中,科技公司在协议中约定免费试用期后自动开通付费续订功能,属于明显的格式条款,但未明显提示该条款,导致金某在不知情和非自愿的情况下,续订该软件服务并被扣款。作为格式条款的提供方,应当对不利于消费者一方的条款进行充分提示说明。科技公司虽然通过邮件的方式告知了消费者,但是消费者并未点开阅读,因此对公司推行的限期免费政策并不知晓,自然无法根据实际情况作出合乎自身利益的判断,此时应当视为没有履行提示说明义务。根据《民法典》第一百五十七条和第四百九十七条的规定,格式条款被认定无效的法律后果就是该条款不发生法律效力,此时取得的财产应当予以返还;不能返还或者没有必要返还的应当折价补偿。并且有过错的一方应当赔偿对方因此所受到的损失。

提示:消费者应增强风险防范意识,结合自身经济状况及消费习惯,审慎开通免密支付自动续费等服务,在签订相关会员服务的格式条款时,要仔细阅读各种提示,避免权益受损。

【法条索引】

《中华人民共和国民法典》

第一百五十七条 民事法律行为无效、被撤销或者确定不发生效力后,行为人因该行为取得的财产,应当予以返还;不能返还或者没有必要返还的,应当折价补偿。有过错的一方应当赔偿对方由此所受到的损失;各方都有过错的,应当各自承担相应的责任。法律另有规定的,依照其规定。

第四百九十七条 有下列情形之一的,该格式条款无效:

(一)具有本法第一编第六章第三节和本法第五百零六条规定的无效情形;

（二）提供格式条款一方不合理地免除或者减轻其责任、加重对方责任、限制对方主要权利；

（三）提供格式条款一方排除对方主要权利。

恋人之间发生大额转账，究竟算借款还是赠与？
关键词：大额转账；赠与

【基本案情】张某（男）与李某（女）原来是恋人关系。2019年7月10日，李某因生意周转等原因向张某借款45 000元，张某通过微信转账的方式分4次将钱转给张某。随后半年时间里，李某陆续向张某转账偿还部分款项。2020年4月19日，双方结算后在微信上以文字形式确认："今借到张某人民币45 000元整用于生意周转，2020年7月15日前归还2.5万元，剩余2万元于2020年10月31日前归还完。"然而借款到期后，李某并未按照约定偿还借款，甚至玩起了"失踪"。张某联系不上对方，无奈诉至本地人民法院。在本案中，原告张某提供的被告微信名为"李某某"，与被告"李某"矛盾，经核实户籍信息李某也并无曾用名。

【法律分析】随着微信支付功能的普及，人们越来越依赖这种便捷的无纸化支付手段。借款本身属于民法典借款合同规范的内容，并没有太多争议，但是在此种新型的电子化民间借贷中，没有纸质借条，一旦发生经济纠纷，如何举证就成了一个棘手的问题。

根据《民法典》第一百八十八条规定，正常情况下，向人民法院请求保护民事权利的诉讼时效期间为3年。也就是说，如果发生借款事项，诉讼时效为还款期限届满之日起3年，如果逾期，个人再就此事项向法院提起民事诉讼，法院应当受理，债务人可以主张诉讼时效抗辩，法院判决驳回原告诉讼请求。

之所以这样规定，是因为督促个人及时行使权利，法律不保护沉睡的权利。但是，对于超过诉讼时效期间的民间借贷，当事人双方就原债务达成还款协议，或者借款人在催款通知单上签章，就视为对原债务的重新确认，该债权债务关系应受法律保护。也就是虽然诉讼时效过了，但是债权债务关系依然存在，此时如果借款人道德水平比较高，愿意按时还钱，则法律对于这种承诺自愿还款行为依然予以保护。

那么，另一个更加复杂的问题就是举证。作为借款人，举证需要解决两个问题：一是要证明原、被告即为案件涉及两个微信号的持有人；另一个是双方发生借款的电子证据。参考《最高人民法院关于民事诉讼证据的若干规定》第十四条，给出大家提供如下建议：

关于如何证明原、被告即为案涉两个微信号的持有人。对于原告与微信号的关系，通过微信账号绑定的实名认证的手机号码，可以证明自己确系借款方微信号的持有人；对于原告提供的微信号是否为被告本人持有，主要依靠被告自认，无被告自认的情况下，一般需要通过打开对方微信头像或微信相册等内容佐证。

但是，如果债务人为了逃避债务，可能会在庭审之前修改自己的微信号名称，并对借款事实进行否认，这样就很可能导致当事人起诉时向法庭提交的证据与实际的微信号无法对应。此时可以申请法院致函第三方机构即腾讯公司，或者由律师持调查令前往腾讯公司调查微信用户的实名认证信息，或者通过微信账单"申请转账电子凭证"功能，还可以得到一张显示有原、被告完整姓名的凭证。至此，证明诉讼双方存在借款行为的初步证据才算固定。

然而，上述证据仅仅证明了双方之间存在转账行为，这种转账行为是否就是因为借款行为而发生的，还需要进一步佐证。对借款人而言，此时需要提供如下证据：

1. 提供完整的微信聊天记录。通过翻阅聊天记录，判断双方之前的聊天记录能否固定案件事实。如果不能固定案件事实，可以通过微信聊天或者电话录音等方式再次确认借款事实的存在。提交微信聊天记录时必须完整不间断，不能只截取对自己有利的部分，语音要转化成文字，视频要用光盘等存储设备保存。

2. 提交双方个人信息界面。个人信息界面包括微信头像、昵称、微信号、地区等信息，可以帮助判断当事人身份的真实性。

3. 为了确保演示身份和内容的真实性，开庭时需要原告使用保存微信聊天记录的设备登录微信，展示双方个人信息界面验证身份，展示聊天内容证明证据真实性，将语音、视频、图片、转账信息等内容打开展示。因此，在诉讼结束前，对本人手机记录要妥善保管，不要随意清理历史文件，避免关键信息被清除无法展示。

4. 提供微信转账明细证据。

5. 需提供双方完整的微信聊天记录截图或者通话录音等证据。

通过上述举证，证明双方存在借贷的事实，以形成完整的证据链。

综上所述，通过手机借款的举证存在较大难度，从控制经济风险、避免纠纷的角度，建议大家如果将大额款项借给他人，除了评估对方的信用度、是否有合法用途外，同时还是尽可能在线下形成书面借据，明确借款、还款时间，对于线上大额借款还是谨慎而行。

【法条索引】

1.《中华人民共和国民法典》

第一百八十八条　向人民法院请求保护民事权利的诉讼时效期间为三年。法律另有规定的，依照其规定。

诉讼时效期间自权利人知道或者应当知道权利受到损害以及义务人之日起计算。法律另有规定的，依照其规定。但是，自权利受到损害之日起超过20年的，人民法院不予保护，有特殊情况的，人民法院可以根据权利人的申请决定延长。

2.《最高人民法院关于民事诉讼证据的若干规定》（最高人民法院审判委员会第1201次会议通过，最高人民法院审判委员会第1777次会议修正）

第十四条　电子数据包括下列信息、电子文件：

（一）网页、博客、微博客等网络平台发布的信息；

（二）手机短信、电子邮件、即时通信、通信群组等网络应用服务的通信信息；

（三）用户注册信息、身份认证信息、电子交易记录、通信记录、登录日志等信息；

（四）文档、图片、音频、视频、数字证书、计算机程序等电子文件；

（五）其他以数字化形式存储、处理、传输的能够证明案件事实的信息。

第十五条　当事人以视听资料作为证据的，应当提供存储该视听资料的原始载体。

当事人以电子数据作为证据的，应当提供原件。电子数据的制作者制作的与原件一致的副本，或者直接来源于电子数据的打印件或其他可以显示、识别的输出介质，视为电子数据的原件。

问题031 擅自支配夫妻共同财产赠与第三者，能否算不当得利要求返还？

关键词：赠与；不当得利

【基本案情】男子王某在婚后出轨，与女子李某存在不正当男女关系。妻子刘某得知后，通过互联网对李某发布人身攻击文章，使用"下贱、小三"等侮辱性词汇，并附有李某近照。李某向人民法院提起民事诉讼，提出刘某应当承担侵权责任，同时进行经济赔偿。刘某则提出反诉，表示王某与李某存在不正当关系，并向其多次转账，属于擅自支配夫妻共同财产，李某属于不当得利，要求予以返还。

【法律分析】王某与李某存在不正当男女关系，属于应当受到谴责的违反道德的行为。但是即便是小三，也有自身的隐私权，如果配偶基于义愤对他人进行人身攻击，则构成人身侵权。《民法典》第一百一十条规定，自然人也就是个人拥有隐私权，个人无权泄露他人隐私。

但是刘某要求李某返还的赠与财产，王某、李某都认为属于个人行为，不属于婚后夫妻共同财产。那么那些属于夫妻共同财产的部分，是否只要证明是赠与，财产就可以追回呢？

首先，《民法典》对于个人财产和夫妻共同财产规定得十分清楚。

第一千零六十二条规定，夫妻在婚姻关系存续期间所得的下列财产，为夫妻的共同财产，归夫妻共同所有：

（一）工资、奖金、劳务报酬；

（二）生产、经营、投资的收益；

（三）知识产权的收益；

（四）继承或者受赠的财产，但是该法第一千零六十三条第三项规定的除外；

（五）其他应当归共同所有的财产。

夫妻对共同财产，有平等的处理权。

第一千零六十三条规定，下列财产为夫妻一方的个人财产：

（一）一方的婚前财产；

（二）一方因受到人身损害获得的赔偿或者补偿；

（三）遗嘱或者赠与合同中确定只归一方的财产；

（四）一方专用的生活用品；

（五）其他应当归一方的财产。

当然，按照民法自治原则，如果夫妻双方约定了共同财产各自归其所有，那么法律也认可二人之间的约定，不做过多干预。

其次，民法典明确规定，夫妻对共同财产有平等的处理权。夫妻共同财产是基于法律规定，因夫妻关系的存在而产生的，在夫妻对财产未作出特别约定的情形下，夫妻对共同财产享有共同所有权，并享有平等的处分权。夫妻非因日常生活需要对夫妻共同财产所做的处理决定，双方应当平等协商，取得一致意见，任何一方均无权单独处理夫妻共同财产。王某赠与李某财产，属于无效民事行为。夫妻对共同财产形成共同共有，而非按份共有。夫妻对共同财产享有平等的处理权，并不意味着夫妻各自对共同财产享有半数的份额。只有在婚姻关系终止时，才可对共同财产进行分割，确定各自份额。

最后，在收集证据方面，主要需要收集提供配偶与第三者存在赠与行为的相关证据，如转账流水，交易记录等。如果因为客观原因无法掌握账单、银行流水等信息的，可以向法院申请调查取证。至于二人是否存在婚内出轨关系，不是必然证据。因为按照上述民法典规定，如果未经允许随意处置均属于违法，并不限于第三者。

综上所述，原告可以以赠与合同纠纷名义向法院起诉，要求被告返还王某赠与的全部财产。

【法条索引】

1.《中华人民共和国民法典》

第一百一十条　自然人享有生命权、身体权、健康权、姓名权、肖像权、名誉权、荣誉权、隐私权、婚姻自主权等权利。

法人、非法人组织享有名称权、名誉权、荣誉权等权利。

第一千零六十五条　男女双方可以约定婚姻关系存续期间所得的财产以及婚前财产归各自所有、共同所有或者部分各自所有、部分共同所有。约定应当采用书面形式。没有约定或者约定不明确的，适用本法第一千零六十二条、第一千零六十三条的规定。

第一千零九十一条　有下列情形之一，导致离婚的，无过错方有权请求损害赔偿：（一）重婚的；（二）有配偶者与他人同居的；（三）实施家庭暴力的；（四）虐待、遗弃家庭成员的；（五）有其他重大过错的。

2.《最高人民法院关于适用〈中华人民共和国婚姻法〉若干问

题的解释(一)》

第二十九条 承担婚姻法第四十六条规定的损害赔偿责任的主体,为离婚诉讼当事人中无过错方的配偶。

问题 032 他人借款到期后没有偿还,担保人也要赔钱吗?
关键词:借款;担保

【基本案情】2021年,某公司与田某签订借款合同,约定该公司向田某出借20万元,借期为2年。魏某、刘某等四人作为保证人与某公司、田某签订担保合同,约定为该笔20万元借款提供连带责任保证。借款到期后,田某未按照约定还款,某公司以债务人田某及保证人魏某、刘某等四人为被告提起诉讼。法院经审理后判决,田某向某公司偿还借款20万元及利息,魏某、刘某等四人对上述债务承担连带清偿责任。

【法律分析】在经济活动中,担保常常会与借贷同时出现。保证是担保的一种方式,实践中部分保证人对何为保证认识不清,只凭着对亲朋好友的信任与好意,念着情谊、顾着面子,便草率地签订担保协议,从而产生了争议。魏某、刘某等四人本是好意提供担保,最终却背负大额债务。保证不只是"帮他人借个钱"那么简单,债权人以债务人提供担保作为借款条件,实际是为了保证自己债权的实现。债权人通过"保证"为自己的权利加上了保障,而保证人却通过"保证"增添了自己的责任。直白一点说,为他人提供担保,有时候就等于没借钱却要还钱。因此,提供保证应当慎之又慎,当遇到亲朋好友要求帮忙提供保证的时候,可以考虑以下四点:

一是债务人的经济情况。债务人的房、车、存款等资产的有无及数量、数额等,以及上述资产的所有状态,包括是不是共同所有、按份所有,是否设定有抵押、质押等；债务人的工作稳定性、工资水平等情况；债务人的家庭收支水平等。必要时，可以要求债务人提供反担保，以降低自己保证的风险。

二是债务人的信用及其他情况。从自身与债务人的接触中，以及与债务人有商业往来的人及其他熟人处了解债务人的人品。人品如何决定了债务人在无力还债时会不会"选择失踪"，包括其诚信度如何，是否有赌博等不良嗜好。同时，在担保前，个人应尽量清楚债务人借款资金的用途、目前的债权债务情况。

三是自身的经济情况。个人在自己的经济水平不足以支持承担全部保证责任情况下，尽可能不要为他人提供保证。忽视自己的经济情况为他人保证，有可能导致自己陷入生活穷困且长期负债的悲惨境地。

四是保证合同的约定。保证分为一般保证和连带保证。具体而言，债务人不能履行债务时，由保证人承担保证责任的，为一般保证。一般保证的保证人享有先诉抗辩权，即债权人未向法院起诉债务人或者申请仲裁，且债务人财产经强制执行仍不能履行债务前，保证人可以拒绝承担保证责任。而在连带保证中，只要债务人未能按期偿还借款或者当事人约定的情形发生时，保证人就须承担保证责任。两相比较，承担一般保证责任的前提是债务人不能履行，承担连带保证责任的前提是债务人未按期履行，对保证人而言，一般保证的风险小于连带保证，因此，个人在提供保证时最好选择一般保证。当然，保证人享有追偿权，其在承担保证责任后可向债务人追偿。

【法条索引】

《中华人民共和国民法典》

第六百八十七条 当事人在保证合同中约定，债务人不能履行债务时，由保证人承担保证责任的，为一般保证。一般保证的保证人在主合同纠纷未经审判或者仲裁，并就债务人财产依法强制执行仍不能履行债务前，有权拒绝向债权人承担保证责任，但是有下列情形之一的除外：（一）债务人下落不明，且无财产可供执行；

(二)人民法院已经受理债务人破产案件;(三)债权人有证据证明债务人的财产不足以履行全部债务或者丧失履行债务能力;(四)保证人书面表示放弃本款规定的权利。

第六百八十八条 当事人在保证合同中约定保证人和债务人对债务承担连带责任的,为连带责任保证。连带责任保证的债务人不履行到期债务或者发生当事人约定的情形时,债权人可以请求债务人履行债务,也可以请求保证人在其保证范围内承担保证责任。

过量饮酒造成人员死亡,应当由谁承担责任?
关键词:饮酒;法律责任

【基本案情】被告王某邀请张某到其家喝酒,当晚21时20分,张某将车开回家后步行到被告王某家,期间被告王某、李某、张某及孙某共同饮酒。饮酒过程中,三被告(王某、李某、孙某)没有故意赌酒、劝酒的行为,四人的饮酒量也较为平均,不存在故意让张某多喝的情况。22时左右,张某在神志清醒的情况下,自行离开王某家。23时22分,张某回到家中,原告杨某叮嘱其赶紧休息。次日0时45分,张某称感到不舒服,0时50分开始呕吐,0时53分出现意识不清,原告杨某立即拨打120,经医护人员检查称人已经不行了,须送到医院抢救。随后将张某送至医院,后经抢救无效死亡。原告认为三被告与张某共同饮酒,未尽到互相提醒、互相照顾义务,故三被告与张某死亡具有法律上的因果关系,应对张某的死亡承担赔偿责任,并共同赔偿原告各项损失140 763.38元。因四方协商未果诉至法院。同桌饮酒的"酒友"是否需要对张某的死亡承担法律责任?

【法律分析】中国是酒文化大国，遇到朋友聚会、单位聚餐等人情往来时，饮酒是避免不了的，如果饭局上的朋友因饮酒导致死亡，其他共同饮酒人是否需要承担责任呢？

根据相关法律规定，多数情况下应由发生人身损害的饮酒人自负责任。因为个人酒量和身体状况只有自己最清楚，旁人很难准确判断，所以对饮酒后果本人应承担主要或者全部责任。但如果有以下情况，共同饮酒者没有尽到安全保障义务，则要承担相应的侵权责任。即共同饮酒者之间因为共同饮酒的先行行为而使饮酒者陷入醉酒、酒精中毒等人身或财产遭受损害的危险，当共同饮酒人处于这样的状态时，其他人即负有注意义务，应当充分履行对其的提醒、劝阻、照顾、护送等义务，如果未充分履行上述义务，致使受害人酒后遭到人身损害，则属于违反因共同饮酒这一先行行为引发的作为义务，构成侵权。

比如明知对方不能喝仍然劝酒，只要主观上存在强迫的过错，此时对于损害后果的发生，劝酒人应当承担相应的过错赔偿责任。如果在不知情的情况下劝酒诱发疾病的，劝酒者无须承担过错责任，但根据公平责任原则，也要承担一定的赔偿责任。即劝酒者无论是否知道对方不能喝酒，都应承担责任，只不过知情的情况下，将要承担较大责任。

还有一种情况是，未将醉酒者安全送回家。如果饮酒者已经人事不知、神志不清，无法支配自身行为时，共同饮酒人没有将其送至医院或安全送回家中，此时如果发生意外，共同饮酒人应承担相应赔偿责任。

未劝阻醉酒者驾车，导致发生车祸等损害。在明知对方酒后驾车而不加以劝阻的情况下，一旦发生损害结果，同饮人就要承担一定的责任，如果已尽到劝阻义务而醉酒人不听，同饮人则可以减轻或免除责任。

由于近年来常有"酒后死亡""酒后驾车"同饮担责事件发生。因此，如今人们在聚会时害怕因酒出事。但是一些人觉得这样喝酒不尽兴，于是就提出在喝酒前签订"喝酒免责承诺书"，就算出了事也不追究一同喝酒人的责任。不可否认，"喝酒免责承诺书"一定程度上给参与聚会的人带来心理安慰。但是喝伤、喝死责任自负的承诺，违反了法律的强制性规定，因此是无效的。更何况，倘若什么事情都能通过签订"生死状"来解决，法律对弱者利益的保护，将根本无从谈起。

从目前的司法实践中形成的生效判例来看，对于同饮者的注意义务及相关法律责任，并不能因为这样的口头或书面免责声明而免除，所以酒后免责承诺书不具有法律效力，不能成为一起喝酒人及相关主体的免责文书。

【法条索引】

《中华人民共和国民法典》

第一千一百九十八条 宾馆、商场、银行、车站、机场、体育场馆、娱乐场所等经营场所、公共场所的经营者、管理者或者群众性活动的组织者，未尽到安全保障义务，造成他人损害的，应当承担侵权责任。因第三人的行为造成他人损害的，由第三人承担侵权责任；经营者、管理者或者组织者未尽到安全保障义务的，承担相应的补充责任。经营者、管理者或者组织者承担补充责任后，可以向第三人追偿。

问题034 因对商家服务不满，所以在点评网上给"差评"，这样算侵权吗？

关键词：点评；侵权

【基本案情】2021年10月，李某为保障妻子张某月子期间顺利度过，花费3万元选择入住由甲公司经营的月子会所，住宿十余天后，张某、张某之子小李被诊断为支气管肺炎。夫妻二人与月子会所交涉无果，因此在A点评网发布差评，被甲公司诉至法院。法院经审理认为，二人发布评论未构成名誉侵权，同时A点评网拒删评论亦不构成侵权。

【法律分析】作为消费者，消费之后体验不佳给差评，无可厚非。但是，民法典作了规定，明确法人、非法人组织享有名称权、名誉权和荣誉权。那么如何平衡消费者的评价自由以及商家的名誉权保护呢？

《民法典》第一百一十条第二款规定：法人、非法人组织享有名称权、名誉权和荣誉权。同时，《民法典》第一千零二十四条规定：民事主体享有名誉权。任何组织或者个人不得以侮辱、诽谤等方式侵害他人的名誉权。名誉是对民事主体的品德、声望、才能、信用等的社会评价。

虽然民法典并未区分自然人（个人）与法人、非法人组织等的名誉权差异，但因为本案中公司并不像自然人一样拥有生理机能和精神感受，所以它的名誉权是指社会对其商业信誉、商品声誉、产品质量、服务态度等方面的综合评价，在权利内容、侵权方式、损害后果等方面都与自然人的名誉权存在差异。

第一，个人的名誉是其人格尊严的体现，而组织机构的名誉主要围绕其生产经营状况；自然人可能遭受精神损失，而组织体的损害主要是财产性质。一般情况下，侵害组织的名誉权的行为需要具有商业因素。案例中，消费者消费后给差评的行为，属于表达主观感受及个人体验，即使有一定夸大，只要未达到侮辱、诽谤的程度，并且不具备商业因素，一般不被认定为侵犯了商家的名誉权。否则一旦发表批评意见就视为侵权，在交易中的消费者的合法权益保障将无从谈起。

《最高人民法院关于审理名誉权案件若干问题的解释》规定：消费者对生产者、经营者、销售者的产品质量或者服务质量进行批评、评论，不应当认定为侵害他人名誉权，但借机诽谤、诋毁、损害其名誉的，应当认定为侵害名誉权。

值得一提的是，消费者享有对商家的商品和服务提出批评的权利，但是不能等同于"我弱我有理，我惨我有理"。在现实生活中，个别消费者为获得社会关注，从而推动纠纷的及时解决，往往过分夸大甚至发表虚假事实博人眼球，并非基于确定的事实，实际上对企业的实际声誉产生了严重的负面影响，也就是我们常说的"坏了招牌"。如果恶意侵权，按照《民法典》第一千零二十五条的规定，一定会被追责。

有人对此不理解，不就是说了两句过激的话，怎么就构成了侵权？根据自身感受及事情经过写出的"差评"，是不构成侵权的，这也是对消费者评价权的一种保障。只要这种评价和评论不是基于主观恶意的目的，卖家则不能苛求每一个买家必须给予好评。但若超越了底线，用了一些不该使用的带有侮辱性的词汇，那就另当别论了。

对商家而言，要正视负面评价，依法诚信经营并自觉接受监督管理，为消费者提供更优质的产品和服务。

【法条索引】

《中华人民共和国民法典》

第一千零二十五条　行为人为公共利益实施新闻报道、舆论监督等行为，影响他人名誉的，不承担民事责任，但是捏造、歪曲事实，对他人提供的严重失实内容未尽到合理核实义务，使用侮辱性言辞等贬损他人名誉的，不在此列。

问题035 微信群里发言诋毁侮辱他人，发言人员是否需要承担责任？

关键词：微信群；侮辱；侵害；责任

【基本案情】张某、李某、吴某与赵某均是某小区的业主。2017年12月至2020年5月，赵某担任该小区的业主委员会副主任。四人因该小区物业管理及业主委员会选举产生矛盾。张某、李某在该小区业主相关微信群发表指向赵某的言论，例如"大无赖赵某就住在××栋××单元""请大家认清这个小人"等。吴某虽并未指名道姓，但也在微信群发表了例如"利益是魔鬼，能让一个曾经大多数业主支持的人,变成一个唯利是图的小人"等言论。赵某在微信群数次公开提醒后,张某、李某反而人身攻击升级,语言极其下流。赵某后诉至 A 市人民法院,要求被告公开赔礼道歉,恢复其名誉,并赔偿精神损失费。

吴某认为,其言论从未指明赵某,其他人无法判断其言论所指与赵某之间存在关联。赵某自己对号入座,是自己的主观臆断。但法院经审理认为,吴某在微信群发表"唯利是图"等言论时,群里的其他业主正在讨论与赵某有关的事件,群内人员足以判断其言论所指为赵某,因此吴某主张其言论从未明指赵某,未对赵某的名誉权造成侵害,理由不能成立。

【法律分析】在"互联网+"时代,微信虽为网络虚拟空间,但已成为与人们生活密不可分的社交工具。微信群、朋友圈等虚拟空间并非法外之地,公民在微信群、朋友圈等网络虚拟空间同样需要遵守国家法律法规,恪守言论自由的界限,不能随心所欲,无所顾忌,肆意侵犯他人的合法权益。在现实生活中,很多人将微信群视为一个私密环境,并没有意识到不特定关系人组成的微信群其实是一种具有亲缘性的公共网络平台,发布的信息面向的往往都是亲戚、朋友、同事、师生等关系紧密群体,而这种熟人传播相比于一般的大众传播,对当事人造成的影响更加直接。《中华人民共和国民法典》明确公民名誉权是指人们对于公民或法人的品德、才干、声望、信誉和形象等各方面的综合评价。任何人不得对公民或法人的名誉进行损害。凡败坏他人名誉、损害他人形象的行为,都是对名誉权的侵犯,行为人应负法律责任。张某、李某直接在微信中对赵某进行辱骂,发布侮辱、诽谤、污蔑或者贬损他人的言论,其行为实质上就是在公共场所对公民赵某构成名誉权侵权,从微信群的成员组成全部是小区业主,以及网络信息传播的便利、广泛、快捷等特点来看,此影响并非局限于微信群内,言论容易引发他人对赵某的猜测和误解,损害小区公众对他本人工作的实际信赖,产生负面认识并造成社会评价降低,因此应当按照《民法典》第一千零三十一条规定，依法承担侵权责任。

对于被侵权人而言，如果遭遇此类情况，应当从以下方面固定证据：

1. 可以向法院申请向深圳市腾讯计算机系统有限公司调取侵权人微信号后台注册信息、实名认证信息；

2. 可以提前将微信聊天内容录屏，并进行公证；

3. 要完整、合法地保存在微信群中"骂人"的信息，不能将其中不利于自己的信息予以删除。在庭审中需使用手机当场进行演示，确定微信内容的真实性，以及侵害的实际发生；

4. 提供微信聊天群的截图，固定证据；

5. 通过申请证人出庭作证、提供证言的方式来证明实施侵权行为的就是所诉的侵权人。

如果侵权行为已经涉及刑事犯罪，还应当向公安机关报案，由公安机关调取证据，对案件进行侦查处理。

对于群主而言，国家互联网信息办公室印发的《互联网群组信息服务管理规定》明确了互联网群组建立者、管理者应当履行群组管理责任，即"谁建群谁负责""谁管理谁负责"。如果在群中发现有此类对他人进行人身攻击现象，应当警告相关人员立即停止不当行为，对不听从劝阻的应当及时移除。对涉及违法犯罪的，应当及时向网信办和公安机关进行报告。

提示：有人对微信骂人存在错误理解，认为最多构成行政处罚。实际上，如果造成被害人或者其近亲属精神失常、自残、自杀等严重后果等法定情形，当事人可以依据《刑法》第二百四十六条"侮辱罪"对其进行控告。一旦罪名成立，将面临3年以下有期徒刑、拘役、管制或者剥夺政治权利。

对于个人而言，一旦被追究刑事责任，就意味着个人有案底。对以后从事某些工作是有很大影响的，比如申请国有企业工作、报考公务员等在政审环节都会被拒绝。因此，不要因为对法律无知而造成悔恨。如果遇到争议，要依法进行维权。

【法条索引】

1.《中华人民共和国民法典》

第一千零二十四条　民事主体享有名誉权。任何组织或者个人不得以侮辱诽谤等方式侵害他人的名誉权。

2.《互联网群组信息服务管理规定》

第九条　互联网群组建立者、管理者应当履行群组管理责任，依据法律法规、用户协议和平台公约，规范群组网络行为和信息发布，构建文明有序的网络群体空间。

互联网群组成员在参与群组信息交流时，应当遵守法律法规，文明互动、理性表达。

3.《中华人民共和国刑法》

第二百四十六条　以暴力或者其他方法公然侮辱他人或者捏造事实诽谤他人，情节严重的，处三年以下有期徒刑、拘役、管制或者剥夺政治权利。

前款罪，告诉的才处理，但是严重危害社会秩序和国家利益的除外。

通过信息网络实施第一款规定的行为，被害人向人民法院告诉，但提供证据确有困难的，人民法院可以要求公安机关提供协助。

4.《关于办理利用信息网络实施诽谤等刑事案件适用法律若干问题的解释》（法释〔2013〕21号）（2013年9月10日起施行）

对办理利用信息网络实施诽谤、寻衅滋事、敲诈勒索、非法经营等刑事案件适用法律的若干问题解释如下：

第一条　具有下列情形之一的，应当认定为刑法第二百四十六条第一款规定的"捏造事实诽谤他人"：

（一）捏造损害他人名誉的事实，在信息网络上散布，或者组织、指使人员在信息网络上散布的；

（二）将信息网络上涉及他人的原始信息内容篡改为损害他人名誉的事实，在信息网络上散布，或者组织、指使人员在信息网络上散布的。明知是捏造的损害他人名誉的事实,在信息网络上散布,情节恶劣的,以"捏造事实诽谤他人"论。

第二条 利用信息网络诽谤他人,具有下列情形之一的,应当认定为刑法第二百四十六条第一款规定的"情节严重":

(一)同一诽谤信息实际被点击、浏览次数达到5 000次以上,或者被转发次数达到500次以上的;

(二)造成被害人或者其近亲属精神失常、自残、自杀等严重后果的;

(三)2年内曾因诽谤受过行政处罚,又诽谤他人。

问题036 车辆为避让行人紧急刹车导致乘客受伤,应当由谁来负责?

关键词:紧急刹车;承担责任

【基本案情】2022年3月,赵老太乘坐公交车,由于着急回家带孙子,在车辆临近车站时就急忙起身准备下车。司机小王发现有名老人李某突然横穿马路,由于担心撞到李某而紧急刹车,赵老太未能站稳摔倒,造成头部轻伤。赵老太准备向法院起诉,请问应当由何方对此负责?

【法律分析】首先,赵老太与被告公交公司建立了城市公交运输合同关系。根据《民法典》第一千一百九十八条规定,公交车实际属于公共场所,公交公司作为承运人,应负有安全保障义务,如果造成了人身损害,应当承担赔偿责任。根据最高人民法院《关于审理人身损害赔偿案件适用法律若干问题的解释》第六条第一款的规定,安全保障义务人因未尽合理限度内的保护义务而致使他人人身损害的,应承担相应赔偿责任。由于公交车在没有保证乘客安全的情况下采取紧急刹车的行为，引起原告摔伤的后果，公交车紧急刹车，与赵老太受到人身损害之间存在因果关系，应当认为公交车对此次损伤负有重大过失。但是车辆紧急刹车是为了避让行人，可以适当减轻公交车公司应当承担的责任。

其次，赵老太作为公交车乘客，应当有一定的安全意识，理应尽到注意自身安全的义务。但在车辆行驶过程中，赵老太不遵守乘车规范，车未停稳就离开座位，加上车辆紧急刹车共同造成摔倒受伤。因此，赵老太对其摔伤后果存在一定过错，但是这种过错属于一般过失而非重大过失，其自身应当负有次要责任。《侵权责任法》第三十四条规定，司机小王是被告公交公司的职工，他在车辆行驶过程中紧急刹车是为了避让前方行人，采用的是一种合理行为，事故发生时属于履行职务行为，不应由其本人承担赔偿责任。

最后，因第三人的行为造成他人损害的，由第三人承担侵权责任；但是李某作为第三人突然横穿马路，属于不遵守交通规则，应当承担法律责任。

综上所述，此次事故的赔偿责任应由公交公司、李某、赵老太共同承担。李某应当承担主要责任。公交公司应当承担次要责任，赵老太责任相对于公司进一步减轻，三方在责任分担中应当存在明显差异，才能充分体现责任的轻重划分。

【法条索引】

1.《中华人民共和国民法典》

第一千一百九十八条　宾馆、商场、银行、车站、机场、体育场馆、娱乐场所等经营场所、公共场所的经营者、管理者或者群众性活动的组织者，未尽到安全保障义务，造成他人损害的，应当承担侵权责任。

因第三人的行为造成他人损害的，由第三人承担侵权责任；经营者、管理者或者组织者未尽到安全保障义务的，承担相应的补充责任。经营者、管理者或者组织者承担补充责任后，可以向第三人追偿。

2.《中华人民共和国消费者权益保护法》

第十八条 经营者应当保证其提供的商品或者服务符合保障人身、财产安全的要求。对可能危及人身、财产安全的商品和服务，应当向消费者作出真实的说明和明确的警示，并说明和标明正确使用商品或者接受服务的方法以及防止危害发生的方法。

宾馆、商场、餐馆、银行、机场、车站、港口、影剧院等经营场所的经营者，应当对消费者尽到安全保障义务。

第一千一百九十一条 用人单位的工作人员因执行工作任务造成他人损害的，由用人单位承担侵权责任。

问题 037 个人借款给公司，双方应当如何缴税呢？
关键词：个人；借款；公司；利息；缴税

【基本案情】小吴个人手头资金比较充裕，2021年7月，他借款1 000万元给大友科技有限公司，大友公司用这笔钱作为公司经营周转资金，主要用于发放员工工资。小吴和大友公司签订的借款合同里约定，这笔借款6个月后归还，约定年利率为6%，按月收取利息。半年后，借款到期，大友公司业绩不错，资金也不再紧张了，很果断地归还了小吴的借款，同时，支付了利息30万元（1 000万元×6%×0.5年）。

【法律分析】在这个案例中，小吴和大友公司之间签订了借款合同，这种自然人和公司之间的借贷行为，应当采用书面形式，就是说要签订纸质的合同才行。借款合同里，一般要写明借款种类、币种、用途、数额、利率、期限和还款方式等，借款方和贷款方都要遵从合同的约定，不能随意改变约定好的事情。比如说，如果大友公司没有按照约定的借款用途使用借款，没有将借来的1 000万元主要用于发放员工工资或企业周转，而是用于放高利贷或被股东大肆挥霍，那么小吴可以停止发放借款，如果1 000万元的资金还没有完全汇款过去，只汇款了400万元，小吴可以暂停打款，剩下的600万元就暂时不汇过去；小吴也可以提前收回借款，要求大友公司归还已经汇过去的400万元；小吴还可以解除合同，要求大友公司归还已经汇过去的400万元，并不再借钱给大友公司。

【涉税分析】

（1）增值税（有税收优惠政策，不用缴）。

小吴借款给大友公司获得利息，属于个人借款给公司取得的利息收入。小吴属于自然人，自然人属于小规模纳税人，个人借款给个人取得的利息收入，征收率3%。根据《国家税务总局关于小规模纳税人免征增值税征管问题的公告》（国家税务总局公告2021年第5号）规定，自2021年4月1日至2022年12月31日，对月销售额15万元以下（含本数）的增值税小规模纳税人，免征增值税。小吴月利息收入为1000×6%÷12＝5万元，应税收入小于15万元，免征增值税。根据《财政部 税务总局关于对增值税小规模纳税人免征增值税的公告》（财政部 税务总局公告2022年第15号）规定，2022年4月1日至2022年12月31日，增值税小规模纳税人免征增值税。

提示：根据《关于明确增值税小规模纳税人减免增值税等政策的公告》（财政部税务总局公告2023年第1号）规定，自2023年1月1日至2023年12月31日，月销售额免征额由15万元改为10万元。

（2）个人所得税。

公司支付给个人的借款利息属于"债权性利息所得"，按照《个人所得税法》的规定，取得利息的个人应当按照"利息、股息、红利所得"项目缴纳个人所得税，税率为20%。

小吴一次性收到30万元利息，要缴个人所得税为30万元×20%＝6万元。

（3）印花税。

个人借款给公司，签订的借款合同不属于《印花税法》规定的借款合同情形，不用缴印花税。

【法条索引】

1.《中华人民共和国民法典》

第六百六十七条　借款合同是借款人向贷款人借款，到期返还借款并支付利息的合同。

第六百六十八条　借款合同应当采用书面形式，但是自然人之间借款另有约定的除外。

借款合同的内容一般包括借款种类、币种、用途、数额、利率、期限和还款方式等条款。

第六百七十三条　借款人未按照约定的借款用途使用借款的，贷款人可以停止发放借款、提前收回借款或者解除合同。

2.《中华人民共和国个人所得税法》

第二条第（六）项　下列各项个人所得，应当缴纳个人所得税：（六）利息、股息、红利所得；

第三条第（三）项　个人所得税的税率：（三）利息、股息、红利所得，财产租赁所得，财产转让所得和偶然所得，适用比例税率，税率为百分之二十。

3.《中华人民共和国个人所得税法实施条例》

第六条第（六）项　个人所得税法规定的各项个人所得的范围：（六）利息、股息、红利所得，是指个人拥有债权、股权等而取得的利息、股息、红利所得。

4.《中华人民共和国印花税法》规定，银行业金融机构、经国务院银行业监督管理机构批准设立的其他金融机构与借款人（不包括同业拆借）的借款合同。税率为借款金额的万分之零点五。

5.《国家税务总局关于小规模纳税人免征增值税征管问题的公告》（国家税务总局公告2021年第5号）

第一条　小规模纳税人发生增值税应税销售行为，合计月销售额未超过15万元（以1个季度为1个纳税期的，季度销售额未超过45万元，下同）的，免征增值税。

6.《财政部 税务总局关于明确增值税小规模纳税人免征增值税政策的公告》（财政部 税务总局公告2021年第11号）规定，自2021年4月1日至2022年12月31日，对月销售额15万元以下（含本数）的增值税小规模纳税人，免征增值税。

7.《财政部 税务总局关于支持个体工商户复工复业增值税政策的公告》（财政部 税务总局公告2020年第13号）规定，自2020年3月1日至5月31日，除湖北省外，其他省、自治区、直辖市的增值税小规模纳税人，适用3%征收率的应税销售收入，减按1%征收率征收增值税；适用3%预征率的预缴增值税项目，减按1%预征率预缴增值税。

8. 财政部公告2020年第24号：将上述政策延长到2020年12月31日。

9. 财政部公告2021年第7号：将上述政策延长至2021年12月31日。

10.《财政部 税务总局关于对增值税小规模纳税人免征增值税的公告》：将上述政策延长至2022年3月31日。

11.《财政部 税务总局关于对增值税小规模纳税人免征增值税的公告》规定，自2022年4月1日至2022年12月31日，增值税小规模纳税人适用3%征收率的应税销售收入，免征增值税；适用3%预征率的预缴增值税项目，暂停预缴增值税。

12.《关于明确增值税小规模纳税人减免增值税等政策的公告》（财政部税务总局公告2023年第1号）：自2023年1月1日至2023年12月31日，对月销售额10万元以下（含本数）的增值税小规模纳税人，免征增值税。

13.《财政部 国家税务总局关于全面推开营业税改征增值税试点的通知》（财税〔2016〕36号）附件1《营业税改征增值税试点实施办法》第二章征税范围规定，金融服务，是指经营金融保险的业务活动。包括贷款服务、直接收费金融服务、保险服务和金融商品转让。1. 贷款服务。贷款，是指将资金贷与他人使用而取得利息收入的业务活动。

问题 038　公司借款给股东个人，双方应当如何缴税呢？

关键词：公司；借款；个人；利息；缴税

【基本案情】2020 年 8 月，小胡是楚河科技有限公司（以下简称"楚河公司"）的大股东，他想购买浙江省杭州市上城区的一栋别墅，但他自己个人手头资金比较紧张。思前想后，他于 2020 年 9 月 1 日找到楚河科技有限公司，向楚河公司借款 8 000 万元，没有约定利息。小胡随即用这笔钱买了一套独门独院的别墅。小胡和楚河公司签订的借款合同里约定，这笔借款在 13 个月后归还。2021 年 9 月底，借款到期，但是小胡个人资金依然很紧张，没办法归还楚河公司的借款。小胡和楚河公司之间需要计算利息吗？这次借款需要缴税吗？

【法律分析】在这个案例中，小胡和楚河公司之间签订了借款合同，这种自然人和公司之间的借贷行为，应当采用书面形式，就是说要签订纸质的合同才行。借款合同里，一般要写明借款种类、币种、用途、数额、利率、期限和还款方式等，借款方和贷款方都要遵从合同的约定，不能随意改变约定好的事情。小胡按照合同的约定使用了这笔借款，没有违法，也没有违约。因为小胡与楚河公司没有约定利息，视为没有利息，小胡不用付利息给楚河公司。

【涉税分析】

1. 楚河公司

（1）增值税及附加税费（按照视同销售处理）。

根据《财政部　国家税务总局关于全面推开营业税改征增值税试点的通知》（财税〔2016〕36 号）附件 1 的规定，假设楚河科技有限公司是一般纳税人，借款给个人股东小胡。如果约定有利息，就属于增值税征税范围内的金融服务的贷款服务，利息额就是收入额，本金不计算在收入额内，按照 6% 的税率计算缴纳增值税，并缴纳相应的附加税费。即使没有约定利息，也属于《营业税改征增值税试点实施办法》第十四条规定的"单位或者个体工商户向其他单位或者个人无偿提供服务",也需要"视同销售服务、无形资产或者不动产"处理,需要缴纳增值税。这时候,首先需要按照当地或当事人的交易方式、交易习惯、市场报价利率等因素确定利息;然后再按利息收入的6%缴纳增值税,同时要缴纳附加税费。如果确定的利息水平太低,税务机关有权按照合理方法调整利息收入,计算增值税及附加税费。

(2)企业所得税。

楚河公司将资金无偿借给个人股东小胡,这种行为在税法上视同销售,按照当地或当事人的交易方式、交易习惯、市场报价利率等因素确定利息,再按照所确定的利息缴企业所得税。如果确定的利息水平太低,税务机关有权按照合理方法调整利息收入,计算企业所得税,如果该公司是小型微利企业,根据当时税收政策,对小型微利企业年应纳税所得额不超过100万元的部分,减按25%计入应纳税所得额,按20%的税率缴纳企业所得税;对年应纳税所得额超过100万元但不超过300万元的部分,减按50%计入应纳税所得额,按20%的税率缴纳企业所得税。如果该公司不属于小型微利企业,适用税率为25%。如果对相关政策理解有疑问,请向当地主管税务机关咨询。

> 提示:如果是小型微利企业,对小型微利企业年应纳税所得额不超过100万元的部分,对小型微利企业年应纳税所得额不超过100万元的部分,减按12.5%计入应纳税所得额,按20%的税率缴纳企业所得税。年应纳税所得额超过100万元但不超过300万元的部分,减按25%计入应纳税所得额,按20%的税率缴纳企业所得税。

2. 对于小胡个人而言,需要缴纳个人所得税

楚河公司将资金无偿借给个人股东小胡买房,过了一年,股东小胡没有归还,这笔钱也没有用于企业的生产经营,根据国家税务总局印发的《个人所得税管理办法》的规定,视为分配股息红利。个人股东应依照"利息、股息、红利所得"项目缴纳个人所得税,税率20%。

楚河科技有限公司应当代扣代缴小胡个人所得税:8 000万元×20% =

1 600万元。

3. 双方都不需要缴纳印花税

非银行及金融组织的公司借款给个人所签订的借款合同，不属于原《印花税暂行条例》所附的"印花税税目税率表"规定的借款合同情形，不用缴印花税。2022年7月1日起施行《印花税法》所附的"印花税税目税率表"延续了上述规定。

也就是说，如果小胡是和银行等金融机构签订的借款合同，那么双方都需要缴纳印花税。

【法条索引】

1. 《中华人民共和国民法典》

第六百八十条第二款　借款合同对支付利息没有约定的，视为没有利息。

2. 《中华人民共和国个人所得税法》

第二条第（六）项　下列各项个人所得，应当缴纳个人所得税：（六）利息、股息、红利所得；

第三条第（三）项　个人所得税的税率：（三）利息、股息、红利所得，财产租赁所得，财产转让所得和偶然所得，适用比例税率，税率为百分之二十。

3. 《中华人民共和国个人所得税法实施条例》

第六条第（六）项　个人所得税法规定的各项个人所得的范围：（六）利息、股息、红利所得，是指个人拥有债权、股权等而取得的利息、股息、红利所得。

4. 《最高人民法院关于审理民间借贷案件适用法律若干问题的规定》

第二十四条　借贷双方没有约定利息，出借人主张支付利息的，人民法院不予支持。

自然人之间借贷对利息约定不明，出借人主张支付利息的，人民法院不予支持。除自然人之间借贷的外，借贷双方对借贷利息约定不明，出借人主张利息的，人民法院应当结合民间借贷合同的内容，并根据当地或者当事人的交易方式、交易习惯、市场报价利率等因素确定利息。

5.《财政部 国家税务总局关于全面推开营业税改征增值税试点的通知》（财税〔2016〕36号）附件1《营业税改征增值税试点实施办法》

第十四条第（一）项 下列情形视同销售服务、无形资产或者不动产：（一）单位或者个体工商户向其他单位或者个人无偿提供服务，但用于公益事业或者以社会公众为对象的除外。

6.《财政部 国家税务总局关于规范个人投资者个人所得税征收管理的通知》（财税〔2003〕158号）

第二条 纳税年度内个人投资者从其投资的企业（个人独资企业、合伙企业除外）借款，在该纳税年度终了后既不归还，又未用于企业生产经营的，其未归还的借款可视为企业对个人投资者的红利分配，依照"利息、股息、红利所得"项目计征个人所得税。

7.《个人所得税管理办法》（国税发〔2005〕120号）

第三十五条第（四）项 加强个人投资者从其投资企业借款的管理，对期限超过一年又未用于企业生产经营的借款，严格按照有关规定征税。

8.《财政部 税务总局关于实施小微企业普惠性税收减免政策的通知》（财税〔2019〕13号）

对小型微利企业年应纳税所得额不超过100万元的部分，减按25%计入应纳税所得额，按20%的税率缴纳企业所得税；

9.《财政部 税务总局关于实施小微企业和个体工商户所得税优惠政策的公告》（财政部 税务总局公告2021年第12号）

对小型微利企业年应纳税所得额不超过100万元的部分，在《财政部 税务总局关于实施小微企业普惠性税收减免政策的通知》（财税〔2019〕13号）第二条规定的优惠政策基础上，再减半征收企业所得税。

10.《关于小微企业和个体工商户所得税优惠政策的公告》(财政部 税务总局公告 2023 年第 6 号)

对小型微利企业年应纳税所得额不超过 100 万元的部分,减按 25% 计入应纳税所得额,按 20% 的税率缴纳企业所得税。

问题 039 不经同意私自转发别人照片,照片主人能要求损害赔偿吗?

关键词:照片;隐私;社交平台;侵权;赔偿

【基本案情】小 A 和小 B 是亲密的朋友,两人经常分享各自的照片。小 A 年轻漂亮,也喜欢自拍,还将许多照片发布到了个人的社交平台上。因为有些照片上的穿着比较"清凉",小 A 将社交平台的照片等内容设置了"仅亲友可见"。小 B 为了博人眼球,没有同小 A 商量,就将小 A 的许多穿着比较暴露的照片转发到了外网上。然后,小 A 就被许多陌生人骚扰,有人打电话,有人发信息,甚至有人发微信说要包养她。清静的私生活被打扰,小 A 苦不堪言,一怒之下要状告小 B。小 B 的这种行为违法吗?小 A 隐私权被侵犯有权要求赔偿吗?

【法律分析】首先,小 A 的这些照片是不是她的隐私呢?隐私,其实就是每个人在个人生活中不希望被他人看到、不希望被他人了解到的事物,包括私密空间、私密活动和私密信息等。小 A 的这些照片是她个人的,属于个人私有。而且,小 A 在社交平台将她的照片内容设置了"仅亲友可见",这就表示小 A 是不希望这些照片内容被外人看的。那么这些照片应该属于小 A 的个人隐私。

其次,小 B 在小 A 没有同意的情况下,将小 A 的照片转发到了外网上的这种行为,算不算侵犯隐私权呢?小 A 的这些照片虽然发布在了自己的社交平台上,但并不代表这些照片是可以随意被他人进行散布的。根据民法典的规定，小 B 在没经过小 A 允许的情况下，私自将小 A 的个人隐私照片散布到了外网上，被许多人浏览，属于"以泄露、公开等方式侵害他人的隐私权"，侵犯了小 A 的隐私权，是违法行为。

最后，小 A 有权要求赔偿吗？根据治安管理处罚法的规定，小 B 的这种行为属于"散布他人隐私"，是一种违法行为，要被拘留或者罚款。另外，小 B 的行为对小 A 的宁静生活产生了影响，对小 A 也造成了伤害，小 B 要对自己的这种违法行为负责任，所以要对小 A 赔礼道歉并进行民事赔偿。

【法条索引】

1. 《中华人民共和国民法典》

第九百九十条第一款　人格权是民事主体享有的生命权、身体权、健康权、姓名权、名称权、肖像权、名誉权、荣誉权、隐私权等权利。

第九百九十五条　人格权受到侵害的，受害人有权依照本法和其他法律的规定请求行为人承担民事责任。受害人的停止侵害、排除妨碍、消除危险、消除影响、恢复名誉、赔礼道歉请求权，不适用诉讼时效的规定。

第一千零三十二条　自然人享有隐私权。任何组织或者个人不得以刺探、侵扰、泄露、公开等方式侵害他人的隐私权。

隐私是自然人的私人生活安宁和不愿为他人知晓的私密空间、私密活动、私密信息。

2. 《中华人民共和国治安管理处罚法》

第四十二条第（六）项　有下列行为之一的，处五日以下拘留或者五百元以下罚款；情节较重的，处五日以上十日以下拘留，可以并处五百元以下罚款：（六）偷窥、偷拍、窃听、散布他人隐私的。

第 2 篇

婚姻家庭篇

恋爱期间情侣之间的借款，在分手后需要归还吗？

关键词：恋爱；民间借贷；赠与

【基本案情】2020年底，吕小姐与南先生通过网聊结识，确定恋爱关系。2021年底，双方因纠纷决定分手。2022年1月，两人就恋爱期间双方互赠衣物、钱款进行结算。最后，南先生同意返还吕小姐10万元，并出具欠条1份交吕小姐收执。这10万元算是赠与还是民间借贷？在分手后需要归还吗？

【法律分析】吕小姐与南先生因恋爱分手后，双方就恋爱期间所互赠物品行为达成新的合意，南先生自愿将恋爱期间双方所花费的费用进行折抵，转化为欠款，还写了一份欠条给吕小姐，这是南先生的真实意思表示。同时，南先生是完全民事行为能力人，应该对自己的行为完全负责。所以，这种情况应当属于民间借贷，借了钱就应该还。没有约定利息的，借多少就还多少；如果约定了利息，除了要归还借的钱，还得支付一定的利息。

当然，如果吕小姐与南先生没有打欠条，只是恋爱期间两人相互赠与，两人也并不是奔着结婚去的，所赠与的钱财也不算彩礼。那么，这就只能算是无偿赠与，也就不能要求对方返还了。毕竟，谈恋爱本来也是要花钱的嘛。

另外，如果吕小姐与南先生虽未办理结婚登记手续，但同居生活2年以上，或所接受的财物已用于共同生活，或者虽未办理结婚登记手续，但生育子女的，双方之间的赠与、彩礼等不能再要求返还，因为这些钱财已经共同使用，已经没有什么剩余的价值了。

如果男女朋友在恋爱期间，为了结婚而支付了彩礼，或者为了结婚赠与了对方一定的钱财物品，可以要求对方返还，但也要提供足够的证据。比如证明男女双方当时处于谈婚论嫁的状态；有财产给付的证据，打款证明、聊天记录等；证明给付彩礼是当地的风俗等。

【法条索引】

《中华人民共和国民法典》

第二条　民法调整平等主体的自然人、法人和非法人组织之间的人身关系和财产关系。

第三条　民事主体的人身权利、财产权利以及其他合法权益受法律保护，任何组织或者个人不得侵犯。

第四条　民事主体在民事活动中的法律地位一律平等。

第五条　民事主体从事民事活动，应当遵循自愿原则，按照自己的意思设立、变更、终止民事法律关系。

第六条　民事主体从事民事活动，应当遵循公平原则，合理确定各方的权利和义务。

第七条　民事主体从事民事活动，应当遵循诚信原则，秉持诚实，恪守承诺。

第一百五十七条　民事法律行为无效、被撤销或者确定不发生效力后，行为人因该行为取得的财产，应当予以返还；不能返还或者没有必要返还的，应当折价补偿。有过错的一方应当赔偿对方由此所受到的损失；各方都有过错的，应当各自承担相应的责任。法律另有规定的，依照其规定。

问题041　被前男友长期打电话骚扰，应如何保护自己的权益？

关键词：长期；电话骚扰；侵犯隐私

【基本案情】小兰和男友小石因为性格不合，在谈了2年恋爱后，还是不得已分手了。但是，令小兰没想到的是，小石并不死心，先是经常性嘘寒问暖，再后来是恶语相向，甚至半夜还打电话骚扰。小兰是做销售业务的，又不能随意更换手机号码。每天被小石电话骚扰十几次，小兰出现一定程度的精神虚弱，觉也睡不好，饭也吃不香，无法正常生活和工作。小石的这种行为算不算违法？他是不是侵犯了小兰的隐私权？小兰应该怎样保护自己的权益呢？

【法律分析】小石与小兰分手后，心中不舍，或者是后悔，又或者是心有不甘，这都情有可原，毕竟人非草木孰能无情，一时间放不下也是情理之中。但是，如果小石在发泄自己的负面情绪的同时，不考虑别人的感受，甚至侵犯了别人的合法权益，那就不合适甚至不合法了。如果小石只是偶尔打电话给小兰，问候一下，当然可以。小兰可以凭心情接听电话或者不接电话，也没问题。但是，小石每天电话骚扰小兰十几次，就违反了《民法典》对于自然人隐私权的保护，这种行为就属于"以电话、短信、即时通信工具、电子邮件、传单等方式侵扰他人的私人生活安宁"，这是法律明令禁止的，一旦触犯，被骚扰的一方就可以提出异议，甚至以自己的隐私权被侵犯而提起诉讼。

隐私，不但包括自然人的私密空间、私密活动和私密信息，还包括私人生活安宁，自然人有权不被他人窥探、不被他人知晓、不被别人打扰。当然，如果某人愿意跟你分享他（她）的隐私，说明你们的关系非同一般，那就没问题。如果某人没有明确表示同意允许你了解他（她）的隐私，你实施了拍摄、窥视、窃听、处理、公开他人隐私的行为等，那就属于侵犯别人的隐私权了，会被追究法律责任。

作为被侵犯隐私权的自然人，肯定要保护自己的隐私，维护自己的合法权益。首先，可以自救，靠自己的力量堵住骚扰者一切不良途径。比如拉黑对方，不再与骚扰者有交集；呵斥对方，让对方心中有忌惮，不敢再骚扰等。其次，求助法律，可以运用法律的力量，利用法律的威慑力和强制力，对骚扰者进行威慑、强制，甚至人身控制，让对方不敢、不能再骚扰。比如，搜集一定的证据后，去公安部门报案、去法院起诉骚扰者，要求侵权人停止侵害、排除妨碍、消除危险、消除影响、恢复名誉、赔礼道歉等。最后，如果被侵犯隐私权的自然人,有证据证明侵权人正在实施或者即将实施侵害其人格权的违法行为,不及时制止将使其合法权益受到难以弥补的损害的,可以向人民法院申请责令行为人停止有关行为。

【法条索引】

《中华人民共和国民法典》

第九百九十条　人格权是民事主体享有的生命权、身体权、健康权、姓名权、名称权、肖像权、名誉权、荣誉权、隐私权等权利。

除前款规定的人格权外,自然人享有基于人身自由、人格尊严产生的其他人格权益。

第九百九十五条　人格权受到侵害的,受害人有权依照本法和其他法律的规定请求行为人承担民事责任。受害人的停止侵害、排除妨碍、消除危险、消除影响、恢复名誉、赔礼道歉请求权,不适用诉讼时效的规定。

第九百九十七条　民事主体有证据证明行为人正在实施或者即将实施侵害其人格权的违法行为,不及时制止将使其合法权益受到难以弥补的损害的,有权依法向人民法院申请采取责令行为人停止有关行为的措施。

第一千零三十二条　自然人享有隐私权。任何组织或者个人不得以刺探、侵扰、泄露、公开等方式侵害他人的隐私权。

隐私是自然人的私人生活安宁和不愿为他人知晓的私密空间、私密活动、私密信息。

第一千零三十三条　除法律另有规定或者权利人明确同意外,任何组织或者个人不得实施下列行为:

(一)以电话、短信、即时通信工具、电子邮件、传单等方式侵扰他人的私人生活安宁;

(二)进入、拍摄、窥视他人的住宅、宾馆房间等私密空间;

(三)拍摄、窥视、窃听、公开他人的私密活动;

（四）拍摄、窥视他人身体的私密部位；

（五）处理他人的私密信息；

（六）以其他方式侵害他人的隐私权。

夫妻、恋人、情人之间签订的忠诚协议，有法律效力吗？

关键词：忠诚；协议；无效；道德

【基本案情】小忠长得比较帅气，但是个花花公子，或者说是一个渣男。他结婚之前与一名叫小童的姑娘同居了好几年，为了让小童相信他的忠诚，他写了一份《忠诚协议》，承诺如果自己变心，不和小童结婚，就赔偿小童 100 万元。哪知道他刚写完这第一份《忠诚协议》，没过几天，就和一位富家小姐小娥结婚了。他又写了第二份《忠诚协议》，保证爱小娥一辈子，如果出轨，或者和她离婚，就净身出户，并自断两根手指。虽然话说得够狠，可是本性难改，结婚不到半年，小忠又找了一个小三，名叫姗姗。他又写了第三份《忠诚协议》，发誓一年内离婚，娶姗姗为妻，如果做不到，就将他名下的一辆价值 200 万元的奔驰跑车赔给她。终究纸是包不住火的，三个女人发现了小忠的渣男行为，都拿着《忠诚协议》来找小忠，还到法院起诉小忠。这三份《忠诚协议》，哪份有效呢？法院会怎么处理？

【法律分析】这三份《忠诚协议》，一份是婚前同居的，一份是婚内的，一份是婚内出轨包养小三的。

同居，以前称为非法同居，虽然不是违法犯罪，但也不是合法的，法律是不保护的、不鼓励的。婚内出轨包养小三本身就是人人喊打的不正确的行为，法律上虽然没有对这种行为定罪，但也从许多方面对这种行为进行了批判，剥夺了这种人的许多权益，比如离婚财产少分或不分、损害赔偿等。总的来说，这两种行为不在法律调整的范围内，法律不会主动去规范这两种行为，这是两种需要道德去衡量和调整的行为。既然这两种行为不是法律"领地"内的，那在这两种行为持续期间写的《忠诚协议》，法律自然也不会去管。也就是说，这两份《忠诚协议》没有法律效力，法律不会根据《忠诚协议》的内容去判决，也不会根据《忠诚协议》的内容保护受害者的利益。

婚内夫妻二人自愿签的忠诚协议，《民法典》及其司法解释有一些原则性的规定，夫妻是否忠诚其实是情感道德的问题，夫妻签的忠诚协议，应由夫妻二人自觉履行。法律并不禁止夫妻之间签订这种协议，但这种协议也没有法律上的强制执行力。在离婚案子里，这种协议也不会作为分割夫妻共同财产或确定子女抚养权归属的依据。在离婚分割夫妻共同财产时，应综合考虑夫妻双方在婚姻关系中各自的付出、贡献大小、过错方的过错程度和对婚姻破裂的消极影响，对无过错方加以照顾，这样才更有利于社会公平正义。也就是说，这种婚内夫妻之间签订的《忠诚协议》同样没有法律效力。这与夫妻财产约定的法律效力不同，夫妻财产约定对双方具有法律约束力，任何一方违反财产约定都应当承担相应的违约责任。

一般说来，法院不会受理忠诚协议引起的纠纷案件，主要是因为以下几点：第一，如果法院受理忠诚协议纠纷，主张按忠诚协议赔偿的原告，既要证明协议内容是真实的，没有欺诈、胁迫的情形，又要证明对方具有违反忠诚协议的行为，这样就可能会导致一些人为了获取证据而不择手段，严重侵犯被告的合法权益；第二，如果用法律强制力保障忠诚协议履行，就是鼓励当事人在婚前签订一个可以"拴住"对方的忠诚协议，这不仅会加大婚姻成本，而且也会使建立在双方情感和信任基础上的婚姻关系变质；第三，忠诚协议实质上属于情感、道德范畴，当事人自觉自愿履行当然极好，比如违反忠诚协议一方心甘情愿净身出户或赔偿若干金钱，为自己的出轨行为付出经济上的代价。但是如果一方不愿履行，法律也不应强迫他（她）履行忠诚协议。

所以说，忠诚不忠诚，要看内心，签协议是靠不住的，不要相信所谓的《忠诚协议》。如果要签，可以考虑签财产约定，或者赠与合同等，比《忠诚协议》有用得多。

【涉税分析】如果因为忠诚协议导致夫妻对普通财产进行分割，只是对夫妻共同财产的所有权进行重新划分，不在个人所得税的征税范围内，不需要缴纳个人所得税。对房产进行分割，房产归其中一方，另一方获得相当于房产半价的补偿，属于"房屋产权所有人将房屋产权无偿赠与配偶"的情形，两人都不用缴个人所得税。也属于"婚姻关系存续期间夫妻之间变更房屋权属"的情形，免征契税。

离婚财产的分割，不涉及销售，也不涉及劳务，算不上资产或价值的流转，不属于增值税的征税范围，不需要缴纳增值税。

如果是同居关系或婚外情的一方接受另一方赠送给他（她）的财产，因为他们之间没有法律上的夫妻关系，没有税费优惠政策，需要按照普通自然人之间财产赠与来计算所有的税费。

【法条索引】

1.《中华人民共和国民法典》

第一千零四十三条　家庭应当树立优良家风，弘扬家庭美德，重视家庭文明建设。

夫妻应当互相忠实，互相尊重，互相关爱；家庭成员应当敬老爱幼，互相帮助，维护平等、和睦、文明的婚姻家庭关系。

2.《国家税务总局关于明确个人所得税若干政策执行问题的通知》

关于个人转让离婚析产房屋的征税问题，通过离婚析产的方式分割房屋产权是夫妻双方对共同共有财产的处置，个人因离婚办理房屋产权过户手续，不征收个人所得税。

3.《中华人民共和国契税法》

第二条　本法所称转移土地、房屋权属，是指下列行为：（三）房屋买卖、赠与、互换。

第四条　契税的计税依据：（三）土地使用权赠与、房屋赠与以及其他没有价格的转移土地、房屋权属行为，为税务机关参照土地使用权出售、房屋买卖的市场价格依法核定的价格。

4.《财政部 税务总局关于契税法实施后有关优惠政策衔接问题的公告》

夫妻因离婚分割共同财产发生土地、房屋权属变更的,免征契税。

5.《财政部 税务总局关于个人取得有关收入适用个人所得税应税所得项目的公告》(财政部 税务总局公告2019年第74号)和《财政部 国家税务总局关于个人无偿受赠房屋有关个人所得税问题的通知》(财税〔2009〕78号)

符合以下情形的,对当事双方不征收个人所得税:(一)房屋产权所有人将房屋产权无偿赠与配偶、父母、子女、祖父母、外祖父母、孙子女、外孙子女、兄弟姐妹;(二)房屋产权所有人将房屋产权无偿赠与对其承担直接抚养或者赡养义务的抚养人或者赡养人;(三)房屋产权所有人死亡,依法取得房屋产权的法定继承人、遗嘱继承人或者受遗赠人。

问题 043 恋爱期间的借款、赠与、消费,分手时能索赔吗?

关键词:恋爱;借款;赠与;消费;返还;精神损失

【基本案情】2020年9月,钱某某(男)在上海市做生意的时候,与花某某(女)在KTV认识,双方建立了恋爱关系。在恋爱的2个月里,花某某利用双方的关系以各种名义向钱某某借钱,钱某某以微信、支付宝转账、银行汇款、现金的方式借钱给花某某。花某某还借用钱某某的账号消费,在2个月的时间里共花费10万元(其中,花某某称给朋友治病、给妹妹买钢琴、给爷爷治病、偿还朋友欠款等借款,金额合计4万元,钱某某送了花某某一辆电动汽车4万元,请客吃饭、买礼物、发红包共2万元)。钱某某实在受不了花某某大手大脚地花钱，就和她终止了恋爱关系，并要求花某某还钱，花某某不同意。且花某某还说，这些钱都是两人谈恋爱花的钱，是两人消费掉的，不是借款，不用还，如果分手，钱某某还要赔偿她的青春损失费，以及给她精神损害赔偿费。到底谁说得有理呢？

【法律分析】钱某某与花某某恋爱期间，在短短的2个月内，钱某某转账消费达到10万元。双方都是工薪阶层，工资不高，恋爱期间的确花费比较多，但也不需要这么多钱，而且，这些钱不全是钱某某主动赠送给花某某的，有许多是花某某主动跟钱某某索要的。所以，这10万元不能都算是恋爱消费，要分开来看。

1. 花某某称给朋友治病、给妹妹买钢琴、给爷爷治病、偿还朋友欠款等借款一共有4万元，钱某某有转账记录和备注等证据，这4万元应该算是借款，花某某应该还给钱某某。

2. 民法典中规定，"赠与"是赠与人将自己的财产无偿给予受赠人，受赠人表示接受的一种行为。恋爱期间，特别是婚约期间的财物赠送，当事人的真实意图是为了结婚，这算是附条件的赠与。附条件的赠与只有在所附条件达到时才生效，如果所附条件没有达到，就是说婚没结成时，赠与不发生法律效力，赠与的财物等彩礼应当返还。对于男女双方之间的贵重物品如房产、汽车或较大金额的现金、银行卡、微信、支付宝转账等赠与，由于金额较大，一般是出于结婚目的的赠与，可推定为彩礼，婚结不成应该返还。

钱某某送花某某的4万元电动汽车，算是一个大件物品，送这件礼物的目的是结婚，跟送一些小礼品不一样。这种大件礼物应该算是彩礼，如果后来二人没有结婚，应该将汽车退还给钱某某，或者将买车的4万元退给钱某某。

3. 恋爱期间花费金额的性质认定。对于合理范围内的较小金额，在不能证明是为结婚而特意赠送时，应认定为一般的赠与，具体可以包括以下情况：（1）日常生活中价值较小的一部分赠与，比如购买衣服、箱包、请客吃饭等；（2）特殊日期，如情人节、七夕节、生日、纪念日等赠送的财物；（3）特殊金额，如"520、521、1314"等金额以及其他小额赠与。以上这几种情况的赠与可以推定是为双方表达爱意培养感情的赠与，不能要求返还。

钱某某给花某某的一些微信转账，比如说过生日转账的 1 314 元、520 元，过"双十一"的转账 2 500 元，发朋友圈秀恩爱转账的 5 200 元等，虽然没有附加转账备注，但根据社会常识，可以认为这是钱某某为维持恋爱关系而送给花某某的，应该算是一般赠与，花某某不用退钱给钱某某。

4. 如果钱某某和花某某约好了还款日期，到时间花某某没有还 8 万元，则还需要付利息给钱某某，利息按照中国人民银行授权全国银行间同业拆借中心每月 20 日发布的同期贷款市场报价利率（LPR）计算，期限从约定还款的那天开始算，到实际付清那天截止。

总之，恋爱期间的赠与、借款和消费，既有区别又有一定联系，情侣之间相互进行财产赠与、相互为对方花钱消费的情况普遍存在，容易混淆。所以，建议在恋爱期间互相转款时要加上明确的附言，并在微信、短信聊天中对转账性质加以说明。这不是小气，这种"留痕迹"的做法是一种好习惯，既能作为一种证据，也能作为一种留念。

至于恋爱分手后，其中一方仅仅以曾经同居为理由，要求对方赔偿"青春损失费"和"精神损害费"，根本找不到法律依据，法律也不支持。除非女方因为流产等原因导致身体受到严重损害，可以要求赔偿医疗费；女方的身体健康权遭到了侵害，可以要求精神损害赔偿。花某某的身体健康权并没有遭到侵害，却要求钱某某赔偿她的青春损失费，还要给她精神损害赔偿费，肯定是行不通的。

【法条索引】

1. 《中华人民共和国民法典》

第六百五十七条　赠与合同是赠与人将自己的财产无偿给予受赠人，受赠人表示接受赠与的合同。

第六百六十一条　赠与可以附义务。赠与附义务的，受赠人应当按照约定履行义务。

第六百六十三条　受赠人有下列情形之一的，赠与人可以撤销赠与：

（一）严重侵害赠与人或者赠与人近亲属的合法权益；

（二）对赠与人有扶养义务而不履行；

（三）不履行赠与合同约定的义务。

赠与人的撤销权，自知道或者应当知道撤销事由之日起一年内行使。

第六百六十五条　撤销权人撤销赠与的，可以向受赠人请求返还赠与的财产。

第六百六十七条　借款合同是借款人向贷款人借款，到期返还借款并支付利息的合同。

第六百七十九条　自然人之间的借款合同，自贷款人提供借款时成立。

2.《最高人民法院关于确定民事侵权精神损害赔偿责任若干问题的解释》

第一条　自然人因下列人格权利遭受非法侵害，向人民法院起诉请求赔偿精神损害的，人民法院应当依法予以受理：

（一）生命权、健康权、身体权；

（二）姓名权、肖像权、名誉权、荣誉权；

（三）人格尊严权、人身自由权。

第八条　因侵权致人精神损害，但未造成严重后果，受害人请求赔偿精神损害的，一般不予支持，人民法院可以根据情形判令侵权人停止侵害、恢复名誉、消除影响、赔礼道歉。

问题044　婚后在房产证（不动产证）上"加名"，需要缴税吗？

关键词：婚前房产；婚后加名；缴税

【基本案情】小帅2020年独自买了一套房子。2021年，小帅与小美结婚后，小美要求在这个房产证上加上自己的名字。请问：小美可以在房产证（不动产权证）上"加名"吗？如果"加名"，需要缴哪些税呢？如果小美的名字加到房本上，小美占这房子多少份儿呢？如果哪天离婚，小美能分到多少呢？

【法律分析】小美可以在房本上"加名"，但也要具体情况具体对待。

第一种情况：小帅一方婚前交完首付款后，按揭购买了一套商品房，并办理了产权证，婚后夫妻双方共同偿还房贷，这种情形最为普遍。这时候可以变更产权证，追加共有人，将小美的名字写到房本上。如果离婚，法院一般会根据《民法典》第一千零八十七条和《最高人民法院关于适用〈中华人民共和国民法典婚姻家庭编〉的解释（一）》第七十八条，将房屋的产权判给小帅，因为小帅付出了较多物质投入，交首付，还按揭；但小美也不会什么都没有，毕竟她也还了部分按揭，小帅应该将小美支付的按揭款还给她，如果房屋涨价增值了，小帅还应该将小美那部分的增值补偿给她。

第二种情况：小帅一方婚前交完首付款后，按揭购买了一套商品房，但并没有及时办理房屋产权证，直至结婚后才办理房屋产权证。这时候，房屋产权登记部门一般会要求其出具夫妻约定书，并按约定办理产权证，小帅和小美的名字都可以写在房本上。如果离婚，前期有约定的，按约定；没约定的，与第一种情况一样办理。

第三种情况：小帅一方婚前全款房产，不按揭，没贷款，房产证也办妥当了。这时候，要将小美的名字加到房本上去，就属于变更产权证，追加共有人。如果离婚，前期有约定的，按约定；没约定的，房产归小帅所有，因为这个房产本来就是小帅婚前个人财产。小美没出钱没出力，不能分到房产。当然，这是在小美没有对家庭作出什么贡献的情况下。如果小美与小帅结婚多年，家中除了这套房产外，没有其他的大型财产，而小美也对家庭付出了很多，作出许多贡献，小美也能分得房产的10%—30%，但不超过50%。

当然，我国民法遵守"意思自治"原则，以上三种情况下的离婚，在照顾子女和女方权益的原则下，小帅和小美完全可以协商确定房屋归谁、是否对另一方进行补偿、补偿多少等。

【涉税分析】根据《财政部 税务总局关于个人取得有关收入适用个人所得税应税所得项目的公告》和《财政部 国家税务总局关于个人无偿受赠房屋有关个人所得税问题的通知》的规定，小美在房产证上"加名"，属于"房屋产权所有人将房屋产权无偿赠与配偶"的情形，小美和小帅都不用缴个人所得税。

根据《契税法》第六条第一款第（四）项的规定，小美在房产证上"加名"，属于"婚姻关系存续期间夫妻之间变更房屋权属"的情形，免征契税。

当然，小帅和小美需要带上身份证、结婚证、房产证等材料，到当地的政务中心房地产交易窗口办理相关手续，缴纳一定的工本费等。

【法条索引】

1.《中华人民共和国民法典》

第五条　民事主体从事民事活动，应当遵循自愿原则，按照自己的意思设立、变更、终止民事法律关系。

第一千零八十七条　离婚时，夫妻的共同财产由双方协议处理；协议不成时，由人民法院根据财产的具体情况，照顾子女和女方权益的原则判决。

2.《最高人民法院关于适用〈中华人民共和国民法典婚姻家庭编〉的解释（一）》

第七十八条　夫妻一方婚前签订不动产买卖合同，以个人财产支付首付款并在银行贷款，婚后用夫妻共同财产还贷，不动产登记于首付款支付方名下的，离婚时该不动产由双方协议处理。

依前款规定不能达成协议的，人民法院可以判决该不动产归产权登记一方，尚未归还的贷款为产权登记一方的个人债务。双方婚后共同还贷支付的款项及其相对应财产增值部分，离婚时应根据婚姻法第三十九条第一款规定的原则，由产权登记一方对另一方进行补偿。

3.《中华人民共和国契税法》

第六条　有下列情形的，免征契税：（四）婚姻关系存续期间夫妻之间变更土地、房屋权属。

4.《财政部 税务总局关于个人取得有关收入适用个人所得税应税所得项目的公告》（财政部 税务总局公告2019年第74号）和《财政部 国家税务总局关于个人无偿受赠房屋有关个人所得税问题的通知》（财税〔2009〕78号）

符合以下情形的，对当事双方不征收个人所得税：（一）房屋产权所有人将房屋产权无偿赠与配偶、父母、子女、祖父母、外祖父母、孙子女、外孙子女、兄弟姐妹；（二）房屋产权所有人将房屋产权无偿赠与对其承担直接抚养或者赡养义务的抚养人或者赡养人；（三）房屋产权所有人死亡，依法取得房屋产权的法定继承人、遗嘱继承人或者受遗赠人。

问题 045　离婚时夫妻之间办理不动产权证过户，需要缴契税吗？

关键词：婚内房产；离婚；过户；缴税

【基本案情】小帅与小美2020年结婚后一起买了一套房子，不动产权证上只有小帅一人名字。2021年二人协议离婚，能不能商量房产只归小美？房产过户时，需要正常缴契税吗？

【法律分析】这套房子是小帅和小美共同花钱购买的，属于他们二人的共同财产，根据民法的"意思自治"原则，小帅和小美有权处置这套房子。至于离婚时房产最终到底归谁，也可以由他们自己协商决定。离婚时，小帅和小美需要以书面形式签订一份协议，将房子归谁写清楚。当然，这份协议有其他人作证或者进行公证，那就更有效了。

如果这套房子还有房贷没还清，原则上应当由小美继续还，因为房子都归小美了，让她还房贷自然是理所当然的，即使双方协商不好，去法院打官司，法官也会这么判。不过，如果小帅对小美感情深，自愿帮助小美还房贷，那当然也没问题，法律也是允许的。

【涉税分析】一般情况下，房产过户自然要缴税。但小帅和小美这种情况比较特殊，属于离婚双方之间的房产过户，应当适用《国家税务总局关于明确个人所得税若干政策执行问题的通知》和《财政部 税务总局关于契税法实施后有关优惠政策衔接问题的公告》的规定，不征收个人所得税，免征契税。

当然，小帅和小美需要带上身份证、离婚证、房产证、离婚协议等材料，到当地的政务中心房地产交易窗口办理相关手续，缴纳一定的工本费等。

【法条索引】

1.《中华人民共和国民法典》

第五条　民事主体从事民事活动，应当遵循自愿原则，按照自己的意思设立、变更、终止民事法律关系。

第一千零六十五条　男女双方可以约定婚姻关系存续期间所得的财产以及婚前财产归各自所有、共同所有或者部分各自所有、部分共同所有。约定应当采用书面形式。没有约定或者约定不明确的，适用本法第一千零六十二条、第一千零六十三条的规定。

夫妻对婚姻关系存续期间所得的财产以及婚前财产的约定，对双方具有法律约束力。

夫妻对婚姻关系存续期间所得的财产约定归各自所有，夫或者妻一方对外所负的债务，相对人知道该约定的，以夫或者妻一方的个人财产清偿。

2.《最高人民法院关于适用〈中华人民共和国民法典婚姻家庭编〉的解释一》

第七十八条　夫妻一方婚前签订不动产买卖合同，以个人财产支付首付款并在银行贷款，婚后用夫妻共同财产还贷，不动产登记于首付款支付方名下的，离婚时该不动产由双方协议处理。

依前款规定不能达成协议的，人民法院可以判决该不动产归产权登记一方，尚未归还的贷款为产权登记一方的个人债务。双方婚后共同还贷支付的款项及其相对应财产增值部分，离婚时应根据婚姻法第三十九条第一款规定的原则，由产权登记一方对另一方进行补偿。

3.《国家税务总局关于明确个人所得税若干政策执行问题的通知》

关于个人转让离婚析产房屋的征税问题，通过离婚析产的方式分割房屋产权是夫妻双方对共同共有财产的处置，个人因离婚办理房屋产权过户手续，不征收个人所得税。

4.《财政部 税务总局关于契税法实施后有关优惠政策衔接问题的公告》

夫妻因离婚分割共同财产发生土地、房屋权属变更的，免征契税。

问题046 妻子不想生育，会不会对丈夫的生育权构成侵害？

关键词：生育权；人流；平等；对抗

【基本案情】小帅和小美是一对夫妻，但是两个人的生育观不一致。小美不愿结婚后就生小孩，想拥有几年自己的快乐时光，但小帅却想早点要个孩子。小美婚后不久怀孕了，但她没有与小帅商量，背着小帅私自去做了人工流产手术，这让小帅和小帅的父母很是气愤。小帅认为小美的行为侵犯了自己的生育权，小美应该对他进行损害赔偿。他认为，夫妻双方有平等的生育权，女方私自流产的行为导致男方生育权无法实现，是一种侵权行为，行为方应该对受损方作出赔偿；小美则认为，夫妻双方生育权的实现需要协商一致，男方不得强迫女方违背意愿进行生育，否则，女方被强迫生育，女方就成了被损害方。到底谁更有理？现实中应该怎样处理才更合适呢？

【法律分析】首先，夫妻双方作为民法上的权利义务关系主体，在人格等方面是平等的、完全独立的。他们各自拥有自己独立的权利，能够自主地决定自己的权利。当然，主张自己权利的同时，不能损害他人的利益。否则，就可能构成对他人的侵权。

其次，生育的权利是公民的一项基本人权，夫妻双方各自都享有生育的权利。但这项权利有特殊性，只有夫妻协商一致，共同行使这一权利，生育权才能实现。如果妻子不愿意生育，丈夫不得以其享有生育权为由强迫妻子生育。如果丈夫采用手段强迫妻子生育，那么丈夫在主张自己权利的同时，对妻子的权利就构成了侵害，就要对妻子负侵权责任，赔偿妻子的损失等。妻子未经丈夫同意终止妊娠，的确也有不妥的地方，至少道德上对男方家庭有愧，也没有尊重丈夫。不过，即使妻子这么做可能对夫妻感情造成伤害，甚至危及婚姻稳定，但丈夫并不能以本人享有的生育权对抗妻子享有的生育决定权。

最后，小美与小帅还年轻，身体健康，过几年再生个孩子，他们的生育权照样能够实现。小帅的生育权只是暂时未能实现，但并没有被彻底破坏掉。

再做个假设，如果小美的这次擅作主张，对自己的身体造成了很大的损伤，导致不孕不育。那么，在小帅与小美的夫妻关系存续期间，小帅的生育权就无法得到实现，如果不离婚，小帅的生育权就被完全剥夺了。在这种情况下，小帅有权提出离婚，也可以要求小美作出赔偿。当然，医院没有将手术做成功，发生了医疗事故，小美和小帅可以要求医院赔偿。这又是另外一个话题了。

在这里，给大家一个建议，在结婚之前，男女双方在谈婚论嫁的时候，就应该对一些重要的话题和一些敏感的话题提前进行沟通，比如财产的归属、什么时候生孩子、是否和父母同住等。在考虑风俗习惯、社会道德的同时，充分保障男女双方的合法权益，这样家庭才会更稳定，社会才会更和谐。

【法条索引】

1.《中华人民共和国民法典》

第三条　民事主体的人身权利、财产权利以及其他合法权益受法律保护，任何组织或者个人不得侵犯。

第四条　民事主体在民事活动中的法律地位一律平等。

第一千零七十九条　有下列情形之一，调解无效的，应当准予离婚：（五）其他导致夫妻感情破裂的情形。

第一千一百八十二条　侵害他人人身权益造成财产损失的，按照被侵权人因此受到的损失或者侵权人因此获得的利益赔偿；被侵权人因此受到的损失以及侵权人因此获得的利益难以确定，被侵权人和侵权人就赔偿数额协商不一致，向人民法院提起诉讼的，由人民法院根据实际情况确定赔偿数额。

2.《最高人民法院关于适用〈中华人民共和国民法典〉婚姻家庭编的解释（一）》

第二十三条　夫以妻擅自中止妊娠侵犯其生育权为由请求损害赔偿的，人民法院不予支持；夫妻双方因是否生育发生纠纷，致使感情确已破裂，一方请求离婚的，人民法院经调解无效，应依照民法典第一千零七十九条第三款第五项的规定处理。

3.《中华人民共和国妇女权益保障法》

第五十一条　妇女有按照国家有关规定生育子女的权利，也有不生育的自由。

4.《中华人民共和国人口与计划生育法》

第十七条　公民有生育的权利，也有依法实行计划生育的义务，夫妻双方在实行计划生育中负有共同的责任。

问题 047　有配偶的人与其他异性同居，算不算事实上的重婚？

关键词：有配偶；同居；重婚；离婚

【基本案情】小帅与小美是一对夫妻，因为乡下老家贫困，夫妻二人商量，小帅去外省打工挣钱，小美留守老家。小帅来到外省后，挣了点钱,还开了一个小公司,聘请了一名女会计小珊负责公司账目。没想到小帅与小珊日久生情,竟然住到了一起,不过两人都知道小帅有家庭,所以平时也不在人前招摇,实在有人问起,也就说是"处朋友"。纸毕竟包不住火,小帅和小珊同居的事情在两年后还是被小美知道了。小美伤心欲绝,提出离婚,并指责小帅不负责任,状告小帅重婚罪,要小帅净身出户。那么,这种有配偶的人与他人同居,构不构成重婚罪?小美能以这个理由提出离婚吗?小美能以小帅有过错为由而让他净身出户吗?

【法律分析】重婚分为法律上的重婚和事实上的重婚。有配偶者又与他人登记结婚的,是法律上的重婚;虽未登记但确与他人以夫妻名义同居生活的,为事实上的重婚。根据我国刑法规定,已登记结婚的一方与他人又登记结婚,或者与他人以夫妻名义同居生活形成事实婚姻,应认定为重婚行为并予以法律制裁。

但是在现实生活中,不少人采取了规避法律的方式,在与他人婚外同居时,既不去登记结婚,也不以夫妻名义同居生活。针对这种情况,《民法典》第一千零四十二条特别规定"禁止有配偶者与他人同居"。因此,事实上的重婚和"有配偶者与他人同居"之间是有区别的,最大的区别在于"是否以夫妻名义",如果双方以夫妻名义同居生活,则构成事实上的重婚;如果双方没有以夫妻名义同居生活,则不属于《刑法》予以处罚的范围,而属于《民法典》禁止的行为。小帅和小珊的同居行为应该属于"有配偶者与他人同居",而不属于重婚。

小帅是有配偶者,小珊是婚外异性,他们二人虽然持续、稳定地共同居住,但毕竟没有"以夫妻名义"。因此,小帅和小珊的同居行为应该属于《最高人民法院关于适用〈民法典〉婚姻家庭编的解释(一)》规定的"与他人同居"的情形。

虽然对于一般的同居关系,当事人请求法院解除的,法院一般不会受理。但是,如果属于有配偶者与他人婚外同居的,法院会受理并会依法予以解除。

而且，如果有财产分割或子女抚养纠纷的，法院也会根据当事人的请求依法进行裁判。因此这件事中，小帅、小美和小珊都有权提起诉讼，要求解除小帅和小珊的同居关系。

根据《民法典》第一千零九十一条的规定，如果小帅与小美离婚，小帅属于有过错的一方，小美属于没有过错的一方，小美有权要求小帅损害赔偿，并且要求多分财产。如果子女抚养权有纠纷，小美也更有优势，她的主张会得到法院的更多支持。

总之，小帅和小珊的同居关系可以解除，但构不成重婚罪，不会被刑事处罚。如果小帅和小美离婚，小帅应该对小美进行损害赔偿，小美在财产分配和子女抚养方面拥有更多的权益。

【法条索引】

1. 《中华人民共和国民法典》

第一千零四十二条　禁止重婚。禁止有配偶者与他人同居。

第一千零七十九条　有下列情形之一，调解无效的，应当准予离婚：（一）重婚或者与他人同居。

第一千零九十一条　有下列情形之一，导致离婚的，无过错方有权请求损害赔偿：（二）与他人同居。

2. 《最高人民法院关于适用〈民法典〉婚姻家庭编的解释（一）》

第二条　民法典第一千零四十二条、第一千零七十九条、第一千零九十一条规定的"与他人同居"的情形，是指有配偶者与婚外异性，不以夫妻名义，持续、稳定地共同居住。

3. 《中华人民共和国刑法》

第二百五十八条　有配偶而重婚的，或者明知他人有配偶而与之结婚的，处二年以下有期徒刑或者拘役。

问题 048 有了离婚冷静期之后，结婚时难离亦难？

关键词：离婚；冷静期；反悔

【基本案情】小罗年纪轻轻就开了一家公司，算得上是青年才俊。经人介绍，和姑娘小月结识，两人一见钟情，三个月就闪婚了。但结婚没多久，小罗的公司资金周转不灵，向小月借钱。小月不但不借钱，还指责小罗骗财骗色。两人由此开始经常性争吵、冷战，甚至分居，夫妻感情出现了裂痕。后来，小月听说小罗的公司开始拖欠员工工资了，怕连累自己，于是就提出了离婚，小罗心灰意冷，同意了离婚。离婚冷静期30天届满后，小罗因为在外地工作忙，来不及赶回来，就向小月写了一份委托书，让她代为申请颁发离婚证、代为领取离婚证。民政局工作人员不认可，要求小罗亲自到场才能发离婚证。又过了30天，小罗回来了，与小月一起，再次去领离婚证。他们这次能领到离婚证吗？是不是所有的离婚都要经过30天冷静期？如果冷静期后没及时申请发给离婚证，怎么办？

【法律分析】我们一点点来梳理这个案件。

首先，我们来看第一个问题。小罗和小月这次领不到离婚证，因为《民法典》第一千零七十七条对离婚冷静期作出了明确的规定，离婚冷静期届满后30日内，夫妻双方应当亲自到婚姻登记机关申请发给离婚证。第一次，小月一个人去领证，离婚冷静期届满后30日内，这个时间是合法的，没问题。但是，小罗因为在外地工作忙，来不及赶回来，虽然他给小月写了一份委托书，让小月代为申请颁发离婚证、代为领取离婚证，但这不合法，因为需要夫妻双方亲自到场才行，所以第一次领离婚证失败。第二次，小罗和小月两个人一起去领证，虽然人员方面没问题了，但是时间上却超时了，超过了冷静期届满后30日，过期的，视为自动撤回离婚登记申请，自然也领不到离婚证。所以第二次领离婚证也失败了。

其次，我们来看第二个问题。离婚，可以分为协议离婚和诉讼离婚两种途径。协议离婚必须先有冷静期，诉讼离婚没有冷静期的限制。

协议离婚需要经过两个时间关：第一关是自婚姻登记机关收到离婚登记申请之日起 30 日，俗称离婚冷静期。在这 30 天内，夫妻任何一方不愿离婚的，可以向婚姻登记机关撤回离婚登记申请。第二关是离婚冷静期顺利结束后的 30 日，在这期间，夫妻双方必须亲自到婚姻登记机关申请发给离婚证，如果仅仅只有一方申请或仅仅只有一方到场或者过期了，都视同撤回离婚登记申请，领不到离婚证。所以，从申请协议离婚时开始计算，最短 31 天可以离婚，最长 60 天可以离婚。协议离婚需要经过两个阶段：第一个阶段，夫妻双方亲自到婚姻登记机关申请离婚登记；第二个阶段，离婚冷静期届满后 30 日内夫妻双方亲自到婚姻登记机关办理离婚证。协议离婚有两次反悔的权利和机会：第一次，提交离婚申请后 30 日内，即离婚冷静期内，可以撤回离婚登记申请；第二次，离婚冷静期届满后 30 日内，可以不去申请发给离婚证。

诉讼离婚虽然没有冷静期限制，但是法官必然会先进行调解，也就是劝和不劝分。调解无效，有以下几种特殊情形的，应当准予离婚：

（1）重婚或者与他人同居；

（2）实施家庭暴力或者虐待、遗弃家庭成员；

（3）有赌博、吸毒等恶习屡教不改；

（4）因感情不和分居满 2 年；

（5）其他导致夫妻感情破裂的情形。

当然，有以下两种情形的，不需要调解，也应当准予离婚：

（1）一方被宣告失踪，另一方提起离婚诉讼的；

（2）经人民法院判决不准离婚后，双方又分居满 1 年，一方再次提起离婚诉讼的。

也就是说，诉讼离婚，有 6 种特殊情况可以当场离婚成功；一种特殊情况 1 年后可以离婚成功；其他的，一般会判决不准离婚。

最后，我们来看第三个问题。如果离婚冷静期后 30 日内没有及时申请办理离婚证，就视为自动撤回离婚登记申请，离婚没离成，两人仍然是夫妻关系。

如果还是想要离婚,就得从零开始,重新走协议离婚或者诉讼离婚的流程。

【法条索引】

《中华人民共和国民法典》

第一千零七十六条　夫妻双方自愿离婚的,应当签订书面离婚协议,并亲自到婚姻登记机关申请离婚登记。

离婚协议应当载明双方自愿离婚的意思表示和对子女抚养、财产以及债务处理等事项协商一致的意见。

第一千零七十七条　自婚姻登记机关收到离婚登记申请之日起三十日内,任何一方不愿意离婚的,可以向婚姻登记机关撤回离婚登记申请。

前款规定期限届满后三十日内,双方应当亲自到婚姻登记机关申请发给离婚证;未申请的,视为撤回离婚登记申请。

第一千零七十八条　婚姻登记机关查明双方确实是自愿离婚,并已经对子女抚养、财产以及债务处理等事项协商一致的,予以登记,发给离婚证。

第一千零七十九条　夫妻一方要求离婚的,可以由有关组织进行调解或者直接向人民法院提起离婚诉讼。

人民法院审理离婚案件,应当进行调解;如果感情确已破裂,调解无效的,应当准予离婚。

有下列情形之一,调解无效的,应当准予离婚:

(一) 重婚或者与他人同居;

(二) 实施家庭暴力或者虐待、遗弃家庭成员;

(三) 有赌博、吸毒等恶习屡教不改;

(四) 因感情不和分居满二年;

(五) 其他导致夫妻感情破裂的情形。

一方被宣告失踪,另一方提起离婚诉讼的,应当准予离婚。

经人民法院判决不准离婚后,双方又分居满一年,一方再次提起离婚诉讼的，应当准予离婚。

第一千零八十条 完成离婚登记，或者离婚判决书、调解书生效，即解除婚姻关系。

问题 049 夫债妻还，天经地义吗？
关键词：夫妻；共同财产；共同债务；夫债妻还

【基本案情】阿福和妻子阿琪无儿无女，二人相依为命。阿福为了这个家庭努力工作，但也欠下了不少债，还有一些税款没缴齐。有人说，夫债妻还天经地义，如果将来阿福还不起这些债和税，妻子阿琪需要还吗？

【法律分析】根据《民法典》的规定，债权可以分为合同之债、侵权之债、无因管理之债、不当得利之债等。当然，这些债都是合法的，受法律保护的。也还有一些所谓的债，是非法的、无效的民事法律行为产生的，比如赌博的债务、分赃的债务等。对于非法的债权，法律本来就不认可、不保护，债务人可以不用偿还。阿福作为债务人，不用还这些非法债务，妻子阿琪作为可以独立实施民事法律行为的完全民事行为能力人，是独立于她的丈夫而存在的，就更不用还这些非法债务了。即使他们夫妻二人财产共同，债务共同，也不需要还这些非法债务。

我们重点讨论合法债务的偿还。作为债务人的阿福，肯定是有义务去偿还这些债的。但作为债务人的妻子阿琪，却不一定需要帮助或代替丈夫去偿还这些债务，要具体情况具体分析。

第一种情况，夫妻共同债务。这个债务，是阿福和阿琪两个人共同签字的，也就是说，这个债务是他们夫妻两个人共同借的，那么这个债自然要他们两个人共同去还。或者虽然这个债务是阿福一个人签字借的，但是，阿福借钱是为了家庭生活，为了买米买菜，阿琪虽然没有出面借钱，但这些借来的钱，她也使用了、消费了。这也是夫妻共同债务，需要阿福和阿琪两个人共同去还。

第二种情况，阿福个人债务。阿福一个人去借钱，借来的钱也没有放在家里用作家庭开支，而是偷偷一个人出去买了高档摩托车兜风，结果出了车祸，车毁人亡了。这种情况下，这笔债纯粹是阿福个人欠的，与阿琪无关，阿琪不需要用自己的财产去还这笔债。如果债权人来讨债，最多只能拿走阿福名下的财产，不能动阿琪的财产。如果阿福的财产不足以偿还所有债务，那么在阿福的财产用尽以后，剩下的债务，阿琪可以不还，可以不理会。当然，阿琪也可能为了给丈夫阿福挣一个"守信用"的名声，用自己的财产帮助阿福还债，这种你情我愿的意思自治，债权人、债务人、其他人都没意见，法律也不禁止，当然是可以的。需要说明的是，无论阿琪继承不继承阿福的遗产，她都不需要用自己的财产去帮阿福还债。

【涉税分析】对于阿福依法应当缴纳的税款和债务，都需要清偿，不能只还私人的债，而忽略了要向国家缴的税。根据《税收征收管理法》的规定，税收优先于无担保债权，阿福的遗产要先偿还税款，剩下的再偿还普通债务。

【法条索引】

《中华人民共和国民法典》

第一百一十八条　民事主体依法享有债权。

债权是因合同、侵权行为、无因管理、不当得利以及法律的其他规定，权利人请求特定义务人为或者不为一定行为的权利。

第一百五十三条　违反法律、行政法规的强制性规定的民事法律行为无效。但是，该强制性规定不导致该民事法律行为无效的除外。

违背公序良俗的民事法律行为无效。

第一百五十七条　民事法律行为无效、被撤销或者确定不发生效力后，行为人因该行为取得的财产，应当予以返还；不能返还或者没有必要返还的，应当折价补偿。有过错的一方应当赔偿对方由此所受到的损失;各方都有过错的,应当各自承担相应的责任。法律另有规定的,依照其规定。

第一千零六十四条 夫妻双方共同签名或者夫妻一方事后追认等共同意思表示所负的债务,以及夫妻一方在婚姻关系存续期间以个人名义为家庭日常生活需要所负的债务,属于夫妻共同债务。

夫妻一方在婚姻关系存续期间以个人名义超出家庭日常生活需要所负的债务,不属于夫妻共同债务;但是,债权人能够证明该债务用于夫妻共同生活、共同生产经营或者基于夫妻双方共同意思表示的除外。

第一千一百六十一条 继承人以所得遗产实际价值为限清偿被继承人依法应当缴纳的税款和债务。超过遗产实际价值部分,继承人自愿偿还的不在此限。

继承人放弃继承的,对被继承人依法应当缴纳的税款和债务可以不负清偿责任。

夫妻一方挥霍财产,另一方能要求婚内分割财产吗?

关键词:婚内;财产;挥霍;分割

【基本案情】 小芳与小力经人介绍相亲,相处没过几个月就闪婚了。没想到,小力婚前婚后对待小芳的态度截然不同,婚前对小芳百依百顺,婚后却对小芳冷言冷语,还经常赌博、打赏女主播、打游戏等,不仅把自己的工资给挥霍掉了,还将家里的存款偷偷拿出来用。一年不到,一个人就花了上百万元,家里都快揭不开锅了。每次小芳跟小力吵,小力都说,这是两人的共同财产,他有权使用。小芳非常郁闷,一方面,她不想离婚,她还很珍惜这段感情;另一方面,她又不愿意小力继续浪费家庭的财产。那么,她在婚内能不能要求将家里的财产进行分割呢?她应该如何去做呢?

【法律分析】众所周知，在离婚的时候，夫妻俩即将分开过日子，除了将孩子的抚养问题处理好以外，还要将夫妻共同财产分开、分清楚，至于那些专属于个人的物品和钱财，自然分别属于个人，不用分。只有这样，离婚的双方才能互不牵扯，各自过各自的日子。

但是，如果没有离婚，或者根本不想离婚，也能将财产划分清楚吗？能否实现人在一起住，钱归个人管？答案是肯定的。因为 2021 年 1 月 1 日施行的《民法典》中有明确的规定，在特殊的情况下，即使不离婚，也可以分割财产。

首先，我们要弄清楚哪些财产是夫妻共同财产，哪些属于夫妻一方的个人财产。《民法典》规定，以下财产属于夫妻共同财产：工资、奖金、劳务报酬；生产、经营、投资的收益；知识产权的收益；继承或者受赠的财产（除了遗嘱或者赠与合同中确定只归一方的财产）。需要说明一下，这些财产应当是在婚姻期间取得的，结婚之前的或者离婚之后的当然都不能算。《民法典》还规定，以下财产属于夫妻一方的个人财产：一方的婚前财产；一方因受到人身损害获得的赔偿或者补偿；遗嘱或者赠与合同中确定只归一方的财产；一方专用的生活用品。这些财产具有个人专用或者个人专有的特点，只属于夫妻的其中一方所有。

其次，我们要弄清楚，在不离婚的条件下，出现哪些情况时夫妻的一方也能够请求法院将他们的共同财产分割开。《民法典》中规定的条件有两种：第一种是夫妻的一方隐藏、转移、变卖、毁损、挥霍夫妻共同财产，或者伪造夫妻共同债务等，而且这种行为严重损害了夫妻共同财产、共同利益；第二种是夫妻的一方负有法定扶养义务的人，比如说父母、子女等，患有重大疾病需要医治，但另一方却不同意支付相关医疗费用。

小力赌博、打赏女主播、打游戏等花了很多钱，这些钱，有的是他个人的工资，有的是家里的存款，这些都属于夫妻共同财产。小力的行为让家里都快揭不开锅了，属于"严重损害了夫妻共同财产、共同利益"的行为。在这种情况下，小芳有权跟小力商量，跟他分财产，只有这样，才会保障小芳的财产和合法权益，但小力明显不会同意。那么小芳只能起诉到法院，要求跟小力分财产。法院也会支持小芳的诉求。

【涉税分析】小芳和小力分割财产时，如果涉及房产过户，属于"房屋产权所有人将房屋产权无偿赠与配偶"的情形，小芳和小力都不用缴个人所得税。

根据《契税法》第六条第一款第（四）项的规定，这种情况属于"婚姻关系存续期间夫妻之间变更房屋权属"的情形，免征契税。

当然，小芳和小力需要带上身份证、结婚证、房产证等材料，到当地的政务中心房地产交易窗口办理相关手续，缴纳一定的工本费等。

【法条索引】

1. 《中华人民共和国民法典》

第一千零六十二条　夫妻在婚姻关系存续期间所得的下列财产，为夫妻的共同财产，归夫妻共同所有：

（一）工资、奖金、劳务报酬；

（二）生产、经营、投资的收益；

（三）知识产权的收益；

（四）继承或者受赠的财产，但是本法第一千零六十三条第三项规定的除外；

（五）其他应当归共同所有的财产。

夫妻对共同财产，有平等的处理权。

第一千零六十三条　下列财产为夫妻一方的个人财产：

（一）一方的婚前财产；

（二）一方因受到人身损害获得的赔偿或者补偿；

（三）遗嘱或者赠与合同中确定只归一方的财产；

（四）一方专用的生活用品；

（五）其他应当归一方的财产。

第一千零六十六条　婚姻关系存续期间，有下列情形之一的，夫妻一方可以向人民法院请求分割共同财产：

（一）一方有隐藏、转移、变卖、毁损、挥霍夫妻共同财产或者伪造夫妻共同债务等严重损害夫妻共同财产利益的行为；

（二）一方负有法定扶养义务的人患重大疾病需要医治，另一方不同意支付相关医疗费用。

2.《中华人民共和国契税法》

第六条第一款第四项　有下列情形的，免征契税：（四）婚姻关系存续期间夫妻之间变更土地、房屋权属。

3.《财政部 税务总局关于个人取得有关收入适用个人所得税应税所得项目的公告》（财政部 税务总局公告2019年第74号）和《财政部 国家税务总局关于个人无偿受赠房屋有关个人所得税问题的通知》（财税〔2009〕78号）

符合以下情形的，对当事双方不征收个人所得税：（一）房屋产权所有人将房屋产权无偿赠与配偶、父母、子女、祖父母、外祖父母、孙子女、外孙子女、兄弟姐妹；（二）房屋产权所有人将房屋产权无偿赠与对其承担直接抚养或者赡养义务的抚养人或者赡养人；（三）房屋产权所有人死亡，依法取得房屋产权的法定继承人、遗嘱继承人或者受遗赠人。

问题051 夫妻一方不给另一方治病，患病方能要求婚内分割财产吗？

关键词：婚内；患病；治疗；财产；分割

【基本案情】小帅和小美是一对夫妻，两人婚后没有孩子。小帅是个独生子，父亲早已过世，小帅妈妈辛辛苦苦将小帅抚养长大。可怜的是，小帅年纪轻轻就身患癌症，他妈妈也患了癌症，两人手术后需要化疗，化疗和后期治疗的很多药都属于自费，小美不同意支付高额的化疗费用和后期治疗费用。因平时双方的收入掌握在小美手中，小帅

> 很无奈，非常郁闷。一方面，他不想离婚，他还很珍惜这段感情；另一方面，他又不愿意放弃自己和妈妈的治疗。那么，他在婚内能不能起诉到法院，要求将家里的财产进行分割呢？他应该如何去做呢？

【法律分析】我们都知道，在离婚的时候，夫妻俩除了将孩子的扶养问题处理好以外，还要将夫妻共同财产分割清楚。但是，如果没有离婚，或者根本不想离婚，也能将财产分割开吗？有两种情况是可以的。2021年1月1日施行的《民法典》中有明确的规定，在两种特殊的情况下，即使不离婚，也可以分割财产，保护受害方的权益：第一种是夫妻的一方隐藏、转移、变卖、毁损、挥霍夫妻共同财产，或者伪造夫妻共同债务等，而且这种行为严重损害了夫妻共同财产、共同利益；第二种是夫妻的一方负有法定扶养义务的人，比如说父母、子女等，患有重大疾病需要医治，但另一方却不同意支付相关医疗费用。民法典对婚内分割夫妻共同财产进行了严格限制，也是为了保证夫妻共同财产制度的稳定性和婚姻的严肃性，同时也对夫妻中弱势的一方的利益进行了有效保护。

小帅和小美家的情况，看上去比较符合第二种情况，但也有一些不同，要分开来看。首先，我们要弄清楚哪些财产是夫妻共同财产，哪些属于夫妻一方的个人财产。夫妻共同财产包括：工资、奖金、劳务报酬；生产、经营、投资的收益；知识产权的收益；继承或者受赠的财产（除了遗嘱或者赠与合同中确定只归一方的财产）。夫妻一方的个人财产：一方的婚前财产；一方因受到人身损害获得的赔偿或者补偿；遗嘱或者赠与合同中确定只归一方的财产；一方专用的生活用品。其次，我们要弄清楚小帅母亲生病的事，属于哪种情况。小帅当然应该赡养他的母亲，也就是说小帅母亲是他"负有扶养义务的人"。小美不同意支付小帅母亲的医药费，完全符合民法典规定的婚内分财产的第二种情况。最后，我们要弄清楚小帅生病的事，属于哪种情况。小帅是夫妻关系的一方当事人，不属于"负有扶养义务的人"，不符合民法典规定的婚内分财产的第二种理由。但是法律规定，夫妻之间本来就应该相互抚养和照顾，小帅患病所需支付的医疗费属于"日常生活需要"，当然由小帅和小美夫妻的共同财产进行支付，当他们两人共同财产不够时，小美还应该以自己的个人财产来履行夫妻扶养义务，支付小帅的医药费。如果小美拒不履行法定的夫妻扶养义务，坚决不给小帅治疗，情节严重时还可能构成遗弃罪，要受到刑事处罚。

总之，一方面，小美应该给小帅治疗，不然的话，就是违法，如果情节严重，还可能算遗弃，要负刑事责任；另一方面，小美也应该给小帅的母亲治疗，否则，小帅可以根据民法典的规定，起诉到法院，要求分割财产，然后用分到的钱给自己的妈妈治疗。

【涉税分析】小帅和小美分割财产时，如果涉及房产过户，属于"房屋产权所有人将房屋产权无偿赠与配偶"的情形，小帅和小美都不用缴个人所得税。

根据《契税法》第六条第一款第（四）项的规定，这种情况属于"婚姻关系存续期间夫妻之间变更房屋权属"的情形，免征契税。

当然，小帅和小美需要带上身份证、结婚证、房产证等材料，到当地的政务中心房地产交易窗口办理相关手续，缴纳一定的工本费等。

【法条索引】

1. 《中华人民共和国民法典》

第一千零六十二条　夫妻在婚姻关系存续期间所得的下列财产，为夫妻的共同财产，归夫妻共同所有：

（一）工资、奖金、劳务报酬；

（二）生产、经营、投资的收益；

（三）知识产权的收益；

（四）继承或者受赠的财产，但是本法第一千零六十三条第三项规定的除外；

（五）其他应当归共同所有的财产。

夫妻对共同财产，有平等的处理权。

第一千零六十三条　下列财产为夫妻一方的个人财产：

（一）一方的婚前财产；

（二）一方因受到人身损害获得的赔偿或者补偿；

（三）遗嘱或者赠与合同中确定只归一方的财产；

（四）一方专用的生活用品；

（五）其他应当归一方的财产。

第一千零六十六条　婚姻关系存续期间，有下列情形之一的，夫妻一方可以向人民法院请求分割共同财产：

（一）一方有隐藏、转移、变卖、毁损、挥霍夫妻共同财产或者伪造夫妻共同债务等严重损害夫妻共同财产利益的行为；

（二）一方负有法定扶养义务的人患重大疾病需要医治，另一方不同意支付相关医疗费用。

2.《中华人民共和国契税法》第六条第一款第（四）项　有下列情形的，免征契税：（四）婚姻关系存续期间夫妻之间变更土地、房屋权属。

3.《财政部 税务总局关于个人取得有关收入适用个人所得税应税所得项目的公告》（财政部税务总局公告2019年第74号）和《财政部 国家税务总局关于个人无偿受赠房屋有关个人所得税问题的通知》（财税〔2009〕78号）

符合以下情形的，对当事双方不征收个人所得税：（一）房屋产权所有人将房屋产权无偿赠与配偶、父母、子女、祖父母、外祖父母、孙子女、外孙子女、兄弟姐妹。

问题052　妻子婚内出轨并怀孕生子，丈夫能否要求精神损失赔偿？

关键词：婚内出轨；亲子鉴定；精神损害赔偿

【基本案情】王某与花某结婚2年后生了一个儿子，又过了8年，双方感情不和准备离婚。王某进行亲子鉴定，发现自己不是孩子的亲生父亲。王某被背叛了好多年，还帮别人养了孩子，非常生气，就起诉到法院，要求花某返还孩子 8 年的抚养费，并要她赔偿精神损失，坚持要求离婚，将花某"扫地出门"，不分财产给她。对于受到伤害的王某，我们都很同情，但是他的这三个要求都合理吗？这个官司他能赢吗？

【法律分析】我们来将这个案件中涉及的法律问题仔细分析一下。可以从以下几个问题来看：

第一个问题，王某能不能要求离婚？法院会判离婚吗？因为花某的行为给丈夫"戴了绿帽子"，属于婚内出轨，已经导致夫妻感情破裂。如果王某坚决要求离婚，双方根本没有和好的可能，王某与花某也的确无法在一起生活了，法院无论怎么调解都无效，法官认为他们这种情况属于民法典中规定的"应当准予离婚"的第五种情形。法院应该会判决他们离婚。

第二个问题，王某能不能要求花某"净身出户"，不分财产给她？在这个离婚案件里，花某是有过错方，而且是重大过错；王某是无过错方，王某受到了伤害。根据民法典的规定，王某可以要求花某进行赔偿，在离婚时，花某少分或者不分财产。但是在实际中，花某也不会一分钱都分不到。不然她和孩子怎么生活？法院会酌情分给她一定的财产。当然，王某可以要求自己多分一些财产。

第三个问题，王某能不能要求花某支付抚养孩子 8 年的费用？答案是可以。因为这个孩子与王某没有任何血缘关系，王某是在被欺骗的情况下抚养了孩子，他没有任何义务去抚养这个孩子，而花某有义务自己去抚养孩子。所以，花某应该赔偿王某这 8 年为孩子支付的抚养费。

第四个问题，王某能不能要求花某赔偿他的精神损失？答案是可以。根据民法典和最高人民法院的有关司法解释的规定，在离婚案件中，没有过错的一方有权利要求有过错的一方赔偿他（或她）的物质损失和精神损失。花某的行为给王某造成了很大的精神伤害，损害了王某的人身权益，王某自己没有过错，他可以要求花某付给他精神损害赔偿费。

在实际中，花某在离婚时少分多少财产、赔偿王某多少精神损失费和孩子的抚养费，还得根据他们的经济状况和当地平均生活水平等来确定。双方可以商量，法官也可以调解，确定一个双方都能接受又合法合理的价格。

【涉税分析】小王和小花这种情况属于离婚双方的房产过户，应当适用《国家税务总局关于明确个人所得税若干政策执行问题的通知》和《财政部 税务总局关于契税法实施后有关优惠政策衔接问题的公告》的规定，不征收个人所得税、免征契税。

当然，小王和小花需要带上身份证、离婚证、房产证、离婚协议等材料，到当地的政务中心房地产交易窗口办理相关手续，缴纳一定的工本费等。

【法条索引】

1.《中华人民共和国民法典》

第一千零七十九条　夫妻一方要求离婚的，可以由有关组织进行调解或者直接向人民法院提起离婚诉讼。

人民法院审理离婚案件，应当进行调解；如果感情确已破裂，调解无效的，应当准予离婚。

有下列情形之一，调解无效的，应当准予离婚：

（一）重婚或者与他人同居；

（二）实施家庭暴力或者虐待、遗弃家庭成员；

（三）有赌博、吸毒等恶习屡教不改；

（四）因感情不和分居满二年；

（五）其他导致夫妻感情破裂的情形。

一方被宣告失踪，另一方提起离婚诉讼的，应当准予离婚。

经人民法院判决不准离婚后，双方又分居满一年，一方再次提起离婚诉讼的，应当准予离婚。

第一千零九十一条第五项　有下列情形之一，导致离婚的，无过错方有权请求损害赔偿：（五）有其他重大过错。

第一千一百八十三条第一款　侵害自然人人身权益造成严重精神损害的，被侵权人有权请求精神损害赔偿。

2. 《最高人民法院关于适用〈中华人民共和国民法典〉婚姻家庭编的解释（一）》

第八十六条　民法典第一千零九十一条规定的"损害赔偿"，包括物质损害赔偿和精神损害赔偿。涉及精神损害赔偿的，适用《最高人民法院关于确定民事侵权精神损害赔偿责任若干问题的解释》的有关规定。

第八十七条第一款　承担民法典第一千零九十一条规定的损害赔偿责任的主体，为离婚诉讼当事人中无过错方的配偶。

3. 《最高人民法院关于确定民事侵权精神损害赔偿责任若干问题的解释》

第一条　自然人因下列人格权利遭受非法侵害，向人民法院起诉请求赔偿精神损害的，人民法院应当依法予以受理：

（一）生命权、健康权、身体权；

（二）姓名权、肖像权、名誉权、荣誉权；

（三）人格尊严权、人身自由权。

违反社会公共利益、社会公德侵害他人隐私或者其他人格利益，受害人以侵权为由向人民法院起诉请求赔偿精神损害的，人民法院应当依法予以受理。

第八条　因侵权致人精神损害，但未造成严重后果，受害人请求赔偿精神损害的，一般不予支持，人民法院可以根据情形判令侵权人停止侵害、恢复名誉、消除影响、赔礼道歉。

因侵权致人精神损害，造成严重后果的，人民法院除判令侵权人承担停止侵害、恢复名誉、消除影响、赔礼道歉等民事责任外，可以根据受害人一方的请求判令其赔偿相应的精神损害抚慰金。

4. 《国家税务总局关于明确个人所得税若干政策执行问题的通知》规定，关于个人转让离婚析产房屋的征税问题，通过离婚析产的方式分割房屋产权是夫妻双方对共同共有财产的处置，个人因离婚办理房屋产权过户手续，不征收个人所得税。

5.《财政部 税务总局关于契税法实施后有关优惠政策衔接问题的公告》规定,夫妻因离婚分割共同财产发生土地、房屋权属变更的,免征契税。

问题053　一方婚前购买的股票婚后增值,另一方可否请求分割股票和股票的增值部分?

关键词:股票;增值;分割;共同财产

【基本案情】小龙和小凤结婚三年后,由于感情不和导致离婚。两人对其他事项都达成了一致意见,唯独对小龙婚前购买的一支50万元的股票意见不同。小龙认为,这支股票是他婚前用自己的50万元钱买的,虽然现在股票价格涨了,价值80万元了,但跟婚姻没有任何关系,还是他的个人财产;小凤则认为,即使是婚前买的,现在股票还在手中,也算是夫妻共同财产的一部分,离婚时也要将这80万元的股票分一半给她或者给她40万元。婚前买的股票,一直持有,结婚以后也没有卖,算夫妻共同财产吗?离婚时需要分割吗?

【法律分析】股票是有价值的,也是有价格的,是财产的一种。如果夫妻一方或者双方在婚内买了股票,应该算是民法典中规定的投资收益,是夫妻共同财产,归夫妻共同所有。

如果股票是小龙在婚前用自己个人的财产买的,结婚时和结婚后,小龙都没有对股票进行卖出或买进操作。在婚前的那段时间,这只股票肯定属于买股票的小龙的个人财产,不需要跟别人分享。婚后,因为没有对股票进行操作,股票的价值就由两部分组成,一部分是买入的成本,另一部分是买后股票价格自然上涨所形成的收益,也就是赚的钱,法律上称为股票的自然增值。根据最高人民法院关于民法典婚姻家庭编司法解释的规定,这种股票的成本和自然增值都属于夫妻一方的个人财产，小龙不需要和别人分享这份财产，哪怕是他的妻子也不行。

如果股票是小龙在婚前用自己个人的财产买的，结婚后，小龙先是卖出了这只股票，然后又再次买进了这只股票，甚至反复买进卖出，赚了不少钱。在婚前的那段时间，这只股票肯定属于小龙的个人财产，不需要跟别人分享。婚后，因为小龙进行了买进卖出股票操作，进行了投资、管理，才让股票产生了投资收益，属于最高人民法院司法解释中所说的"一方以个人财产投资取得的收益"，是夫妻共同财产。这与将股票放在那里不动，让股票自然涨价所得到的自然增值不同。但是，具体来说，还要分情况：婚后小龙第一次卖出股票所得的钱，属于小龙的个人财产；后来买卖股票赚的钱才是投资收益，是夫妻共同财产，应该与小凤共享。比如说，小龙婚前用自己的50万元买了股票，婚后第一次卖出得到60万元，这60万元是小龙的个人财产；然后小龙又用这60万元钱进行股票买卖操作，最后卖出股票，得到80万元，那么20（80-60）万元就是投资收益，这20万元是小龙和小凤的夫妻共同财产。

【法条索引】

1. 《中华人民共和国民法典》

第一千零六十二条 夫妻在婚姻关系存续期间所得的下列财产，为夫妻的共同财产，归夫妻共同所有：

（一）工资、奖金、劳务报酬；

（二）生产、经营、投资的收益；

（三）知识产权的收益；

（四）继承或者受赠的财产，但是本法第一千零六十三条第三项规定的除外；

（五）其他应当归共同所有的财产。

夫妻对共同财产，有平等的处理权。

第一千零六十三条 下列财产为夫妻一方的个人财产：

（一）一方的婚前财产；

（二）一方因受到人身损害获得的赔偿或者补偿；

（三）遗嘱或者赠与合同中确定只归一方的财产；

（四）一方专用的生活用品；

（五）其他应当归一方的财产。

2.《最高人民法院关于适用〈中华人民共和国民法典〉婚姻家庭编的解释（一）》

第二十五条　婚姻关系存续期间，下列财产属于民法典第一千零六十二条规定的"其他应当归共同所有的财产"：

（一）一方以个人财产投资取得的收益；

（二）男女双方实际取得或者应当取得的住房补贴、住房公积金；

（三）男女双方实际取得或者应当取得的基本养老金、破产安置补偿费。

第二十六条　夫妻一方个人财产在婚后产生的收益，除孳息和自然增值外，应认定为夫妻共同财产。

问题 054　夫妻一方婚前贷款买了房子，离婚时房产怎么分？

关键词：买房；还贷；离婚；分房产

【基本案情】郭某男是一家小影视公司的老板，他一个人首付 200 万元在浙江横店按揭买了一套价格 500 万元的房子。合同约定，每年还贷 50 万元，总利息大概 150 万元。一年后，经人介绍和黄某女结了婚，两个人结婚后继续每年还贷 50 万元，过了两年，两人离婚。这时房贷还没有还完，但房价却涨了不少，房子价值 900 万元了，两人吵来吵去，都想分到房产，不想还贷。这种婚前一人按揭又还贷、婚后两人还贷、离婚时房贷没还完的房产，在离婚时到底该怎么分呢？

【法律分析】房产分割一直是离婚中的重要事项，许多人都会为争夺房产吵得不可开交，甚至斗得头破血流。其实完全没有必要这样，离婚时房产应该归谁，法律有规定，按照法律规定和法律精神来办理就行了。也能避免伤了和气，甚至还能避免因为抢房子造成人身伤害而带来的赔偿义务。

郭某男和黄某女的案例非常具有代表性。我们来仔细捋一捋：

房子增值：房子最终价值 900 万元 − 原价 500 万元 − 利息 150 万元 = 250 万元

还需要还的贷款和利息：原价 500 万元 + 利息 150 万元 − 首付 200 万元（郭）− 50 万元（郭）− 100 万元（郭黄 2 年）= 300 万元

离婚时，郭某男付出：首付 200 万元 + 50 万元（婚前 1 年）+ 50 万元（婚后 2 年）= 300 万元

离婚时，黄某女付出：50 万元（婚后 2 年）

黄某女付出的 50 万元发生的增值：$50 \div (500 + 150) \times 250 = 19.23$ 万元

根据民法典的规定，这套房子归谁，首先应当由郭某男和黄某女协商决定。只要能商量好，房子归谁所有、按揭归谁继续还都不是问题，那样自然最好。但是，如果商量不好，起诉到法院，由法院来判，那就得算清楚。根据最高人民法院关于民法典婚姻家庭编司法解释的规定，这套房子应该判给郭某男，因为房子是他婚前就买的，婚内没过户，他对房子的贡献也比较大。但郭某男需要一个人支付还没有交完的 300 万元按揭款，还需要对黄某女的付出进行补偿，补偿的最低数额 = 黄某女付的 50 万元按揭款 + 这 50 万元相应的房屋增值 19.23 万元，一共是 69.23 万元。

也许，黄某女会说，那剩下的 300 万元按揭款，我也愿意交，所以那 300 万元产生的增值我也要分一部分。但是，这个房子是郭某男的，他可以拒绝黄某女继续交按揭，而且房子以后价格涨跌还是个未知数，那 300 万元投进去，不一定会增值，也可能会贬值。因此，300 万元可能产生的增值不需要分给黄某女。

当然，民法典也作了规定，离婚分割财产时，要照顾女方权益，而且郭某男可能会因为这套房子赚很多，法院会判郭某男在 69.23 万元的基础上多

补偿黄某女一些，比如最终补偿黄某女七十几万元，或者八十几万元等。

【涉税分析】离婚财产不用缴税，不论是普通财产分割，还是房产分割，哪怕是离婚房产在夫妻之间过户，也不需要缴税。

普通财产分割，只是对夫妻共同财产的所有权进行重新划分，不在个人所得税的征税范围内，不需要缴纳个人所得税。

房产分割，属于"房屋产权所有人将房屋产权无偿赠与配偶"的情形，郭某男和黄某女都不用缴个人所得税。属于"婚姻关系存续期间夫妻之间变更房屋权属"的情形，免征契税。当然，郭某男和黄某女需要带上身份证、结婚证、房产证等材料，到当地的政务中心房地产交易窗口办理相关手续，缴纳一定的工本费等。

【法条索引】

1. 《中华人民共和国民法典》

第一千零八十七条第一款　离婚时，夫妻的共同财产由双方协议处理；协议不成的，由人民法院根据财产的具体情况，按照照顾子女、女方和无过错方权益的原则判决。

2. 《最高人民法院关于适用〈中华人民共和国民法典〉婚姻家庭编的解释（一）》

第七十八条　夫妻一方婚前签订不动产买卖合同，以个人财产支付首付款并在银行贷款，婚后用夫妻共同财产还贷，不动产登记于首付款支付方名下的，离婚时该不动产由双方协议处理。

依前款规定不能达成协议的，人民法院可以判决该不动产归登记一方，尚未归还的贷款为不动产登记一方的个人债务。双方婚后共同还贷支付的款项及其相对应财产增值部分，离婚时应根据民法典第一千零八十七条第一款规定的原则，由不动产登记一方对另一方进行补偿。

3. 《国家税务总局关于明确个人所得税若干政策执行问题的通知》规定，关于个人转让离婚析产房屋的征税问题，通过离婚析产的方式分割房屋产权是夫妻双方对共同共有财产的处置，个人因离婚办理房屋产权过户手续，不征收个人所得税。

4.《财政部 税务总局关于契税法实施后有关优惠政策衔接问题的公告》规定，夫妻因离婚分割共同财产发生土地、房屋权属变更的，免征契税。

问题055 夫妻一方婚前房屋婚后被征收，补偿款属于夫妻共同财产吗？

关键词：婚前；房屋；婚后；征收补偿款；共同财产

【基本案情】随着我国城市化水平的逐步提高，许多农村的土地和房子被征收，吴某刚和常某娥夫妻二人所在的郊区农村也很幸运地遇到了征收。吴某刚婚前用自己的个人储蓄全款买了一套三层的农村小洋房，结婚三年后，城市扩围，郊区农村拆迁，刚好把吴某刚的这套小洋房给征收了。不巧的是，吴某刚和常某娥两人正在闹离婚，两人对这套房子的拆迁征收款争来争去，吵得不可开交。吴某刚认为这套房子是他婚前一个人买的，征收款应该是他一个人的；常某娥认为这套房子是在婚内征收的，征收款是夫妻共同财产，应该两人平分。到底谁说得对呢？

【法律分析】根据《民法典》的规定，夫妻一方在婚前购买的房屋属于夫妻一方的个人财产，在婚姻关系中，夫妻一方的婚前财产不会因为结婚而自动转化为夫妻的共同财产。

吴某刚在结婚前用自己的个人储蓄全款买的农村小洋房，没有按揭贷款，房屋的产权很清晰，完全属于吴某刚一个人。结婚三年后，吴某刚没有对这个房屋进行任何操作，既没有进行投资，也没有通过买卖房屋去赚钱，房屋就是静静地放在那里，等待着被征收被拆除。那么，房屋只是单纯被征收而得到的补偿款，不是生产经营的结果，也不是投资的结果，只是房屋价值变成了现金，因此，这份房屋价值或现金仍然只属于吴某刚一个人，仍然是他的个人财产。吴某刚对这份拆迁征收款可以完全占有，不用分给常某娥。

如果常某娥与吴某刚结婚后，用自己的个人财产或者夫妻二人的财产，对房屋进行了改造、装潢等，使房子的价值提高了、更值钱了，那么在房屋征收时，吴某刚也应该适当分一些拆迁征收款给常某娥，补偿她对房子的付出。但这仅仅只是一小部分，不可能是一半，不然就会造成对吴某刚的不公平，因为他对房子付出了绝大部分的贡献。

然而，如果吴某刚和常某娥商量好了，约定这份房屋拆迁征收款属于夫妻共同财产，哪怕是约定这份拆迁征收款全部给常某娥，也是可以的。

【涉税分析】离婚财产的分割，不涉及销售，也不涉及劳务，算不上资产或价值的流转，不属于增值税的征税范围，不需要缴纳增值税。

普通财产分割，只是对夫妻共同财产的所有权进行重新划分，不在个人所得税的征税范围内，不需要缴纳个人所得税。

【法条索引】

1.《中华人民共和国民法典》

第一千零六十三条　下列财产为夫妻一方的个人财产：

（一）一方的婚前财产；

（二）一方因受到人身损害获得的赔偿或者补偿；

（三）遗嘱或者赠与合同中确定只归一方的财产；

（四）一方专用的生活用品；

（五）其他应当归一方的财产。

2.《最高人民法院关于适用〈中华人民共和国民法典〉婚姻家庭编的解释（一）》

第三十一条　民法典第一千零六十三条规定为夫妻一方的个人财产，不因婚姻关系的延续而转化为夫妻共同财产。但当事人另有约定的除外。

离婚协议条款没执行完毕的,离婚后还需要继续执行吗?

关键词:离婚协议;拒绝;继续履行

【基本案情】 大徐(男)和大美(女)是一对夫妻,他们有一个17岁的儿子小徐。大徐和大美协议离婚,小徐跟大徐一起生活,两人将几年前全款买的一套价值100万元的房子赠送给小徐,其他的财产也商量好了如何分割。两人到民政局办理好离婚手续后,大美考虑到小徐和大徐一起生活,不放心将房子赠送给小徐,所以不愿意履行离婚协议上的房产赠与这一条。大徐不服,到法院去告大美。过了一年,小徐满了18周岁,有了自己的工作,他明确表态,不接受父母赠送给他的这套房子,他要自力更生,自己挣钱养活自己。大徐不高兴,又到法院告大美,主张要不就将房子赠送给小徐,要不将房产的价值100万元赠送给小徐。大徐和大美的这份离婚协议有没有法律效力?离婚后,大美可以拒绝继续履行这份离婚协议吗?大徐和大美的这套房子到底该怎么分呢?

【法律分析】 关于离婚协议,我们要弄清楚以下几点:

1. 离婚协议生效是有前提条件的,前提条件就是离婚,在民政部门办理离婚登记或在法院协议离婚都可以。在没有办理离婚手续之前,如果夫妻一方反悔,那么离婚协议就不发生效力,夫妻任何一方都有权利对于离婚协议反悔。这份协议中的财产分割、子女抚养约定都可能因反悔而无效。大美如果在没离婚时反悔,不愿意将房产赠送给儿子小徐,那是可以的,会造成离婚协议无效,那么大徐和大美只能到法院诉讼离婚了。离婚协议中有关财产分割的约定,在没有离婚的情况下,诉讼中只能作为证据使用,法官会参考离婚协议中的内容,但不会直接按照离婚协议的内容来判。

2. 如果离婚成功，离婚协议已经生效了，但夫妻一方不愿意执行离婚协议的，另一方可以向人民法院起诉，法院会要求夫妻双方必须按协议履行。因为在协议离婚时，急于离婚的一方可能会在离婚协议中对财产分割作出一定的让步，这种让步应该是真实意思的表示，应当坚持诚实信用原则。如果签订协议时就没有打算履行，纯粹是在忽悠对方离婚；或者先在财产分割问题上愿意大幅度让步，换取对方迅速同意离婚，离婚后又反悔、不愿意履行协议，这些行为，都会造成对方利益受到侵害，法律上不能支持，也不会支持。所以，大美在离婚后反悔，不愿赠送房子给小徐，是不会成功的，法院会要求她按离婚协议将房产赠送给儿子小徐。

3. 小徐满了18周岁，就是一个具有完全民事行为能力的人了，他可以独立实施民事法律行为，处分自己的民事权利。小徐有权拒绝父母赠送给他的房子。这样一来，这套房子就再次成了大徐和大美的财产了，不过，不算是夫妻共同财产，因为他们已经离婚了，不是夫妻了，但这套房子算是离婚后未分割的夫妻共有财产，可以继续分割，可以折价分割，也可以拍卖后再分割。

【涉税分析】大徐和大美对财产进行分割，涉及以下几个方面的税收问题：

1. 免征增值税。离婚财产的分割，属于家庭财产分割，符合财税2016年36号附件（三）《营业税改征增值税试点过渡政策的规定》里面的涉及家庭财产分割的个人无偿转让不动产、土地使用权，属于免征增值税的范围，免征增值税。

2. 印花税。由领受产权转移书据的人按照价款的0.5‰缴纳印花税，就是说，谁接受财产谁缴印花税。

3. 免征契税。大徐和大美对房产进行分割，属于"婚姻关系存续期间夫妻之间变更房屋权属"的情形，免征契税。

4. 免征个人所得税。大徐和大美对房产进行分割，房产归其中一方，另一方获得相当于房产半价的补偿，属于"房屋产权所有人将房屋产权无偿赠与配偶"的情形，两人都免征个人所得税。

当然，大徐和大美需要带上身份证、结婚证、房产证等材料，到当地的政务中心房地产交易窗口办理相关手续，缴纳一定的工本费等。

假设小徐愿意接受父母赠送给他的房产，然后进行房产过户，涉及的税收问题，要从两方面去分析。

1. 赠予方：父母，即大徐和大美

（1）免征增值税。符合《营业税改征增值税试点实施办法》（财税2016年36号）附件3《营业税改征增值税试点过渡政策的规定》里面的涉及家庭财产分割的个人无偿转让不动产、土地使用权，属于免征增值税的范围，免征增值税。城市维护建设税、教育费附加和地方教育附加随同增值税一并征免。

（2）暂免征收土地增值税。属于以继承、赠与方式无偿转让房地产的行为。不属于《土地增值税暂行条例》第二条所称的"转让国有土地使用权、地上的建筑物及其附着物并取得收入，是指以出售或者其他方式有偿转让房地产的行为。"《财政部 税务总局关于土地增值税一些具体问题规定的通知》（财税字〔1995〕048号）的规定，细则所称的"赠予"是指如下情况：房产所有人、土地使用权所有人将房屋产权、土地使用权赠予直系亲属或承担直接赡养义务人的。现行政策规定，对个人的销售住房暂免征收土地增值税。因此，个人无偿赠与的不动产是住房的，同样是可以暂免征收土地增值税。

（3）缴纳印花税。根据《印花税法》的"印花税税目税率表"规定，土地使用权、房屋等建筑物和构筑物所有权转让书据（不包括土地承包经营权和土地经营权转移）属于征税范围，转让包括买卖（出售）、继承、赠与、互换、分割。赠与、受赠双方均应缴纳印花税，按照价款的万分之五缴纳。

（4）免征个人所得税。根据《财政部 国家税务总局关于个人无偿受赠房屋有关个人所得税问题的通知》（财税〔2009〕78号）和《财政部 税务总局关于个人取得有关收入适用个人所得税应税所得项目的公告》（财政部 税务总局公告2019年第74号）的规定，房屋产权所有人将房屋产权无偿赠与配偶、父母、子女、祖父母、外祖父母、孙子女、外孙子女、兄弟姐妹的；对当事双方不征收个人所得税。因此，转让方大徐和大美不缴纳个人所得税。

2. 受赠方：子女，即小徐

（1）缴纳契税。《契税法》第一条规定，在中华人民共和国境内转移土地、房屋权属，承受的单位和个人为契税的纳税人，应当依照该法规定缴纳契税。因此，房屋赠与属于转移房屋权属行为，承受的单位和个人为契税的纳税人，均应依法缴纳契税。目前，绝大部分省、自治区、直辖市的契税税率为3%，少数地方虽然设置了4%的契税标准税率，但同时对部分住房购置行为适用3%的契税税率。

（2）缴纳印花税。根据《印花税法》的"印花税税目税率表"规定，土地使用权、房屋等建筑物和构筑物所有权转让书据（不包括土地承包经营权和土地经营权转移）属于征税范围，转让包括买卖（出售）、继承、赠与、互换、分割。赠与、受赠双方均应缴纳印花税，按照价款的万分之五缴纳。

（3）免征个人所得税。根据《财政部 国家税务总局关于个人无偿受赠房屋有关个人所得税问题的通知》（财税〔2009〕78号）和《财政部 税务总局关于个人取得有关收入适用个人所得税应税所得项目的公告》（财政部 税务总局公告2019年第74号）的规定，房屋产权所有人将房屋产权无偿赠与配偶、父母、子女、祖父母、外祖父母、孙子女、外孙子女、兄弟姐妹的；对当事双方不征收个人所得税。因此，这算是父母赠送房产给子女，免征个人所得税，小徐不用缴纳个人所得税。

【法条索引】

1.《中华人民共和国民法典》

第五百零九条第一款　当事人应当按照约定全面履行自己的义务。

第十八条第一款　成年人为完全民事行为能力人，可以独立实施民事法律行为。

第一千零七十六条　夫妻双方自愿离婚的，应当签订书面离婚协议，并亲自到婚姻登记机关申请离婚登记。

离婚协议应当载明双方自愿离婚的意思表示和对子女抚养、财产以及债务处理等事项协商一致的意见。

第一千零八十七条第一款　离婚时，夫妻的共同财产由双方协议处理；协议不成的，由人民法院根据财产的具体情况，按照照顾子女、女方和无过错方权益的原则判决。

2.《最高人民法院关于适用〈中华人民共和国民法典〉婚姻家庭编的解释（一）》第六十九条第二款　当事人依照民法典第一千零七十六条签订的离婚协议中关于财产以及债务处理的条款，对男女双方具有法律约束力。登记离婚后当事人因履行上述协议发生纠纷提起诉讼的，人民法院应当受理。

3.《国家税务总局关于明确个人所得税若干政策执行问题的通知》规定，关于个人转让离婚析产房屋的征税问题，通过离婚析产的方式分割房屋产权是夫妻双方对共同共有财产的处置，个人因离婚办理房屋产权过户手续，不征收个人所得税。

4.《中华人民共和国契税法》

第二条第一款第三项　本法所称转移土地、房屋权属，是指下列行为：（三）房屋买卖、赠与、互换。

第四条第一款第（三）项　契税的计税依据：（三）土地使用权赠与、房屋赠与以及其他没有价格的转移土地、房屋权属行为，为税务机关参照土地使用权出售、房屋买卖的市场价格依法核定的价格。

5.《财政部 国家税务总局关于全面推开营业税改征增值税试点的通知》（财税〔2016〕36号）附件（三）《营业税改征增值税试点过渡政策的规定》规定，一、下列项目免征增值税：涉及家庭财产分割的个人无偿转让不动产、土地使用权。

家庭财产分割，包括下列情形：离婚财产分割；无偿赠与配偶、父母、子女、祖父母、外祖父母、孙子女、外孙子女、兄弟姐妹；无偿赠与对其承担直接抚养或者赡养义务的抚养人或者赡养人；房屋产权所有人死亡，法定继承人、遗嘱继承人或者受遗赠人依法取得房屋产权。

6.《财政部 税务总局关于契税法实施后有关优惠政策衔接问题的公告》规定，夫妻因离婚分割共同财产发生土地、房屋权属变更的，免征契税。

7.《财政部 税务总局关于个人取得有关收入适用个人所得税应税所得项目的公告》(财政部 税务总局公告2019年第74号)和《财政部 国家税务总局关于个人无偿受赠房屋有关个人所得税问题的通知》(财税〔2009〕78号)均规定,符合以下情形的,对当事双方不征收个人所得税:(一)房屋产权所有人将房屋产权无偿赠与配偶、父母、子女、祖父母、外祖父母、孙子女、外孙子女、兄弟姐妹;(二)房屋产权所有人将房屋产权无偿赠与对其承担直接抚养或者赡养义务的抚养人或者赡养人;(三)房屋产权所有人死亡,依法取得房屋产权的法定继承人、遗嘱继承人或者受遗赠人。

8.《中华人民共和国土地增值税暂行条例实施细则》第二条条例第二条所称的转让国有土地使用权、地上的建筑物及其附着物并取得收入,是指以出售或者其他方式有偿转让房地产的行为。不包括以继承、赠与方式无偿转让房地产的行为。

问题057 夫妻一方犯罪了需赔偿,能不能请求分割夫妻共同财产?

关键词:犯罪;赔偿;分割;共同财产

【基本案情】小刚(男)和小柔(女)是一对夫妻,有两个小孩,家庭生活幸福。小刚和小柔经营了一家KTV,生意挺好,十几年下来,也买了几套房,攒了不少财产。2021年12月的一天,有人来他家的KTV闹事,在双方的打斗期间,小刚不小心将对方三人都捅成了重伤。后来,对方报警,小刚被刑事拘留了。小柔担心小刚会被判刑,财产到时候也保不住,她和孩子的生活就没了着落,于是就要求分割财产,想将大部分财产划到自己和孩子的名下。她的做法能成功吗?她家的财产会被怎样处置呢?

【法律分析】民法典对夫妻共同财产作了明确的规定，夫妻二人在婚内取得的财产，除了专属于个人性质的，都算是夫妻共同财产。如果夫妻二人没有约定各自财产归各自所有，那就默认为是夫妻共同财产制。小刚和小柔经营KTV，生意做得好，然后买了几套房，攒了不少财产，这明显是他们夫妻二人在婚内取得的财产，这些财产没有个人专属性质，应该算是夫妻共同财产。小刚和小柔也没有约定财产各自所有，那么这间KTV、几套房产和其他财产，都是他们夫妻的共同财产，是不可分割的整体。

一般情况下，如果小刚和小柔二人离婚，自然要对这些夫妻共同财产进行分割。但小刚和小柔没有离婚，也没有提起离婚诉讼，当然不能对夫妻共同财产进行分割。

民法典规定，共同共有人在共有的基础丧失或者有重大理由需要分割时可以请求分割。小刚和小柔如果离婚，就算是"共有的基础丧失"。那么，是不是不离婚就不能分割夫妻共同财产呢？也不绝对。在婚内，如果出现特殊情况，可以算是"有重大理由"，也可以对夫妻共同财产进行分割，这些特殊情况包括：第一种是夫妻的一方隐藏、转移、变卖、毁损、挥霍夫妻共同财产，或者伪造夫妻共同债务等，而且这种行为严重损害了夫妻共同财产、共同利益；第二种是夫妻的一方负有法定扶养义务的人，比如说父母、子女等，患有重大疾病需要医治，但另一方却不同意支付相关医疗费用。小柔只是担心财产会被执行掉，影响家人的生活质量，不属于这两种特殊情况，不能依据这个规定分割财产。小刚和小柔没有离婚，这些财产就不算是离婚财产，所以不能进行分割。

当然，法院在对小刚执行刑事附带民事诉讼判决的时候，也不会执行属于小柔和孩子的财产，另外，还会为小柔和孩子保留基本生活必需的财产。小柔也不必太过担忧以后会没有生活资产。

【法条索引】

《中华人民共和国民法典》

第三百零三条 共有人约定不得分割共有的不动产或者动产，以维持共有关系的，应当按照约定，但是共有人有重大理由需要分割的，可以请求分割；没有约定或者约定不明确的，按份共有人可以随时请求分割，共同共有人在共有的基础丧失或者有重大理由需要分割时可以请求分割。因分割造成其他共有人损害的，应当给予赔偿。

第一千零六十二条 夫妻在婚姻关系存续期间所得的下列财产，为夫妻的共同财产，归夫妻共同所有：

（一）工资、奖金、劳务报酬；

（二）生产、经营、投资的收益；

（三）知识产权的收益；

（四）继承或者受赠的财产，但是本法第一千零六十三条第三项规定的除外；

（五）其他应当归共同所有的财产。

夫妻对共同财产，有平等的处理权。

第一千零六十三条 下列财产为夫妻一方的个人财产：

（一）一方的婚前财产；

（二）一方因受到人身损害获得的赔偿或者补偿；

（三）遗嘱或者赠与合同中确定只归一方的财产；

（四）一方专用的生活用品；

（五）其他应当归一方的财产。

第一千零六十五条第一款 男女双方可以约定婚姻关系存续期间所得的财产以及婚前财产归各自所有、共同所有或者部分各自所有、部分共同所有。约定应当采用书面形式。没有约定或者约定不明确的，适用本法第一千零六十二条、第一千零六十三条的规定。

第一千零六十六条 婚姻关系存续期间，有下列情形之一的，夫妻一方可以向人民法院请求分割共同财产：

（一）一方有隐藏、转移、变卖、毁损、挥霍夫妻共同财产或者伪造夫妻共同债务等严重损害夫妻共同财产利益的行为；

（二）一方负有法定扶养义务的人患重大疾病需要医治，另一方不同意支付相关医疗费用。

问题 058

夫妻双方能相互继承遗产吗？其他人能干预或者争夺吗？

关键词：夫妻；遗产；继承；他人；争夺

【基本案情】2000年1月1日，上官男与慕容女再婚，在安徽省安庆市办理了结婚登记手续。结婚后，慕容女就带着女儿王小某搬到安庆市与上官男共同生活。王小某从小学起更名为上官小某，在上官男所在单位的内部子弟学校上学。2006年1月1日，上官男因煤气中毒死亡。慕容女独自为上官男办了葬礼，将上官男安葬了。

上官男在世时，和慕容女一起，两个人共同赡养上官男的祖父。2002年，上官男的祖父将两处房产赠与了上官男，并经过公证处公证了。上官男的祖父2004年去世后，上官男与慕容女一起安葬了祖父，然后拿着公证处的公证书，2004年12月31日将两处房产过户到了上官男名下。

令人意外的是，上官男死后，他的弟弟从外地来到了安庆市，没跟慕容女商量，便搬进了上官男祖父当初赠与上官男的一处房屋，还进行了房产证挂失登记。上官男弟弟认为，上官男和慕容女根本没有举办结婚宴席，因此，两人之间不算是合法的夫妻关系，慕容女没有权利继承上官男的遗产。慕容女一气之下，告到了法院。

那么，夫妻一方死亡，另一方能继承遗产吗？其他亲戚能干预或者争夺遗产吗？

【法律分析】从法律规定来看，《民法典》在婚姻家庭编明确了夫妻间有相互继承的权利，在继承编法定继承一章明确了配偶是第一顺位的法定继承人。继承开始后，配偶可作为第一顺序继承人继承，有第一顺序继承人的，第二顺序继承人不继承。

从客观事实方面来看：一是上官男的祖父将两处房产赠与上官男，有公证书为证，具有很强的法律效力，上官男的弟弟没有其他证据能推翻这一点。二是慕容女向法院提交了其与被继承人上官男在安庆市人民政府民政局办理的结婚证，即使没有宴请亲朋好友，在法律上也存在夫妻关系，这是没有疑问的。三是上官男与慕容女一直以夫妻关系生活在一起，邻居都可以作证。四是连慕容女的女儿王小某自小学起都被更名为上官小某，与上官男姓氏相同，还在上官男所在单位的子弟学校学习，可以认定上官男与上官小某是继父女关系。

被继承人上官男生前没有立遗嘱，所以他的遗产应按法定继承处理。上官男的配偶和子女应作为第一顺序继承人继承上官男的遗产，第二顺序继承人不继承。因此，上官男的弟弟占有被继承人的房产是没有法律依据的，上官男的弟弟应该搬出去，将房子还给慕容女。

另外，我们延伸一下——事实婚姻的夫妻间是否有相互继承的权利？对待没有经过登记而结婚的事实，依照《最高人民法院关于适用〈中华人民共和国民法典〉婚姻家庭编的解释（一）》的规定，未按规定办理结婚登记而以夫妻名义共同生活的男女，同居期间一方死亡的，如何继承遗产，得看同居关系发生的时间。如果双方同居关系发生在 1994 年 2 月 1 日民政部《婚姻登记管理条例》公布实施以前，在一方死亡时，男女双方已经符合结婚实质要件的，双方成立事实婚姻，未死亡的一方可以配偶身份对死亡一方的遗产享有继承权。如果双方同居关系发生在 1994 年 2 月 1 日民政部《婚姻登记管理条例》公布实施以后，男女双方符合结婚实质要件的，在一方死亡前，双方已经补办了结婚登记手续的，则双方为合法的夫妻关系，未死亡的一方可以配偶身份继承死亡一方的遗产；双方没有补办结婚登记手续的，则不具有合法夫妻关系，未死亡的一方不能够以配偶身份继承死亡一方的遗产。当然，如果双方确实在一起生活较长时间，且形成一定的扶养关系，符合酌情分得遗产的法定条件，则可以允许未死亡一方适当分得遗产。

【法条索引】

1.《中华人民共和国民法典》

第一千零六十一条　夫妻有相互继承遗产的权利。

第一千一百二十三条　继承开始后，按照法定继承办理；有遗嘱的，按照遗嘱继承或者遗赠办理；有遗赠扶养协议的，按照协议办理。

第一千一百二十七条第一款第（一）项　遗产按照下列顺序继承：

（一）第一顺序：配偶、子女、父母。

2.《最高人民法院关于适用〈中华人民共和国民法典〉婚姻家庭编的解释（一）》

第三条　当事人提起诉讼仅请求解除同居关系的，人民法院不予受理；已经受理的，裁定驳回起诉。

当事人因同居期间财产分割或者子女抚养纠纷提起诉讼的，人民法院应当受理。

第七条　未依据民法典第一千零四十九条规定办理结婚登记而以夫妻名义共同生活的男女，提起诉讼要求离婚的，应当区别对待：

（一）1994年2月1日民政部《婚姻登记管理条例》公布实施以前，男女双方已经符合结婚实质要件的，按事实婚姻处理。

（二）1994年2月1日民政部《婚姻登记管理条例》公布实施以后，男女双方符合结婚实质要件的，人民法院应当告知其补办结婚登记。未补办结婚登记的，依据本解释第三条规定处理。

第八条　未依据民法典第一千零四十九条规定办理结婚登记而以夫妻名义共同生活的男女，一方死亡，另一方以配偶身份主张享有继承权的，依据本解释第七条的原则处理。

问题 059 哪些债务属于夫妻共同债务，需要夫妻共同偿还？

关键词：夫妻；共同债务；区分；偿还

【基本案情】小王艰苦创业，开了一家不锈钢材料专卖店，登记为一人独资公司。本来生意还不错，但是由于疫情影响，2021年底材料店经营陷入困境，入不敷出。为了周转救活材料店，小王向小潘借款30万元，用于支付拖欠的货款和员工工资。本来说好2022年4月归还借款并且支付利息，但由于小王的妻子小程跟小王闹离婚，离婚后，还将家里的钱财全部卷走。小王顿时变得身无分文，只剩一身债，所以逾期未还款。小潘多次催小王还款，小王除了诉苦外，也没有任何办法。无奈之下，小潘起诉到了法院，要求小王归还借款及利息，并要求小王的前妻小程和材料店承担共同还款责任。小程已经和小王离婚了，还需要偿还这笔债吗？需要小王的一人独资公司来还债吗？

【法律分析】这件案例中，小王与小程原是夫妻关系，后来离婚。小王与小潘之间是民间借贷关系，小潘是债权人，小王是债务人，小王有义务归还小潘的借款，还应该付给小潘利息。小王是一人独资公司的唯一股东。

捋清楚这些关系之后，我们来看看，小王借钱到底用在了什么地方，属于什么性质。虽然小王以个人名义向小潘借款，但该借款全部用于公司经营，而小王为一人独资公司的法定代表人和股东，公司经营获得的财产属于家庭生活收入来源，小王与前妻小程并没有举证证明双方对婚姻关系存续期间所得到的财产归各自所有，也没有举证证明这笔借款超出家庭日常生活需要，那么这笔借款的实际使用人和受益人应该是小王和小程两个人，而不是小王一个人。而且，小王跟小潘借款时，小王和小程的夫妻关系仍然存在，两人并没有离婚。因此，可认定这笔借款债务属于小王夫妻二人的共同债务，小程应当和小王一起承担还款责任，哪怕他们现在已经离婚也要一起承担还款义务。

小王所开的不锈钢材料专卖店，属于个人独资公司，它以投资人的个人财产承担无限责任。也就是说，当小王以个人独资公司的名义借钱，如果将公司卖掉也还不起，还要用小王的个人财产来还债。小王的个人财产又跟家庭财产混在一起，小程的财产也混在一块儿，当然要一起承担债务——小王的、小程的、家庭的，三种财产一起承担债务，谁也逃不掉。

在这里，我们做一个总结，认定夫妻共同债务有三个关键词："共同意思表示""日常生活需要""共同生活或生产需要"。

1. "共同意思表示"。法律规定，两个以上的行为人出于共同的意思表示而作出的民事法律行为，应由全体行为人享有权利、履行义务和承担责任，夫妻之间也不例外。因此，夫妻合意所为的民事法律行为，包括增加财产、负担债务，不受家庭日常生活必要性的限制，应作为夫妻共同债权、共同债务。实践中，共同参与、共同签字、一方参与但另一方事后追认这三种情况都算是共同意思表示。

2. "日常生活需要"。婚姻期间，夫妻一方为家庭日常生活所需以个人名义所负的债务，属于夫妻共同债务。"为家庭日常生活需要"一般是指家庭购房、教育、医疗等稳定的、长期的、普遍的、大众的家庭生活中可能出现的事项，比如为子女教育支付培训费用、因家人生病住院向亲友借款、需购置家庭住房向银行申请贷款等都是社会生活中存在于众多家庭中的、常见的负债行为。

3. "共同生活或生产需要"。夫妻一方的经营性负债往往借款数额较大，明显超过家庭日常生活所需。这种情况下，债权人应当举证证明债务人借债是用于共同生活、共同经营。

4. 例外情况。赌博等违法行为中的债权债务关系不受法律保护，更不用说要求借款人夫妻共同偿还贷款或借款了。夫妻一方在婚姻期间以个人名义借的钱，超出家庭日常生活需要所负的债务，也不属于夫妻共同债务。

【法条索引】

1. 《中华人民共和国民法典》

第一千零六十四条　夫妻双方共同签名或者夫妻一方事后追认

等共同意思表示所负的债务,以及夫妻一方在婚姻关系存续期间以个人名义为家庭日常生活需要所负的债务,属于夫妻共同债务。

夫妻一方在婚姻关系存续期间以个人名义超出家庭日常生活需要所负的债务,不属于夫妻共同债务;但是,债权人能够证明该债务用于夫妻共同生活、共同生产经营或者基于夫妻双方共同意思表示的除外。

2.《中华人民共和国个人独资企业法》

第二条 本法所称个人独资企业,是指依照本法在中国境内设立,由一个自然人投资,财产为投资人个人所有,投资人以其个人财产对企业债务承担无限责任的经营实体。

问题060 再婚老年夫妻各自有子女,两位老人之间需要给扶养费吗?

关键词:再婚;老年夫妻;扶养费;给付

【基本案情】老王(男)是石化公司退休工人,每月工资7 000多元,老秦(女)没有经济收入,而且身体有疾,需长期吃药。老王和老秦分别有三名、四名成年子女。2015年11月11日,老王和老秦再婚,二人婚后感情较好。但老王自2020年10月与老秦吵闹了一段时间以后,就对老秦不予照顾了。后来,老秦以老王对其不予照顾、自己无经济收入、身体有疾为理由,到法院提起诉讼,要求老王支付扶养费。老王坚持认为,他们二人都有自己的子女,子女可以扶养父母,他不需要另外再给老秦扶养费。他们谁说得更有道理呢?

【法律分析】随着我国社会人口老年化越来越明显,养老问题越来越凸显。许多老年人虽然有子女,但都不在身边,老年人不得不相互抱团取暖,甚至再婚，也很常见。但也因此引发了一些法律纠纷，比如扶养费给付、财产分割、遗产继承等。我们在这里主要聊一聊夫妻间扶养义务问题。

首先，我们来看看，夫妻间的相互扶养义务到底包括哪几个方面的内容：

1. 物质方面。夫妻一方为对方提供经济和物质帮助，以满足家庭的物质生活需要。如果夫妻财产是共同财产制，那么夫妻各方将自己的婚内收入变为家庭共同财产，他们以平等享有处理权的方式满足家庭生活需要。如果夫妻财产是约定财产制，各自收入归各自所有，那么收入高的一方要为收入低或无收入的一方提供必要的生活费用，以使被扶养人与扶养人的生活水平大体一致。

2. 生活方面。生活上要相互扶助，是指夫妻同居生活、家务的代理和分担、生活中的关心和体贴等。

3. 精神方面。精神扶养指在家庭生活中相互间在感情、心理等方面给予关心和帮助，使双方情感上得到慰藉、精神上得到安慰，相互关心、相互尊重、相互协力，保持共同生活幸福。

4. 监护职责。夫妻之间的监护是特殊情形下的扶养义务。如果夫妻一方出现生活或精神不能完全自理等情况，另一方应该作为第一顺位监护人履行监护职责，负责对方的生活起居等。

5. 紧急救助。在配偶一方面临重大或紧迫的人身危险时，另一方负有采取妥当措施，使其脱离危境的义务。

6. 忠实尊重。夫妻之间相互忠实、尊重也是扶养义务的重要内容。重婚、有配偶者与他人同居、夫妻之间的家庭暴力、虐待以及遗弃均是对夫妻扶养义务的违反。

其次，夫妻扶养义务的履行也是有一定的条件的。要以婚姻存在为前提，以一方需要扶养、另一方有扶养能力为条件。符合这些要求时，夫妻之间的扶养义务才能产生，而不是以是否共同生活以及结婚时间的长短为条件。实践中，夫妻扶养纠纷主要表现为，一方因某种原因失业或者谋生能力暂时或较长时间丧失，而另一方不履行法定扶养义务。夫妻之间的扶养主要是为满足生活困难一方的基本生活需要和其他必要开支，如支付医疗费等。

最后，我们聊一聊再婚的老年夫妻之间的相互扶养义务。再婚的老年夫妻中，虽然夫妻双方都可能有自己的子女，子女也能扶养老人，但这并不能排除老年夫妻之间的相互扶养义务，没有固定收入的一方，有权向对方主张扶养费。扶养费的给付标准，应当本着公平原则，以当地居民的平均生活水平，并结合双方婚内的经济收入状况、是否有其他扶养人等具体情况，综合认定，以保护夫妻双方的合法权益。

本案例中，老秦要求老王支付扶养费符合上述法律规定。但老王年事已高，且二人婚前老秦已有数名成年子女，因此，对于老秦因身体疾病等生活费用支出，除了老王因负有扶养义务而应承担其中一部分以外，老秦的子女应该履行主要赡养义务。既要兼顾各方当事人的合法权利，也要符合法律的有关规定，体现公平、合理的法律理念。

【法条索引】

1. 《中华人民共和国民法典》

第一千零五十九条　夫妻有相互扶养的义务。需要扶养的一方，在另一方不履行扶养义务时，有要求其给付扶养费的权利。

2. 《中华人民共和国老年人权益保障法》

第二十三条第一款　老年人与配偶有相互扶养的义务。

问题061 孩子私下用家长手机偷偷打赏主播，家长能不能要求退还？

关键词：直播打赏；未成年人；退回

【基本案情】小刚是一个13岁的初中生，虽不爱学习，但其实很聪明。一次偶然的机会，在妈妈网购付款时，他看到了付款密码。后来，他在假期偷偷用妈妈的手机看直播，看着看着，忍不住一时冲动，私自给主播 A 打赏了 10 万元。事后，妈妈发现手机里的钱少了很多，就询问小刚，小刚知道躲不过去，就承认了。然后，小刚妈妈就找了那位主播 A，要求退回小刚打赏的 10 万元，主播 A 不同意，辩称这是自愿赠与，不需要退。两人吵得不可开交，小刚妈妈说，不退钱就去法院告那位主播 A 诈骗。在这个案例中，小刚有没有权利将 10 万元打赏给主播 A？小刚的打赏算不算合法的赠与？小刚妈妈有权要回儿子打赏出去的 10 万元吗？如果主播 A 始终坚持不退款，小刚妈妈能起诉他诈骗吗？

【法律分析】网络直播和网络打赏是最近几年的新生事物，我们可以将网络打赏行为分为两个环节来看，分别是购买虚拟礼物环节和打赏环节。

先看第一个环节，购买虚拟礼物。用户注册平台账户过程中签订了《用户协议》，购买平台币过程中签订《充值协议》，用户与平台之间形成网络服务合同关系。用户再使用平台币购买虚拟礼物，又形成了买卖合同关系，这种购买行为类似于日常生活中去某个美食城消费，需要先购买卡，而打赏行为类似于在不同的商户处消费，消费金额由美食城收取，美食城根据与商户之间的协议向商户支付费用。在这个环节，可以看作是消费。

我们再来看第二个环节，打赏。尽管用户是基于对主播的欣赏而打赏，但是打赏和观看主播表演没有直接关系。《民法典》规定，赠与合同是赠与人将自己的财产无偿给予受赠人，受赠人表示接受赠与的合同。由此可见，打赏环节属于赠与行为。

总的来看，打赏行为中，用户先从平台购买虚拟礼物，再将虚拟礼物赠送给主播，与平台的买卖关系在购买礼物后消费就完成了；与主播之间在赠送礼物之后也完成了赠与行为。尽管在用户看不见的后端处理中，虚拟礼物经过一系列的转换最后才给主播，但这并不是我们关注的重点，可以忽略。

既然这样，那么从交易的稳定性、信赖和交易习惯的角度来看，这种消费行为和赠与行为是有效的，一般情况下也是不可逆的，不能随意推翻。

但是，本案例有特殊性，因为打赏人是限制民事行为能力人。根据《民法典》的规定，他实施的民事行为，如果超出了能力范围，则需要监护人或代理人的同意和追认才能生效。小刚私自给主播 A 打赏 10 万元的行为明显超出了他的能力范围，小刚妈妈也没有同意，更没有追认，而是反对，要求主播 A 退还，这是法律所允许和支持的。所以，小刚打赏主播 A 的行为可以看作是一种赠与，但小刚的这个打赏赠与行为是效力待定的民事法律行为，如果小刚的父母不同意不追认，这个行为可能被认定为无效的。

如果主播 A 坚持不退还小刚的 10 万元打赏，小刚妈妈有权起诉主播 A，不过不能以欺诈的理由起诉。小刚打赏，是因为他欣赏主播 A，而不是被主播 A 欺骗后违背了自己的真实意思，小刚的真实意思就是要打赏主播 A。主播 A 的直播行为合法合规，也没有欺诈的主观故意，当然，更难以成立诈骗罪。

【涉税分析】2022 年 3 月 25 日，国家互联网信息办公室、国家税务总局、国家市场监督管理总局联合印发了《关于进一步规范网络直播营利行为促进行业健康发展的意见》，该意见明确要求，网络直播平台、网络直播服务机构应依法履行个人所得税代扣代缴义务，不得转嫁或者逃避个人所得税代扣代缴义务，不得策划、帮助网络直播发布者实施逃避税。网络直播平台和网络直播发布者不得通过虚假营销、自我打赏等方式吸引流量，诱导消费者打赏和购买商品。

由此可见，网络直播平台、网络直播服务机构和网络直播发布者三方都要依法依规进行网络直播活动，该缴的税也要依法及时缴纳，一旦违法违规，必然要承担相应的法律责任。

虽然粉丝是对主播本人的认可，但主播本身的表演是职务性行为，大多数是在平台或经纪公司的安排下工作，从客观上来说，也可以认定"粉丝"打赏属于经营性收入。并且这个收入在双方或者三方之间进行分配。按照现行税法的规定，平台或经纪公司获得的粉丝打赏收入分成，应当作为经营收入，需要依法缴纳增值税、企业所得税等，分配给网络主播本人的收入，应当缴纳个人所得税。

【法条索引】

1.《中华人民共和国民法典》

第十九条 八周岁以上的未成年人为限制民事行为能力人，实施民事法律行为由其法定代理人代理或者经其法定代理人同意、追认；但是，可以独立实施纯获利益的民事法律行为或者与其年龄、智力相适应的民事法律行为。

第一百四十五条 限制民事行为能力人实施的纯获利益的民事法律行为或者与其年龄、智力、精神健康状况相适应的民事法律行为有效；实施的其他民事法律行为经法定代理人同意或者追认后有效。

相对人可以催告法定代理人自收到通知之日起三十日内予以追认。法定代理人未作表示的，视为拒绝追认。民事法律行为被追认前，善意相对人有撤销的权利。撤销应当以通知的方式作出。

第一百四十八条 一方以欺诈手段，使对方在违背真实意思的情况下实施的民事法律行为，受欺诈方有权请求人民法院或者仲裁机构予以撤销。

第一百五十七条 民事法律行为无效、被撤销或者确定不发生效力后，行为人因该行为取得的财产，应当予以返还；不能返还或者没有必要返还的，应当折价补偿。有过错的一方应当赔偿对方由此所受到的损失；各方都有过错的，应当各自承担相应的责任。法律另有规定的，依照其规定。

第六百五十七条 赠与合同是赠与人将自己的财产无偿给予受赠人，受赠人表示接受赠与的合同。

2.《中华人民共和国刑法》

第二百六十六条 诈骗公私财物，数额较大的，处三年以下有期徒刑、拘役或者管制，并处或者单处罚金；数额巨大或者有其他严重情节的，处三年以上十年以下有期徒刑，并处罚金；数额特别巨大或者有其他特别严重情节的，处十年以上有期徒刑或者无期徒刑，并处罚金或者没收财产。本法另有规定的，依照规定。

问题 062 父债子还，天经地义吗？

关键词：遗产；继承；父债子还；税收优先

【基本案情】阿福的妻子很早就过世了，阿福与阿尔父子二人相依为命。阿福为了这个家庭努力工作，也欠下了不少债，还有一些税款没缴齐。俗话说，父债子还天经地义，如果将来阿福还不起这些债和税，阿尔需要还吗？

【法律分析】根据《民法典》的规定，债权可以分为合同之债、侵权之债、无因管理之债、不当得利之债等。当然，这些债都是合法的，受法律保护的。也还有一些所谓的债，是非法的、无效的民事法律行为产生的，比如赌博债务、分赃债务等。对于非法的债权，法律本来就不认可、不保护，债务人可以不用偿还。父亲作为债务人，已经不用还这些非法债务，儿子作为可以独立实施民事法律行为的完全民事行为能力人，是独立于他的父亲而存在的，就更不用还这些非法债务了。

我们重点讨论合法债务的偿还。作为债务人的阿福，肯定是有义务去偿还这些债的。但作为债务人的儿子阿尔，却不一定需要帮助或代替父亲去偿还这些债务，要具体情况具体分析。

第一种情况，阿福健在，身体棒棒，有能力还债。这时候阿福还债就行了，无论阿尔有没有成年、是不是完全民事行为能力人、有没有与阿福一起生活，根本不用考虑阿尔需不需要还债，因为当然是不需要的。

第二种情况，阿福丧失偿债能力（如变成植物人或严重老年痴呆等），从此没有充足的经济收入，也无法作出清楚的意思表示，阿尔成为他的监护人和代理人。如果阿福原来的财产足以偿还所有债务，那就好办，直接偿还就是了，阿尔也无权拒绝债权人的讨债，因为这是阿福的欠债，阿福有义务用自己的财产还债。如果阿福原来的财产不足以偿还所有债务，那么在阿福的财产用尽之后，剩下的债务，阿尔可以不还，因为阿尔作为一个独立的民事主体，阿福的债与他无关，可以不理会。当然，阿尔也可能为了给父亲阿福挣一个"守信用"的名声，用自己的财产帮助阿福还债，这种你情我愿的意思自治，债权人、债务人、其他人都没意见，法律也不禁止，是可以的。

第三种情况，阿福死亡，阿尔不愿继承财产。应当先清偿阿福依法应当缴纳的税款，再偿还阿福所欠的债务。剩下的遗产归国家所有，用于公益事业；如果阿福生前是集体所有制组织成员的，剩下的遗产归所在集体所有制组织所有。如果阿福剩下的财产不够清偿税款和债务的，按照先税款后债务的顺序，能偿还多少算多少，剩余的债权自动灭失，阿尔不用进行偿还。

第四种情况，阿福死亡后财产被阿尔继承。这种情况下，如果阿福的遗产足以偿还所有的税款和债务，那就好办，直接偿还就是了，多余的归阿尔继承。如果阿福的遗产不足以偿还所有的税款和债务，阿尔以所得遗产实际价值为限，清偿阿福依法应当缴纳的税款和债务。超过遗产实际价值部分的税款和债务，阿福可以自愿偿还，也可以不还，因为他没有义务自掏腰包为阿福还债。

【涉税分析】如果阿福死亡，根据《民法典》的规定，分割阿福的遗产时，如果阿福的继承人当中，有缺乏劳动能力又没有生活来源的继承人，首先应当为这种继承人保留必要的遗产，保障他们的生活。然后，对于阿福依法应当缴纳的税款和债务，都需要清偿，不能顾此失彼。根据《税收征收管理法》的规定，税收优先于无担保债权，阿福的遗产，要先偿还税款，再偿还普通债务。

【法条索引】

1.《中华人民共和国民法典》

第十七条 十八周岁以上的自然人为成年人。不满十八周岁的自然人为未成年人。

第十八条 成年人为完全民事行为能力人，可以独立实施民事法律行为。

十六周岁以上的未成年人，以自己的劳动收入为主要生活来源的，视为完全民事行为能力人。

第一百一十八条 民事主体依法享有债权。

债权是因合同、侵权行为、无因管理、不当得利以及法律的其他规定，权利人请求特定义务人为或者不为一定行为的权利。

第一百五十三条 违反法律、行政法规的强制性规定的民事法律行为无效。但是，该强制性规定不导致该民事法律行为无效的除外。

违背公序良俗的民事法律行为无效。

第一百五十七条 民事法律行为无效、被撤销或者确定不发生效力后，行为人因该行为取得的财产，应当予以返还；不能返还或者没有必要返还的，应当折价补偿。有过错的一方应当赔偿对方由此所受到的损失；各方都有过错的，应当各自承担相应的责任。法律另有规定的，依照其规定。

第一千一百五十九条 分割遗产，应当清偿被继承人依法应当缴纳的税款和债务；但是，应当为缺乏劳动能力又没有生活来源的继承人保留必要的遗产。

第一千一百六十条 无人继承又无人受遗赠的遗产，归国家所有，用于公益事业；死者生前是集体所有制组织成员的，归所在集体所有制组织所有。

第一千一百六十一条 继承人以所得遗产实际价值为限清偿被继承人依法应当缴纳的税款和债务。超过遗产实际价值部分，继承人自愿偿还的不在此限。

继承人放弃继承的，对被继承人依法应当缴纳的税款和债务可以不负清偿责任。

第一千一百六十三条 既有法定继承又有遗嘱继承、遗赠的，由法定继承人清偿被继承人依法应当缴纳的税款和债务；超过法定继承遗产实际价值部分，由遗嘱继承人和受遗赠人按比例以所得遗产清偿。

2.《中华人民共和国税收征收管理法》

第四十五条第一款 税务机关征收税款，税收优先于无担保债权,法律另有规定的除外;纳税人欠缴的税款发生在纳税人以其财产设定抵押、质押或者纳税人的财产被留置之前的,税收应当先于抵押权、质权、留置权执行。

问题 063 子女在校读书生活费不够,可以要求父母足额支付吗?
关键词:子女;在校;父母;生活费

【基本案情】小唐的家境比较好,唐爸唐妈都是大公司的高管,由于从小就备受宠爱,小唐渐渐有了一种躺平的思想。上高中时,父母对他百依百顺。上大学时,父母也对他的事情大包大揽,不让小唐干一点儿事。大学毕业后上班,父母让小唐自己养活自己,培养他的独立生活能力,但小唐觉得生活越来越难,还是以前啃老比较舒服。听说读书可以要求父母给抚养费,小唐就报名读在职研究生,并以读书为名,要求唐爸唐妈每个月付给他5 000元的生活费。唐爸唐妈不同意,小唐就和他们吵了起来。小唐的要求合理吗?什么情况下父母需要付生活费给孩子?什么情况下可以不用付?

【法律分析】我国是一个有着传统美德的国家,尊老爱幼是我们的优良传统。法律也规定了父母有抚养子女的义务,成年子女有赡养父母的义务。简单地说就是:孩子小时候不能独立,自己养活不了自己,父母要抚养教育孩子;等孩子长大了,能够自食其力了,就要自己养活自己;再后来,父母老了,干活干不动了,成年的孩子就应该孝敬赡养父母,报答父母的养育之恩。父母或子女没有尽到这些义务,就违反了法律,对方有权要求法律判决他们履行义务。

《民法典》规定,父母如果不履行抚养义务,未成年的子女或者不能独立生活的成年子女,可以要求父母给付抚养费。具体说来,唐爸唐妈付给小唐抚养费也是有条件的——小唐未成年,没满18周岁,哪怕他读书比较早,没满 18 周岁就上大学了也算；或者小唐成年了，虽然他努力干活，但是他有身体残疾或智力残疾等情况，没办法自己养活自己，没办法自己独立生活；再或者，虽然小唐已经满了 18 周岁，是成年子女，但他仍然没有自主生活，还在初中、普通全日制高中、职业高中、中等专业学校和技工学校等学校读书。只要符合这三个条件中的一个，家长唐爸唐妈也应该负担小唐的抚养费。

成年子女参加自学考试、成年教育和网络大学等，不能算。因为这些成年子女本身不需要全日制在校就读，可以通过劳动收入养活自己，即使全日制大学就读的成年子女也完全可以通过获取助学金、奖学金、助学贷款和校内勤工俭学等形式独立完成学业。

这样看来，小唐现在已经是一个健康的成年人了，他也完全有能力自己工作养活自己，唐爸唐妈虽然有钱，也可以选择不给小唐生活费。小唐这种啃老的躺平思想只能落空了，他还得自己努力工作、好好生活，靠自己才能活得精彩、活得开心。

【涉税分析】在小唐接受全日制学历教育的时候，小唐的父母可以在缴纳个人所得税时选择专项附加扣除，既可以选择由其中一方按扣除标准的 100%（每个子女每月 1 000 元）扣除，也可以选择由双方分别按扣除标准的 50%（每个子女每月 500 元）扣除。需要注意的是，具体扣除方式在一个纳税年度内不能变更。

【法条索引】

1.《中华人民共和国民法典》

第一千零六十七条　父母不履行抚养义务的，未成年子女或者不能独立生活的成年子女，有要求父母给付抚养费的权利。

成年子女不履行赡养义务的，缺乏劳动能力或者生活困难的父母，有要求成年子女给付赡养费的权利。

2.《最高人民法院关于适用〈民法典〉婚姻家庭编的解释（一）》

第四十一条　尚在校接受高中及其以下学历教育，或者丧失、部分丧失劳动能力等非因主观原因而无法维持正常生活的成年子女，可以认定为民法典第一千零六十七条规定的"不能独立生活的成年子女"。

3.《个人所得税专项附加扣除暂行办法》

第五条 纳税人的子女接受全日制学历教育的相关支出,按照每个子女每月1 000元的标准定额扣除。

学历教育包括义务教育(小学、初中教育)、高中阶段教育(普通高中、中等职业、技工教育)、高等教育(大学专科、大学本科、硕士研究生、博士研究生教育)。

年满3岁至小学入学前处于学前教育阶段的子女,按本条第一款规定执行。

第六条 父母可以选择由其中一方按扣除标准的100%扣除,也可以选择由双方分别按扣除标准的50%扣除,具体扣除方式在一个纳税年度内不能变更。

问题064 夫妻二人离婚,孩子的直接抚养权应该归谁?

关键词:离婚;孩子;直接抚养权

【基本案情】小王和小丽二人结婚二十多年,生了三个孩子,王一、王二、王三。老大王一是个男孩,19周岁,正在上大学,每年学费、生活费需要2万多元;老二王二是个女孩,9周岁,正在上小学;老小王三是个男孩,不满2周岁,但从来没有母乳喂养,一直都是喝牛奶。小王和小丽两人在没有家里老人的帮助下,辛辛苦苦拉扯着几个孩子,小丽主内,在家里带孩子,同时在超市兼职;小王在外地打工,收入不错,是家里的经济支柱。两地分居久了,感情越来越淡,决定离婚,为争取孩子的抚养权,两个人吵到了法院。这三个孩子分别归谁直接抚养更合适呢?法院会怎么判?

【法律分析】在这里，我们不考虑小王和小丽的离婚能否离得成，假定他们离得了。也不考虑财产的分割问题，假定两人都看得开，能商量好。只考虑孩子的抚养权问题，三个孩子，会归谁直接抚养？

在《民法典》施行以前，《婚姻法》规定，哺乳期内的子女，一般随哺乳的母亲抚养；哺乳期后的子女，本着对子女有利的原则，根据离婚双方的具体情况来定。但是，哺乳期到底是多长很难确定，有的孩子吃母乳到三四岁，有的孩子从小就不是母乳喂养，一直喝牛奶，不好判定。还有，一两岁的孩子，对母亲的依赖特别强，巴不得一天24小时跟妈妈在一起，如果突然跟随父亲，孩子会不会受不了？父亲能照顾好这么小的孩子吗？

在《民法典》施行以后，这些问题解决了——不满2周岁的子女，以由母亲直接抚养为原则。2周岁以上的，按照最有利于孩子的原则。那么，在小王和小丽的离婚案子中，老大王一已经过了18周岁，是成年人了，小王和小丽只需要商量好怎样支付他的学费和生活费就行了，至于王一跟谁过，那是王一的自由，由他自己选择。老二王二虽然不大，但也不止8周岁了，除了按照最有利孩子的原则，还要问问王二自己的想法，看她自己想跟着谁。因为王二一直和母亲小丽在一起，和父亲小王见面机会比较少，所以王二很可能希望跟母亲小丽住在一起，这也有利于孩子的健康成长。老三王三不到2周岁，根据民法典的规定，一般情况下应该随母亲小丽生活，便于照顾。当然，王二和王三由母亲小丽直接抚养，父亲小王也需要支付抚养费，尽到抚养孩子的责任，而且父亲小王有权去探望孩子，婚虽然离了，但父母的身份对孩子来说还是没有变的。至于老大王一，除了跟随父亲或者母亲生活以外，上大学期间自然是父母帮他交学费、给他生活费，大学毕业后，如果能力强，出来就能找工作挣钱，其实他也可以自己自立门户。

【法条索引】

《中华人民共和国民法典》

第一千零八十四条 父母与子女间的关系，不因父母离婚而消除。离婚后，子女无论由父或者母直接抚养，仍是父母双方的子女。

离婚后，父母对于子女仍有抚养、教育、保护的权利和义务。

离婚后，不满两周岁的子女，以由母亲直接抚养为原则。已满两周岁的子女，父母双方对抚养问题协议不成的，由人民法院根据双方的具体情况，按照最有利于未成年子女的原则判决。子女已满八周岁的，应当尊重其真实意愿。

问题065 夫妻二人协议离婚，应该对子女抚养问题作出怎样的约定？

关键词：离婚；子女抚养；协议

【基本案情】甲男和乙女夫妻二人结婚5年，有一个4周岁的独生女丙。因感情不和，二人决定协议离婚。财产问题很好处理，因为两人一直都是各顾各的，财产完全独立，互不牵扯，连房子都是一人一套。但是在孩子的抚养问题上，两人虽然能友好协商，但却不知道该怎么处理才是合法合理的，也不知道该签一个怎样的协议，更不知道协议该怎么写。那么，如果他们协议离婚，需要签协议吗？子女抚养的协议应该包含哪些内容呢？

【法律分析】离婚，可以分为协议离婚和诉讼离婚两种途径。协议离婚需要经过离婚冷静期这个时间关：自婚姻登记机关收到离婚登记申请之日起30日，俗称离婚冷静期，在这30天内，夫妻任何一方不愿离婚的，可以向婚姻登记机关撤回离婚登记申请。

在《民法典》施行以前，《婚姻法》规定，哺乳期内的子女，一般随哺乳的母亲抚养；哺乳期后的子女，本着对子女有利的原则，根据离婚双方的具体情况来定。但是，哺乳期到底是多长，没有明确的规定。

在《民法典》施行以后，这些问题明确了——不满2周岁的子女，以由母亲直接抚养为原则。2周岁以上的，按照最有利于孩子的原则。丙4周岁，根据民法典的规定，一般情况下应该随母亲乙生活，便于照顾。丙由母亲乙直接抚养，父亲甲也需要支付抚养费，尽到抚养孩子的责任，当然，父亲甲有权去探望孩子，婚虽然离了，但父母的身份对孩子来说还是没有变的。

根据民法典的规定，甲乙协议离婚，需要签订书面的离婚协议，离婚协议中应当写清楚双方是自愿离婚的，并且明确对子女的抚养、财产以及债务处理等事项，这些事项双方已经协商一致了。当然，甲乙在关于子女抚养这一块，也可以另附一份子女抚养权变更协议。在子女抚养权变更协议里，要写清楚以下六方面的内容：

1. 离婚双方和孩子的个人情况，包括姓名、身份证号码、住址；

2. 双方自愿协商变更子女抚养权，子女由双方抚养变成一方抚养，另一方支付抚养费，抚养费的具体金额、支付方式、支付时间；

3. 具体的抚养时间，从离婚当日起到孩子年满18周岁，抚养主要包括负责其日常生活、健康和教育等；

4. 变更抚养权后，不与子女共同生活的一方，支付抚养费的数额，支付方式以及支付期限；

5. 约定不与子女共同生活的一方，享有对子女探望的权利，与子女共同生活的一方有协助对方探望的义务，探望时间、方式、探望期间，要保证孩子的安全及身心健康、愉快；

6. 协议一式三份，由甲、乙双方各一份，另一份交派出所办理孩子的户口迁移手续，户口迁移手续办理时限。

离婚协议、财产分割协议、子女抚养权变更协议等是夫妻双方的民事自主意思表示，民法典对其内容上有要求，但对其格式没有严格规定。

【法条索引】

《中华人民共和国民法典》

第一千零七十六条　夫妻双方自愿离婚的，应当签订书面离婚协议，并亲自到婚姻登记机关申请离婚登记。

离婚协议应当载明双方自愿离婚的意思表示和对子女抚养、财产以及债务处理等事项协商一致的意见。

第一千零八十四条　父母与子女间的关系，不因父母离婚而消除。离婚后，子女无论由父或者母直接抚养，仍是父母双方的子女。

离婚后，父母对于子女仍有抚养、教育、保护的权利和义务。

离婚后，不满两周岁的子女，以由母亲直接抚养为原则。已满两周岁的子女，父母双方对抚养问题协议不成的，由人民法院根据双方的具体情况，按照最有利于未成年子女的原则判决。子女已满八周岁的，应当尊重其真实意愿。

亲戚之间房产低价过户，税款是不是也能相应减少？

关键词：房产过户；税款；减少

【基本案情】小王的家庭是单亲家庭。父亲王爸爸早年离婚了，挣了三套房产。不幸的是，王爸爸出车祸过世了。三套房子都由小王继承了。这时候，小王的爷爷要求小王将其中的一套房产按市场价的半价卖给小王的堂兄。如果小王不同意，就到法院告小王，要求分割王爸爸留下的三套房产。王爷爷的要求合适吗？如果打官司，谁能赢？税务部门按市场价收税，还是按成交价（市场价的一半）来收税？

【法律分析】根据《民法典》第一千零七十条的规定，小王有权继承王爸爸的遗产，因为他是王爸爸的儿子；王爷爷也有权继承王爸爸的遗产，因为他是王爸爸的父亲。当然，根据《民法典》第一千一百二十四条的规定，在遗产处理前，如果王爷爷以书面形式表明放弃继承权，主动放弃对这三套房产的继承，由小王独自继承王爸爸的三套房产，也是可以的。不过这个案例中，王爷爷还没作出书面放弃的声明，因此，如果打官司，王爷爷有权要求分割这三套房产。

【涉税分析】虽然小王同意了王爷爷的提议，半价出售房子给堂兄，但是在税务部门缴纳契税时，税务部门会通过不动产交易管理系统对房屋的售价进行评估，如果协议价格低于系统评估价，就会按照系统评估价格征收契税。当然，如果走了司法程序，法院的裁定文书或判决文书上表明了房屋的价格，哪怕是非常低的价格，税务局也会同意以此低价作为契税的计税依据。

如果小王将房屋卖给他的堂兄，买卖双方需要按规定缴纳相关税费。不过需要注意以下两点：

1. 增值税。如果小王在办理房产证后不足2年，就将此房产销售给他的堂兄，需要按照5%的征收率全额缴纳增值税；如果小王在办理房产证2年后，将此房产销售给他的堂兄，免征增值税。根据《国家税务总局关于房地产税收政策执行中几个具体问题的通知》（国税发〔2005〕172号）规定，房屋产权证注明时间或契税完税证明填发日期作为其购房时间；两者不一致的，按照"孰先"原则确定。

2. 个人所得税。个人转让二手房取得的所得应按照"财产转让所得"项目征收个人所得税。

【法条索引】

1. 《中华人民共和国民法典》

第一千零四十五条　亲属包括配偶、血亲和姻亲。

配偶、父母、子女、兄弟姐妹、祖父母、外祖父母、孙子女、外孙子女为近亲属。

配偶、父母、子女和其他共同生活的近亲属为家庭成员。

第一千零七十条　父母和子女有相互继承遗产的权利。

第一千一百二十四条　继承开始后，继承人放弃继承的，应当在遗产处理前，以书面形式作出放弃继承的表示；没有表示的，视为接受继承。

2.《中华人民共和国契税法》

第四条第二款　纳税人申报的成交价格、互换价格差额明显偏低且无正当理由的，由税务机关依照《中华人民共和国税收征收管理法》的规定核定。

3.《国家税务总局关于房地产税收政策执行中几个具体问题的通知》（国税发〔2005〕172号）

第三条　纳税人申报时，同时出具房屋产权证和契税完税证明且二者所注明的时间不一致的，按照"孰先"的原则确定购买房屋的时间。即房屋产权证上注明的时间早于契税完税证明上注明的时间的，以房屋产权证注明的时间为购买房屋的时间；契税完税证明上注明的时间早于房屋产权证上注明的时间的，以契税完税证明上注明的时间为购买房屋的时间。

问题067　遗产由毫无来往的亲戚继承，还是由照顾被继承人的外人继承？

关键词：遗产；代位继承；赡养；酌给

【基本案情】被继承人老史2018年3月生病死亡，他的父母和妻子在2017年已经死亡，老史生前没有生育孩子，也没有收养子女。老史只有一个姐姐，但史姐姐2016年已经过世，只留下一个养女杨小小。杨小小与老史居住的地方相隔很远，二人也从来不打交道。相反，老史的一位堂姐的孙子孙某却与老史常年住在一个屋子里，孙某将老史当做自己的爷爷来养，两人一处就是十几年，还共同拥有一套房产——上海市徐汇区华泾路某弄某号某室房屋。老史去世比较突然，没有立遗嘱，也没有立遗赠扶养协议。除了这套房产，其他值钱的财产也就1枚钻戒，由孙某保管。杨小小提起诉讼，要求依法继承上海市徐汇区华泾路某弄某号某室房屋中属于被继承人老史的产权份额及钻戒 1 枚。

【法律分析】相比较于以前的《继承法》,《民法典》将代位继承的适用情形进行了扩大,被继承人的兄弟姐妹先于被继承人死亡的,被继承人的侄、甥获得第二顺位法定继承人资格。

老史生前没有立遗嘱,也没有立遗赠扶养协议,所以他的遗产应该按照法定继承办理。杨小小是老史姐姐的养子女,在老史姐姐先于老史死亡且老史的遗产无人继承又无人受遗赠的情况下,根据《最高人民法院关于适用〈中华人民共和国民法典〉时间效力的若干规定》第十四条,适用《民法典》第一千一百二十八条第二款和第三款的规定,杨小小有权作为老史的法定继承人继承老史的遗产。

另外,孙某与老史长期共同居住,老史生病住院期间的大大小小事情都由孙某一人负责处理,费用也是孙某代为支付,老史的丧葬事情也是孙某一人操办,相较杨小小,孙某对老史尽了更多的扶养义务,所以孙某作为继承人以外对被继承人扶养较多的人,可以分得适当遗产,而且可以比杨小小多分一些。

所以,出于有利于生产生活、便于执行的原则,对于老史名下上海市徐汇区华泾路某弄某号某室房屋的产权份额和钻戒 1 枚,应当归孙某所有,但孙某也应该向杨小小给付房屋的一部分折价款。

这样一来,既有利于保障财产在血缘家族内部的流转,减少遗产无人继承的状况,促进亲属关系的发展,引导人们重视亲属亲情,从而减少家族矛盾、促进社会和谐。同时,适用遗产的酌给制度,即向继承人以外的对被继承人扶养较多的人适当分给遗产,甚至多分一些,也有利于体现权利义务相一致原则,弘扬积极妥善赡养老人的传统美德。

【法条索引】

1.《最高人民法院关于适用〈中华人民共和国民法典〉时间效力的若干规定》

第十四条 被继承人在民法典施行前死亡,遗产无人继承又无人受遗赠,其兄弟姐妹的子女请求代位继承的,适用民法典第一千一百二十八条第二款和第三款的规定,但是遗产已经在民法典施行前处理完毕的除外。

2.《中华人民共和国民法典》

第一千一百二十八条 被继承人的子女先于被继承人死亡的,由被继承人的子女的直系晚辈血亲代位继承。

被继承人的兄弟姐妹先于被继承人死亡的,由被继承人的兄弟姐妹的子女代位继承。

代位继承人一般只能继承被代位继承人有权继承的遗产份额。

第一千一百三十一条 对继承人以外的依靠被继承人扶养的人,或者继承人以外的对被继承人扶养较多的人,可以分给适当的遗产。

问题 068 自然人之间的借款,是不是可以完全"私下处理"?

关键词:民间借贷;利息;缴税;增值税;个人所得税;印花税

【基本案情】小吕和小南两人虽然是夫妻,但他们属于新时代青年,双方书面约定,经济上、生活上相互独立,除了房产,其他的都不属于共同财产,即使互相借钱,也要付利息。2021年4月1日,小吕借给小南2 000万元用于经商,约定借款年利率6%。到了2021年9月30日,小南的公司经营得不错,将2 000万元的借款和60万元的利息都归还给了小吕。但是,令两人没有想到的是,税务局知道了这件事,通知他们去缴税,两个人懵了,夫妻之间借款属于你情我愿,还要缴税吗?要缴多少税呢?

【法律分析】在这个案例中,虽然小吕和小南两人是夫妻,但他们却约定了经济相互独立,这样,我们就可以将他们两人的财产不看作夫妻共同财产，而看作是两份相互独立的财产，他们之间的借贷行为属于民间借贷行为，双方在借款合同中约定计算利息也是理所当然的。

【涉税分析】在这种情况下，他们的借贷行为会涉及以下几种税：

（1）增值税（有税收优惠政策，不用缴）。

根据财税〔2016〕36号《财政部 国家税务总局关于全面推开营业税改征增值税试点的通知》附件1《营业税改征增值税试点实施办法》规定，贷款服务，需要缴纳增值税。小吕和小南属于自然人，自然人属于小规模纳税人，个人借款给个人取得的利息收入，征收率为3%。

根据《国家税务总局关于小规模纳税人免征增值税征管问题的公告》（国家税务总局公告2021年第5号）规定，小规模纳税人享受税收优惠，月应税收入小于等于15万元的，免征增值税及附加税。小吕和小南之间的借贷，年借款2 000万元是基数，借款年利率6%，月利息收入等于10万元，小于15万元，小吕不用缴增值税。

在这里，笔者想多啰嗦两句，因为有些自然人之间的借贷可能情况不同，如果有类似情况，不能生搬硬套。

比如，如果是2021年4月1日之前的，要按照每月不超过10万元计算，超过的，要全额计税。再比如，选择按季度申报的，就不需要盯着每个月看，只要一个季度总账不超过30万元（2021年4月1日以前，2023年1月1日以后）或者45万元（2021年4月1日至2022年12月31日）就行，哪怕其中有一个月超了，也没关系，季度总账不超就行。当然，如果是疫情防控期间，即使需要缴税，小规模纳税人增值税的征收率在2020年3月1日到2022年3月31日期间也从3%优惠变为1%，可以少缴很多税呢！又比如，2022年4月1日至2022年12月31日，增值税小规模纳税人免征增值税了，那就不用考虑增值税这一块了。

（2）个人所得税。

个人支付给个人的借款利息属于"债权性利息所得"，按照《个人所得税法》的规定，取得利息的个人应当按照"利息、股息、红利所得"项目缴纳个人所得税，税率为20%。

小吕一次性收到60万元利息,要缴的个人所得税为12万元(60万元×20%)。

(3)印花税。

个人向个人借款,签订的借款合同,不属于《印花税法》规定的借款合同情形,不用缴印花税。

【法条索引】

1.《中华人民共和国民法典》

第六百六十七条 借款合同是借款人向贷款人借款,到期返还借款并支付利息的合同。

2.《中华人民共和国个人所得税法》(2018年8月31日第十三届全国人大常委会第五次会议通过《关于修改〈中华人民共和国个人所得税法〉的决定》第七次修正)

第二条第(六)项 下列各项个人所得,应当缴纳个人所得税:(六)利息、股息、红利所得;

第三条第(三)项 个人所得税的税率:(三)利息、股息、红利所得,财产租赁所得,财产转让所得和偶然所得,适用比例税率,税率为百分之二十。

3.《中华人民共和国个人所得税法实施条例》(2018年12月18日中华人民共和国国务院令第707号第四次修订)

第六条第(六)项 个人所得税法规定的各项个人所得的范围:(六)利息、股息、红利所得,是指个人拥有债权、股权等而取得的利息、股息、红利所得。

4.《中华人民共和国印花税法》规定,借款合同,指银行业金融机构、经国务院银行业监督管理机构批准设立的其他金融机构与借款人(不包括同业拆借)的借款合同。税率为借款金额的万分之零点五。

5.《国家税务总局关于小规模纳税人免征增值税征管问题的公告》(国家税务总局公告2021年第5号)

第一条　小规模纳税人发生增值税应税销售行为，合计月销售额未超过15万元（以1个季度为1个纳税期的，季度销售额未超过45万元，下同）的，免征增值税。

6.《财政部 税务总局关于明确增值税小规模纳税人免征增值税政策的公告》（财政部 税务总局公告2021年第11号）规定，自2021年4月1日至2022年12月31日，对月销售额15万元以下（含本数）的增值税小规模纳税人，免征增值税。

7.《财政部 税务总局关于支持个体工商户复工复业增值税政策的公告》（财政部 税务总局公告2020年第13号）规定，自2020年3月1日至5月31日，除湖北省外，其他省、自治区、直辖市的增值税小规模纳税人，适用3%征收率的应税销售收入，减按1%征收率征收增值税；适用3%预征率的预缴增值税项目，减按1%预征率预缴增值税。

8.《财政部 税务总局关于延长小规模纳税人减免增值税政策执行期限的公告》将上述政策延长到2020年12月31日。

9.《财政部 税务总局关于延续实施应对疫情部分税收优惠政策的公告》将上述政策延长至2021年12月31日。

10.《财政部 税务总局关于对增值税小规模纳税人免征增值税的公告》将上述政策延长至2022年3月31日。

11.《财政部 税务总局关于对增值税小规模纳税人免征增值税的公告》规定，自2022年4月1日至2022年12月31日，增值税小规模纳税人适用3%征收率的应税销售收入，免征增值税；适用3%预征率的预缴增值税项目，暂停预缴增值税。

12.《财政部 国家税务总局关于全面推开营业税改征增值税试点的通知》（财税〔2016〕36号）附件1《营业税改征增值税试点实施办法》第二章征税范围规定，金融服务，是指经营金融保险的业务活动。包括贷款服务、直接收费金融服务、保险服务和金融商品转让。1.贷款服务。贷款，是指将资金贷与他人使用而取得利息收入的业务活动。

问题 069 夫妻之间签订财产约定，债主要按他们约定的比例分别要债吗？

关键词：夫妻；财产约定；生效条件；对抗；第三人

【基本案情】小甲（男）和小乙（女）是一对夫妻，但是感情不好，小乙一直想离婚，但是小甲却拖着迟迟不肯离。小甲跟小乙说，我们签一个夫妻财产约定吧，2/3 的财产归我，1/3 的财产归你，我就同意和你离婚。其实小甲只是想多占一些家里的财产，根本没有离婚的打算。小乙不知道小甲在骗她，就同意录了一段视频，在视频中，小乙表示将家里所有财产的 2/3 分给小甲，自己只分得 1/3 的财产。哪知道小甲拿到视频后就反悔了，不同意离婚，一个人跑去外地打工了。这时，债主小丙找到家里来要债，小乙说自己只得到了 1/3 的财产，就只能还 1/3 的债，其他的债让小丙去找小甲。小丙不知道甲乙二人的财产约定，也不知道小甲不在家，当然不同意。在这个案例里，小甲骗小乙录的关于夫妻财产约定的视频有效吗？小乙是不是只要还 1/3 的债？

【法律分析】

（一）夫妻之间签订财产约定必须注意的内容

1. 签订财产约定，夫妻都是自愿的，没有谁欺骗谁，也不存在谁胁迫谁。如果有欺诈或者胁迫，那么签订的夫妻财产约定就是无效的，法律不支持、不保护。

2. 约定必须要用书面形式，就是要纸质的，白纸黑字签字才有效，其他方式的都不行，口头的、录音录像、电子文档等都无效，法律不认可。

3. 约定的内容必须清楚，不会让人误解。如果约定不是很清楚，就要按照《民法典》第一千零六十二条、第一千零六十三条的规定来解决问题。

一方面，小甲欺骗小乙签订夫妻财产约定，小甲是虚情假意的，不是真实意思表示；小乙是被骗的，也不是真实意思表示。这种情况下签订的夫妻财产约定自然是无效的。小乙不用遵守这份财产约定。

另一方面，这份夫妻财产约定不是白纸黑字的纸质版本，而是一段视频，真实性不好确定，形式上也不符合法律要求，这份夫妻财产约定是无效的。小乙当然不用遵守这份财产约定。

（二）夫妻财产约定的效力

1. 内部效力，就是指对夫妻双方的法律效力：对夫妻双方都有效，夫妻二人都要按这个财产约定来办事，不能违反财产约定，谁违反了财产约定，就要承担违约责任，要赔偿另一方。

2. 外部效力，就是对家庭之外的人的法律效力，特别是对要债的人的法律效力，这里要分两种情况来看：一种情况是来要债的债权人知道夫妻二人签订了财产约定，这个要债的人也同意或者默认了这份财产约定，那么债权人就要遵守这份财产约定，按财产约定中商量好的，向夫妻中的一方要债，或者按财产约定中规定的比例向夫妻二人分别要债。另一种情况是来要债的债权人根本就不知道夫妻二人签订了财产约定，那么他就可以不管财产约定是怎么写的，随便找夫妻任何一人要债，要求丈夫或者妻子还全部的债。夫妻中的一人还了全部的债以后，当然可以按照财产约定的比例要求夫妻中的另一人一起来承担。这样也能保护债权人，防止有的夫妻为了逃债故意弄份假的夫妻财产约定，一个人拿走所有财产，另一个人负责还债。但负责还债的那个人又没钱还债，所以只能赖账。

小丙不知道小甲和小乙二人有财产约定，更不知道这份财产约定的内容，他当然可以不管这份财产约定，只要找到小甲或小乙中的任何一个人，就可以让他（或她）还全部的债，而不需要再去找另外一个人。本案例中，小丙找到了小乙，他可以要求小乙还全部的债，而不用再去找小甲。小乙虽然比较郁闷，但她也不能拒绝还债。如果小丙找到的是小甲，小甲也同样不能拒绝还全部的债。

【法条索引】

《中华人民共和国民法典》

第一千零六十五条　男女双方可以约定婚姻关系存续期间所得

的财产以及婚前财产归各自所有、共同所有或者部分各自所有、部分共同所有。约定应当采用书面形式。没有约定或者约定不明确的，适用本法第一千零六十二条、第一千零六十三条的规定。

夫妻对婚姻关系存续期间所得的财产以及婚前财产的约定，对双方具有法律约束力。

夫妻对婚姻关系存续期间所得的财产约定归各自所有，夫或者妻一方对外所负的债务，相对人知道该约定的，以夫或者妻一方的个人财产清偿。

问题070 政府对"老赖"进行限制，会对他个人和家人有影响吗？

关键词：失信；老赖；家人；限制；影响

【基本案情】 阿来夫妻二人贷款经营着一家酒店，家里有两个孩子，一个在上大学，准备考研，同时也准备参加公务员招聘考试；另一个孩子只有8岁，未成年。前两年，受新冠疫情影响，酒店生意越来越差，后来终于资不抵债，破产了，阿来也因此被认定为"老赖"。阿来被认定"老赖"后，会对阿来和他的妻子、两个孩子产生不良影响吗？什么情况下，阿来才能摘掉"老赖"的帽子呢？

【法律分析】 "老赖"，官方称为失信被执行人。对于"老赖"，国家制定了一系列的限制措施，这些措施既有针对"老赖"本人的，也有针对他的家人的。被认定为"老赖"后，达到一定的条件，也是可以摘掉"老赖"的帽子，恢复"真身"的。接下来，我们仔细来分析一下。

（一）对"老赖"本人的影响

1. 查封、冻结账户

不仅是银行账户，就连支付宝、微信支付等也都在法院可执行的财产范围内。"老赖"一旦进了黑名单，这些账户都将被限制，订房、买保险等都会受到限制。

2. 限制网购等

最高人民法院与芝麻信用签署对失信被执行人信用惩戒合作备忘录，芝麻信用会同淘宝、天猫、神州租车、趣分期等各应用平台，在消费金融、蚂蚁小贷、信用卡、P2P、酒店、租房、租车等方面，通过网络等渠道，全面限制"老赖"。

3. 限制担任重要职位

从2015年12月起，当"老赖"受到信用惩戒后，就不能在全国范围内担任任何公司的法定代表人、董事、监事和高级管理人员。

4. 其他

另外需要注意的是，即使"老赖"只有一套房屋，也可以被执行、被拍卖。"老赖"的养老金也算他的固定收入，也可以被执行。不过在冻结、扣划前，应当预留"老赖"及其所扶养家属必需的生活费用。

（二）对家人的影响

1. 子女不得就读高收费私立学校。高收费私立学校不能录取"老赖"的子女，已经招录的，要退学或者转到公办学校。

2. 夫妻共同房产也可能被强制执行，被查封、拍卖、变卖用来还债。如果"老赖"的债务是夫妻共同债务，那么他们的共同房产就会被拍卖、变卖用来还债；如果"老赖"的债务被认定为夫妻个人债务，但存在夫妻共同房产的情形下，法院也能够依法评估拍卖夫妻共同的房产，拍卖后将一半预留给不是"老赖"的那一方就可以。

（三）"老赖"的帽子可以摘掉

"浪子回头金不换"。符合条件的"老赖"，比如所有的赖账都偿还了，或者与债权人和解了，该尽的法律义务也都尽了，就可以申请法院撤销他的

"失信被执行人"称呼。人民法院将符合条件的"老赖"的有关信息从失信被执行人名单库中删除后,"老赖"就恢复自由身了,原来受限制的权利也就都回来了,他的家人的某些权利不会再受限制。

【法条索引】

1. 《最高人民法院关于适用〈中华人民共和国民事诉讼法〉的解释》

第五百一十八条 被执行人不履行法律文书确定的义务的,人民法院除对被执行人予以处罚外,还可以根据情节将其纳入失信被执行人名单,将被执行人不履行或者不完全履行义务的信息向其所在单位、征信机构以及其他相关机构通报。

2. 《关于对重大税收违法案件当事人实施联合惩戒措施的合作备忘录》(发改财金〔2014〕3062号)

对税务机关申请人民法院强制执行的行政处罚案件的当事人,由执行法院依法纳入失信被执行人名单,采取禁止乘坐飞机、列车软卧和动车等高消费惩戒措施。

3. 《最高人民法院关于限制被执行人高消费的若干规定》

第三条 被执行人为自然人的,被采取限制消费措施后,不得有以下高消费及非生活和工作必需的消费行为:

(一)乘坐交通工具时,选择飞机、列车软卧、轮船二等以上舱位;

(二)在星级以上宾馆、酒店、夜总会、高尔夫球场等场所进行高消费;

(三)购买不动产或者新建、扩建、高档装修房屋;

(四)租赁高档写字楼、宾馆、公寓等场所办公;

(五)购买非经营必需车辆;

(六)旅游、度假;

(七)子女就读高收费私立学校;

（八）支付高额保费购买保险理财产品；

（九）乘坐 G 字头动车组列车全部座位、其他动车组列车一等以上座位等其他非生活和工作必需的消费行为。

被执行人为单位的，被采取限制消费措施后，被执行人及其法定代表人、主要负责人、影响债务履行的直接责任人员、实际控制人不得实施前款规定的行为。因私消费以个人财产实施前款规定行为的，可以向执行法院提出申请。执行法院审查属实的，应予准许。

问题 071 子女未履行赡养义务，能否继承父母的遗产？

关键词：遗产；继承；赡养；集体

【基本案情】老王夫妻二人在农村以种田为生，同时养了一些牛羊，日子过得还算舒坦。但二老有个遗憾——唯一的女儿小王高中辍学后就外出打工，然后嫁到了外地，也从来不与二老联系，更没有尽一天的赡养义务。老王没办法，只好与村委会签订了遗赠扶养协议，约定老王夫妻过世后，丧葬事项由村委会负责，老王的羊也送给村委会。2021 年底，二老因为身体不好，相继去世，临终前也没见到女儿一面。但 2022 年春天，小王却回来了，倒不是要拜祭父母，而是听说父母遗留的那些牛和羊分别被村集体卖了 20 万元、30 万元后，回来继承遗产的。村集体认为小王没尽到子女的赡养义务，无权继承遗产，小王却认为自己是唯一合法继承人，可以全额继承遗产。到底谁说得有理呢？老王夫妻二人的遗产该怎么分呢？

【法律分析】根据民法典的规定，在遗产继承中，如果有很多种继承方式，比如遗赠、遗嘱、遗赠扶养、法定继承，这几种继承方式也是有先后顺序的，不能乱。首先是遗赠扶养协议，其次是遗嘱继承和遗赠，最后才是法定继承。为什么会这样规定呢？原因有3点：1. 遗赠扶养协议，顾名思义，没有扶养义务的人对被扶养人尽了扶养义务，被扶养人将财产遗赠给扶养人。以老王的事情为例，老王与村委会订立了一份遗赠扶养协议，村委会请人扶养老王夫妻，负责老王夫妻的生老病死。老王夫妻过世后，将养的30万元的羊遗赠给村委会。村委会本来没有义务照顾老王夫妻二人，但村委会却找人进行了妥善照顾，并且将老王夫妻的后事办理妥当了。做善事的村委会在第一顺位接受老王夫妻遗赠的财产，才能弘扬社会正能量，鼓励人们相互帮助。2. 遗赠扶养协议履行完毕后，被继承人自己有意思倾向，想要立遗嘱，法律当然会支持，因为这些财产是被继承人私有的，他当然有权处理。3. 如果还剩下一些遗产，既没有遗赠扶养协议，也没有遗嘱，那就按法律规定的来处理，即法定继承。

所以，村委会与老王之间签订的遗赠扶养协议有效，而且得优先处置，村委会有权得到卖羊的30万元。小王不能要求村委会退还这30万元，不然会让做善事的人寒了心，以后谁还会帮助那些无人赡养的老人？

另外，根据《民法典》的规定，在遗赠扶养协议和遗嘱处理完以后还剩的财产，按照法定继承来处理。小王作为法定继承人，自然有权继承这卖牛的20万元。虽然小王没对老王夫妻二人尽到赡养的义务，但毕竟血浓于水，小王和老王是有血缘关系的至亲，村委会也不能有异议，不让小王继承这20万元。不过，如果还有其他法定继承人和小王一起继承这20万元，由于小王根本没尽到赡养义务，而其他法定继承人尽到了赡养义务，则应该少分一些给小王，甚至一点都不分给小王。

【法条索引】

1. 《中华人民共和国民法典》

第一千零六十七条第二款　成年子女不履行赡养义务的，缺乏劳动能力或者生活困难的父母，有要求成年子女给付赡养费的权利。

第一千一百二十三条　继承开始后，按照法定继承办理；有遗嘱的，按照遗嘱继承或者遗赠办理；有遗赠扶养协议的，按照协议办理。

第一千一百二十七条第一款第一项 遗产按照下列顺序继承：

（一）第一顺序：配偶、子女、父母；

第一千一百三十条第四款 有扶养能力和有扶养条件的继承人，不尽扶养义务的，分配遗产时，应当不分或者少分。

第一千一百五十八条 自然人可以与继承人以外的组织或者个人签订遗赠扶养协议。按照协议，该组织或者个人承担该自然人生养死葬的义务，享有受遗赠的权利。

第一千一百六十条 无人继承又无人受遗赠的遗产，归国家所有，用于公益事业；死者生前是集体所有制组织成员的，归所在集体所有制组织所有。

2.《最高人民法院关于适用〈中华人民共和国民法典〉继承编的解释（一）》

第三条 被继承人生前与他人订有遗赠扶养协议，同时又立有遗嘱的，继承开始后，如果遗赠扶养协议与遗嘱没有抵触，遗产分别按协议和遗嘱处理；如果有抵触，按协议处理，与协议抵触的遗嘱全部或者部分无效。

问题072 转账给"小三"的款项和赠送的财物，原配能主张索回吗？

关键词：出轨；"小三"；赠送；财物；返还

【基本案情】阿龙和阿凤是一对夫妻，结婚几年后，阿龙与阿三偷偷发展成了不正当男女关系，在阿凤不知情的情况下，阿龙私下转了100万元赠送给阿三，另外还给阿三买了一些首饰和包包。后来东窗事发，阿龙包"小三"的事情被阿凤知道了，阿凤大怒，要求阿三归还100万元、首饰和包包。阿凤的要求是合理合法的吗？阿三需要归还这100万元、首饰和包包吗？阿凤能要求阿三支付这些财物的利息吗？

【法律分析】 首先，我们要搞清楚，阿龙赠送给阿三的这100万元、首饰和包包，都属于赠与吗？能确定的赠与金额为多少？

民法典规定，赠与合同是赠与人将自己的财产无偿给予受赠人，受赠人表示接受赠与的合同。阿龙将100万元、首饰和包包无偿地送给阿三，阿三也愉快地收下了，表示接受赠与。由此可见，阿龙的这种行为属于民法上的赠与行为，赠与的财物为100万元、首饰和包包。但是，只有100万元有转账记录，其他的东西，如首饰、包包等，都是生活中临时起意买来赠送的，没有任何凭证，不能依法确定。所以，能够确定的赠与金额应该是100万元。

其次，我们要弄明白，这些赠与的效力怎样？如果有效，就不能要求退回；如果无效，就可以要求退回。

根据《民法典》的规定，在夫妻对财产未作出特别约定的情形下，夫妻财产是共同财产，夫妻对共同财产享有共同共有权。在婚内，夫妻共同财产是一个不可分割的整体，夫妻对全部共同财产共同享有所有权，但是不分份额、不能分开算，夫妻对共同财产享有平等的处分权。阿龙和阿凤夫妻二人的财产没有独立，是夫妻共同财产。

夫或妻非因日常生活需要对夫妻共同财产作出的重要处理决定，夫妻双方应当平等协商，取得一致意见，任何一方均无权单独处分夫妻共同财产。阿龙没有征得阿凤同意，也不是日常生活需要，就将夫妻共同财产赠与阿三，属于擅自处分夫妻共同财产的行为。事后，阿凤也没有对阿龙的赠与行为进行追认，阿三接受赠与时也不是善意，毕竟当"小三"的行为违背了公序良俗。阿龙与阿三之间发生婚外情关系，然后阿龙将大额的夫妻共同财产赠与阿三，也违背了公序良俗。另外，阿龙与阿凤应当互相忠诚，互相尊重。所以，这份赠与是无效的，作为这份夫妻共同财产的所有人，阿凤有权要求确认这份赠与合同无效，并要求阿三归还100万元。至于利息，因为阿龙与阿三都有过错，应当各自承担相应的责任，所以也不必去考虑了。

最后，总结一下，感情不是商业行为，夫妻之间应该忠实忠诚，情侣间要以道德规范为准绳，不能违反公序良俗，不能触碰法律底线，否则最终换来的只能是一场"黄粱美梦"。

【法条索引】

1. 《中华人民共和国民法典》

第三百一十一条　无处分权人将不动产或者动产转让给受让人的，所有权人有权追回；除法律另有规定外，符合下列情形的，受让人取得该不动产或者动产的所有权：

（一）受让人受让该不动产或者动产时是善意；

（二）以合理的价格转让；

（三）转让的不动产或者动产依照法律规定应当登记的已经登记，不需要登记的已经交付给受让人。

受让人依据前款规定取得不动产或者动产的所有权的，原所有权人有权向无处分权人请求损害赔偿。

当事人善意取得其他物权的，参照适用前两款规定。

第一千零六十二条　夫妻在婚姻关系存续期间所得的下列财产，为夫妻的共同财产，归夫妻共同所有：

（一）工资、奖金、劳务报酬；

（二）生产、经营、投资的收益；

（三）知识产权的收益；

（四）继承或者受赠的财产，但是本法一千零六十三条第三项规定的除外；

（五）其他应当归共同所有的财产。

夫妻对共同财产，有平等的处理权。

第 3 篇

社 保 篇

附录上

一、社保综合类

问题 073

用人单位支付现金,由职工自行缴纳社会保险费。这种方式合法吗?
关键词:支付现金;员工自行缴纳

【基本案情】金某,32 岁,2021 年 3 月入职 A 广告公司,与公司签订了劳动合同,合同约定公司不给金某缴纳社保,但是会以现金形式支付给金某一笔钱作为社保补助费,用现金支付代替社保缴纳。请问这样的约定是否合法?

【法律分析】用人单位支付现金,由职工自行缴纳社会保险费,这种约定不合法。

参加社会保险,是用人单位和职工的法定义务。用人单位为劳动者缴纳社会保险是其法定义务,不得以任何方式加以减损。用人单位应当自用工之日起 30 日内为其职工向社会保险经办机构申请办理社会保险登记。用人单位和职工应当以货币形式全额缴纳社会保险费。职工应当缴纳的社会保险费,由所在单位从其本人工资中代扣代缴,并按月将缴纳社会保险费的明细情况告知本人。

无雇工的个体工商户、未在用人单位参加社会保险的非全日制从业人员以及其他灵活就业人员,可以直接向社会保险费征收机构缴纳社会保险费。

因此,代扣代缴社会保险费是用人单位的法定义务,不得改变缴费方式。劳动合同中关于把钱给员工,再由员工自己缴纳社保费的约定与法律强制性规定冲突,因而无效,但此条款的无效不影响合同中其他条款的效力。

如果 A 广告公司未依法为金某缴纳社会保险费,金某可以依法申请调解、仲裁，提起诉讼，也可以要求社会保险行政部门或者社会保险费征收机构依法处理。

另外，相关法律规定，用人单位未依法为劳动者缴纳社会保险费的，劳动者可以单方解除劳动合同，用人单位还需要向劳动者支付经济补偿。因此，金某有权以 A 广告公司未依法给他缴纳社会保险费为由解除劳动合同，并要求 A 广告公司支付经济补偿。如果金某 2022 年 3 月提出解除劳动合同，则 A 广告公司应向其支付经济补偿，标准为劳动合同解除或者终止前 12 个月的月平均工资的 1 倍。如果金某的月平均工资高于 A 广告公司所在直辖市、设区的市级人民政府公布的本地区上年度职工月平均工资 3 倍的，那么向金某支付经济补偿的标准按职工月平均工资 3 倍的数额支付。

【法条索引】

1. 《中华人民共和国劳动法》

第七十二条 社会保险基金按照保险类型确定资金来源，逐步实行社会统筹。用人单位和劳动者必须依法参加社会保险，缴纳社会保险费。

2. 《中华人民共和国社会保险法》

第五十八条 用人单位应当自用工之日起三十日内为其职工向社会保险经办机构申请办理社会保险登记。

第六十条 用人单位应当自行申报、按时足额缴纳社会保险费，非因不可抗力等法定事由不得缓缴、减免。职工应当缴纳的社会保险费由用人单位代扣代缴，用人单位应当按月将缴纳社会保险费的明细情况告知本人。

无雇工的个体工商户、未在用人单位参加社会保险的非全日制从业人员以及其他灵活就业人员，可以直接向社会保险费征收机构缴纳社会保险费。

3. 《社会保险费征缴暂行条例》

第十二条 缴费单位和缴费个人应当以货币形式全额缴纳社会

保险费。缴费个人应当缴纳的社会保险费,由所在单位从其本人工资中代扣代缴。

4.《中华人民共和国劳动合同法》

第三十八条　用人单位有下列情形之一的,劳动者可以解除劳动合同:(三)未依法为劳动者缴纳社会保险费的;

第四十六条　有下列情形之一的,用人单位应当向劳动者支付经济补偿:(一)劳动者依照本法第三十八条规定解除劳动合同的;

第四十七条　经济补偿按劳动者在本单位工作的年限,每满一年支付一个月工资的标准向劳动者支付。六个月以上不满一年的,按一年计算;不满六个月的,向劳动者支付半个月工资的经济补偿。劳动者月工资高于用人单位所在直辖市、设区的市级人民政府公布的本地区上年度职工月平均工资三倍的,向其支付经济补偿的标准按职工月平均工资三倍的数额支付,向其支付经济补偿的年限最高不超过十二年。本条所称月工资是指劳动者在劳动合同解除或者终止前十二个月的平均工资。

试用期职工,用人单位是否可以约定试用期内不为其缴纳城镇职工社保?

关键词:试用期;职工社保

【基本案情】王某今年刚大学毕业,最近找了份工作,非常高兴。可是公司却说试用期不给他缴纳城镇职工社保,转正后再为其办理社保相关手续。他有点困惑,但是第一份工作他也不太懂,所以就答应了。用人单位的做法是否合法?用人单位到底应该什么时间为员工缴纳社保呢?

【法律分析】依据我国现行法律法规，用人单位应当自用工之日起30日内为其职工向社会保险经办机构申请办理社会保险登记。

劳动法规定，用人单位和员工可以在劳动合同中约定试用期。相关法律法规明确规定，试用期是依据劳动合同上双方约定的期限进行的，不可以单独就试用期签订劳动合同。因此，试用期只是合同期的一个组成部分，它不是隔离在合同期之外的。即使试用期未签订劳动合同，员工也与用人单位形成了事实劳动关系。所以不管试用期是否签订劳动合同，用人单位都应该为试用期员工缴纳保险。

早在1994年，我国就建立了强制性的社会保险制度。缴纳社会保险费是用人单位和劳动者的法定义务，不因双方任何私下约定而改变，不取决于当事人的意思或自愿与否，即使员工表示不需要交保险也不行，而且商业保险不能替代社会保险。只要建立了劳动关系，就应该缴纳社会保险费。

如果企业不给试用期员工缴纳社保，员工可以收集双方存在劳动关系的证据后，向劳动监察大队举报，也可以向社会保险行政部门、卫生行政部门、社会保险经办机构、社会保险费征收机构和财政部门、审计机关举报、投诉。其中，可以证明劳动关系的证据包括：（1）双方签订的劳动合同；（2）工资卡、工资存折、单位盖章确认的工资条或记录、单位盖章的职工花名册；（3）用人单位为劳动者缴纳各项社会保险费的记录，购买商业险的记录；（4）用人单位向劳动者发放的"工作证""服务证"等能够证明身份的证件；（5）劳动者填写的用人单位招工招聘"登记表""报名表"等招用记录；（6）用人单位盖章的考勤记录；（7）单位出差的证明，如从单位客户那里获得的证据等；（8）同事的证言等。

试用期员工与所在用人单位因试用期是否缴纳社保发生社会保险争议的，可以依法申请调解、仲裁，提起诉讼。试用期员工认为用人单位侵害个人社会保险权益的，也可以要求社会保险行政部门或者社会保险费征收机构依法处理。另外，相关法律规定，用人单位未依法为劳动者缴纳社会保险费的，劳动者可以单方解除劳动合同，用人单位还需要向劳动者支付经济补偿。经济补偿按劳动者在用人单位工作的年限，每满1年支付1个月工资的标准向劳动者支付。

【法条索引】

1. 《中华人民共和国劳动法》

第二十一条　劳动合同可以约定试用期。

第七十二条　社会保险基金按照保险类型确定资金来源，逐步实行社会统筹。用人单位和劳动者必须依法参加社会保险，缴纳社会保险费。

第三十八条　用人单位有下列情形之一的，劳动者可以解除劳动合同：（三）未依法为劳动者缴纳社会保险费的；

第四十六条　有下列情形之一的，用人单位应当向劳动者支付经济补偿：（一）劳动者依照本法第三十六条规定解除劳动合同的；

第四十七条　经济补偿按劳动者在本单位工作的年限，每满一年支付一个月工资的标准向劳动者支付。六个月以上不满一年的，按一年计算；不满六个月的，向劳动者支付半个月工资的经济补偿。劳动者月工资高于用人单位所在直辖市、设区的市级人民政府公布的本地区上年度职工月平均工资三倍的，向其支付经济补偿的标准按职工月平均工资三倍的数额支付，向其支付经济补偿的年限最高不超过十二年。本条所称月工资是指劳动者在劳动合同解除或者终止前十二个月的平均工资。

2. 《中华人民共和国社会保险法》

第五十八条　用人单位应当自用工之日起三十日内为其职工向社会保险经办机构申请办理社会保险登记。

第八十二条　任何组织或者个人有权对违反社会保险法律、法规的行为进行举报、投诉。

社会保险行政部门、卫生行政部门、社会保险经办机构、社会保险费征收机构和财政部门、审计机关对属于本部门、本机构职责范围的举报、投诉，应当依法处理；对不属于本部门、本机构职责范围的，应当书面通知并移交有权处理的部门、机构处理。有权处理的部门、机构应当及时处理，不得推诿。

第八十三条　个人与所在用人单位发生社会保险争议的，可以依法申请调解、仲裁，提起诉讼。用人单位侵害个人社会保险权益的，个人也可以要求社会保险行政部门或者社会保险费征收机构依法处理。

3.《关于贯彻执行〈中华人民共和国劳动法〉若干问题的意见》

劳动者被用人单位录用后，双方可以在劳动合同中约定试用期，试用期应包括在劳动合同期限内。

4.《实施〈中华人民共和国社会保险法〉若干规定》

第二十七条　职工与所在用人单位发生社会保险争议的，可以依照《中华人民共和国劳动争议调解仲裁法》《劳动人事争议仲裁办案规则》的规定，申请调解、仲裁，提起诉讼。

职工认为用人单位有未按时足额为其缴纳社会保险费等侵害其社会保险权益行为的，也可以要求社会保险行政部门或者社会保险费征收机构依法处理。社会保险行政部门或者社会保险费征收机构应当按照社会保险法和《劳动保障监察条例》等相关规定处理。在处理过程中，用人单位对双方的劳动关系提出异议的，社会保险行政部门应当依法查明相关事实后继续处理。

问题 075　未毕业的大学生参加实习，可以要求公司为其缴纳城镇职工社保吗？

关键词：未毕业；实习；职工社保

【基本案情】金某，男，某大学大三学生，经申请成为 A 公司的实习生，签订了实习协议，实习期间有实习补助金，是否可以要求 A 公司为其缴纳城镇职工社保？

【法律分析】未毕业的实习大学生属于无稳定经济收入、无独立工作者。目前，很多大学生为积累工作经验，会选择在大三或者是大四的时候去公司实习。

实习生是指无经验学习人员，泛指某一专业的高年级或者刚毕业的大学生，在有经验的工作人员的指导下学习实际工作经验，属于非正式雇用的劳工，通常以日薪计酬，也不像正式的劳工能够享有退休金与每月最低工资的保障。聘用实习生的目的为处理短期出现的额外工作并培养为正式雇用的劳工。

社保是针对企业员工强制缴纳的基本保险，根据国家相关法律法规规定，缴纳社会保险，必须是和单位签订劳动合同并形成劳动关系的职工。如果没有签订劳动合同，则不属于单位职工，无法为其缴纳社会保险。

针对在校大学生，因为尚未毕业，则不能与用人单位签订劳动合同，一般只能签订实习生协议，用人单位与学生之间只有劳务关系，未形成劳动关系，不能为实习生缴纳城镇职工社保，但是实习期间可以选择性购买意外险。针对刚毕业的实习大学生，是否需要缴纳城镇职工社保的判断标准是签订的协议种类，如果签订的是实习生协议，则无须为实习生缴纳城镇职工社保；如果签订的是劳动合同，则必须为其正常缴纳相关城镇职工社保。

【法条索引】

1.《中华人民共和国社会保险法》

第五十八条 用人单位应当自用工之日起三十日内为其职工向社会保险经办机构申请办理社会保险登记。未办理社会保险登记的，由社会保险经办机构核定其应当缴纳的社会保险费。

2.《中华人民共和国劳动法》

第七十二条 社会保险基金按照保险类型确定资金来源，逐步实行社会统筹。用人单位和劳动者必须依法参加社会保险，缴纳社会保险费。

问题 076

用人单位只为职工缴纳了最低基数的工伤保险和失业保险，职工发生工伤事故后如何计算工伤赔偿和失业保险金？

关键词：最低基数；赔偿计算标准

【基本案情】黄某，31岁，2020年1月入职A机械公司，与公司签订了劳动合同。公司仅为其缴纳了工伤保险和失业保险，且参保时未按黄某的实际月工资4 440元作为缴费基数，而是以当地最低工资标准1 243.42元/月进行参保。2020年6月14日，黄某在做冲床清洁时，被机器齿轮压伤右腕，经诊断为右腕关节以远毁损离断伤。同年7月，劳动部门出具工伤认定书，并鉴定为伤残五级。后黄某提出解除劳动关系，与公司因工伤保险待遇、经济补偿金和失业保险待遇的计算问题产生纠纷。这种情况下，应如何计算工伤赔偿、经济补偿金和失业保险待遇？

【法律分析】用人单位应当按照本单位职工工资总额，根据社会保险经办机构确定的费率缴纳工伤保险费。用人单位因少报、瞒报缴费基数，造成工伤职工享受的工伤保险待遇降低的，属于用人单位违反劳动保障法律、法规或者规章，对劳动者造成损害的情形，应依法承担赔偿责任。工伤保险机构根据公司为黄某缴纳工伤保险的缴费基数，核实下发黄某的一次性伤残补助金，少于黄某实际应得的一次性伤残补助金，造成其工伤保险待遇降低，差额部分应由用人单位补足。因此A机械公司收到工伤保险机构核发黄某的一次性伤残补助金后，需要补足差额部分。对用人单位瞒报缴费基数的行为，由劳动保障行政部门责令改正，并处瞒报工资数额1倍以上3倍以下的罚款。

A机械公司未为其依法缴纳社会保险系黄某提出解除劳动关系的原因之一，因此A机械公司应当支付黄某经济补偿金。经济补偿按劳动者在本单位工作的年限，每满 1 年支付 1 个月工资的标准向劳动者支付。劳动者月工资高于用人单位所在直辖市、设区的市级人民政府公布的本地区上年度职工月平均工资 3 倍的，向其支付经济补偿的标准按职工月平均工资 3 倍的数额支付，向其支付经济补偿的年限最高不超过 12 年。前文所称月工资是指劳动者在劳动合同解除或者终止前 12 个月的平均工资。

黄某因 A 机械公司未依法为其参加社会保险而提出解除劳动关系，属于非因本人意愿中断就业的情形，符合失业保险金领取条件，可以按规定享受失业保险待遇。失业保险待遇主要包括以下 5 个方面：（1）失业保险金；（2）失业人员领取失业保险金期间参加职工基本医疗保险的费用；（3）领取失业保险金期间死亡的失业人员的丧葬补助金和其供养的配偶、直属亲属的抚恤金；（4）领取失业保险金期间接受职业培训、职业介绍的补贴；（5）国务院规定或者批准的与失业保险有关的其他费用。其中失业保险金的标准，由省、自治区、直辖市人民政府确定，不得低于城市居民最低生活保障标准。

【法条索引】

1.《中华人民共和国社会保险法》

第三十五条　用人单位应当按照本单位职工工资总额，根据社会保险经办机构确定的费率缴纳工伤保险费。

第四十五条　失业人员符合下列条件的，从失业保险基金中领取失业保险金：

（一）失业前用人单位和本人已经缴纳失业保险费满一年的；

（二）非因本人意愿中断就业的；

（三）已经进行失业登记，并有求职要求的。

第四十六条　失业人员失业前用人单位和本人累计缴费满一年不足五年的，领取失业保险金的期限最长为十二个月；累计缴费满五年不足十年的，领取失业保险金的期限最长为十八个月；累计缴费十年以上的，领取失业保险金的期限最长为二十四个月。重新就业后，再次失业的，缴费时间重新计算，领取失业保险金的期限与前次失业应当领取而尚未领取的失业保险金的期限合并计算，最长不超过二十四个月。

第四十七条　失业保险金的标准，由省、自治区、直辖市人民政府确定，不得低于城市居民最低生活保障标准。

第四十八条　失业人员在领取失业保险金期间，参加职工基本医疗保险，享受基本医疗保险待遇。

失业人员应当缴纳的基本医疗保险费从失业保险基金中支付，个人不缴纳基本医疗保险费。

第四十九条　失业人员在领取失业保险金期间死亡的，参照当地对在职职工死亡的规定，向其遗属发给一次性丧葬补助金和抚恤金。所需资金从失业保险基金中支付。

个人死亡同时符合领取基本养老保险丧葬补助金、工伤保险丧葬补助金和失业保险丧葬补助金条件的，其遗属只能选择领取其中的一项。

2.《中华人民共和国劳动合同法》

第三十八条　用人单位有下列情形之一的，劳动者可以解除劳动合同：（三）未依法为劳动者缴纳社会保险费的。

第四十六条　有下列情形之一的，用人单位应当向劳动者支付经济补偿：（一）劳动者依照本法第三十八条规定解除劳动合同的。

第四十七条　经济补偿按劳动者在本单位工作的年限，每满一年支付一个月工资的标准向劳动者支付。六个月以上不满一年的，按一年计算；不满六个月的，向劳动者支付半个月工资的经济补偿。劳动者月工资高于用人单位所在直辖市、设区的市级人民政府公布的本地区上年度职工月平均工资三倍的，向其支付经济补偿的标准按职工月平均工资三倍的数额支付，向其支付经济补偿的年限最高不超过十二年。本条所称月工资是指劳动者在劳动合同解除或者终止前十二个月的平均工资。

3.《工伤保险条例》

第五十八条　用人单位瞒报工资总额或者职工人数的,由劳动保障行政部门责令改正,并处瞒报工资数额1倍以上3倍以下的罚款。

4.《劳动保障监察条例》

第二十一条　用人单位违反劳动保障法律、法规或者规章,对劳动者造成损害的,依法承担赔偿责任。

自由职业者因每个月都由自己缴纳社保需要花费较多的资金,是否可以选择挂靠到一家公司完成社保的缴纳呢?

关键词:自由职业者;挂靠社保

【基本案情】孙某是一名自由职业者,工作不稳定,没有固定的单位为其缴纳社保,他觉得如果每个月都由自己进行缴纳需要花费较多的资金,看到有广告宣传说社保挂靠公司可以减少缴费金额,他是否可以选择挂靠到一家公司完成社保的缴纳呢?

【法律分析】社保挂靠是指想要购买、缴纳社会保险的个人,因为失业或灵活就业等原因,没有用人单位为其缴纳社会保险,所以将社保关系挂靠在熟人的单位或者专业的社保代缴公司,由代理机构以"挂靠"的形式缴纳社会保险,从而享受社会保险待遇的一种参保形式。

由于灵活就业人员和自由职业者越来越多,加上一线城市和新一线城市的购房、落户、车牌等资格大都与社会保险缴费年限挂钩,要求连续不间断缴费满2年甚至更多,导致这几年社保"挂靠"生意非常火爆,市场需求大,提供挂靠服务的机构也在逐年增多。

灵活就业人员和自由职业者这类缴费人没有固定的单位为其缴纳社保,

他们认为每个月都由自己进行缴纳需要花费较多的资金，其中有些人会选择挂靠到一家公司完成社保的缴纳。

社保挂靠主要是为了自己的社保不会出现中断的情况，但是这样的行为也存在很大的风险，最大的风险就在于挂靠公司。比如该公司可能并不会为缴费人缴纳社保，社保的金额也全是由个人承担，缴费人在承担社保费用的同时还需要给予这些公司一定的回报，而这些公司有的自身经营都存在问题，说不定哪天就倒闭，到时候卷钱跑路，想找都没地方找，这也就无形中增加了挂靠的风险。

目前，社保中心已经发来提醒，那就是社保信息将全面入网，这也就意味着每个人社保缴纳的情况都能在网上直接查到，那些违法挂靠公司的行为将不允许出现。通过企业挂靠来缴纳社保对个人而言会产生一定的影响，一旦企业跑路，自己的资金会遭受巨大的损失，缴费人也会因此进入黑名单当中，日常出行将受到限制。影响最严重的还是社保基金的损失，如果企业出现这样的问题被查到，相关负责人也将承担法律责任。

社保"挂靠"的本质是通过伪造的材料，例如劳动合同、用工花名册和工资发放记录表等，虚构劳动关系，以用人单位的名义为参保人办理登记参保手续，代为缴纳社会保险费用。这种行为是违法的，后果严重。"挂靠"社保从本质上来说是一种违法行为。若是通过虚构劳动关系、伪造材料参保缴费并且领取了养老保险待遇、生育保险待遇或工伤保险待遇等各项社会保险待遇的，属于骗保行为，后果则更加严重。此外，"挂靠"缴纳社保或"骗保"，还会被列入严重失信人名单。

【法条索引】

1.《中华人民共和国社会保险法》

第八十八条　以欺诈、伪造证明材料或者其他手段骗取社会保险待遇的，由社会保险行政部门责令退回骗取的社会保险金，并处以骗取金额二倍以上五倍以下的罚款。

2.《社会保险基金行政监督办法》

第三十二条　用人单位、个人有下列行为之一，以欺诈、伪造证明材料或者其他手段骗取社会保险待遇的，按照《中华人民共和国社会保险法》第八十八条的规定处理：

（一）通过虚构个人信息、劳动关系，使用伪造、变造或者盗用他人可用于证明身份的证件，提供虚假证明材料等手段虚构社会保险参保条件、违规补缴，骗取社会保险待遇的；

（二）通过虚假待遇资格认证等方式，骗取社会保险待遇的；

（三）通过伪造或者变造个人档案、劳动能力鉴定结论等手段违规办理退休，违规增加视同缴费年限，骗取基本养老保险待遇的；

（四）通过谎报工伤事故、伪造或者变造证明材料等进行工伤认定或者劳动能力鉴定，或者提供虚假工伤认定结论、劳动能力鉴定结论，骗取工伤保险待遇的；

（五）通过伪造或者变造就医资料、票据等，或者冒用工伤人员身份就医、配置辅助器具，骗取工伤保险待遇的；

（六）其他以欺诈、伪造证明材料等手段骗取社会保险待遇的。

3.《中华人民共和国刑法》

第二百六十条　以申领待遇为目的，以欺诈、伪造证明材料或者其他手段参加申报社保和骗取社保待遇的，属于诈骗公私财物的行为。诈骗公私财物，数额较大的，通常处以三年以下的有期徒刑、拘役或管制，并处以罚金；数额特别巨大的，最高判处无期徒刑并处以罚金。

4.《社会保险领域严重失信人名单管理暂行办法》

用人单位、社会保险服务机构及其有关人员、参保及待遇领取人员等，有下列情形之一的，县级以上地方人力资源社会保障部门将其列入社会保险严重失信人名单：（二）以欺诈、伪造证明材料或者其他手段违规参加社会保险，违规办理社会保险业务超过20人次或从中牟利超过2万元的；（三）以欺诈、伪造证明材料或者其他手段骗取社会保险待遇或社会保险基金支出，数额超过1万元，或虽未达到1万元但经责令退回仍拒不退回的。

问题 078 工伤员工不请假也不来上班,公司能否单方面辞退?

关键词:工伤员工;单方面辞退

【基本案情】林某,28 岁,2020 年 5 月入职 A 装饰公司,与公司签订了劳动合同。2021 年 3 月,林某于上班时间在公司不慎摔伤,社会保险行政部门认定林某所受伤害为工伤,鉴定为九级伤残。受伤后,林某不请假也不来上班,公司能否单方面辞退他?

【法律分析】遵守企业的规章制度和劳动纪律是员工的法定义务。依据相关法律规定,严重违反用人单位的规章制度的,用人单位可以解除劳动合同。工伤员工不请假也不来公司上班,公司能否单方辞退员工,这个问题要根据员工的实际情况来确定。

(1) 员工处于停工留薪期没有到公司上班的,可以不用请假。

员工发生工伤事故需要接受治疗而暂停工作的这段时间属于停工留薪期,不需要请假,而且劳动者还可以享受工伤事故前的原工资福利待遇。注意:不是最低工资,也不是基本工资,受伤前什么待遇,现在也是什么待遇。那么停工留薪期是多久呢?关于停工留薪的期限,《工伤保险条例》也只是作了比较笼统的规定,职工停工留薪期一般不超过 12 个月。那么具体实践中该如何确定呢?目前停工留薪期的确认主要有以下两种方式:①根据医院出具的医疗诊断证明书,以工伤职工遭受事故伤害至暂停工作接受医疗终止的期限来确定,而且停工留薪的期限不能超过伤残等级鉴定作出之日,也就是劳动能力鉴定委员会作出鉴定结论的时间。②通过制定停工留薪期分类目录来确定停工留薪期的具体期限。比如江西省制定的《江西省工伤职工停工留薪期分类目录》,对工伤人员的伤害部位作了详细分类。如果伤情严重或者情况特殊,经设区的市级劳动能力鉴定委员会确认,可以适当延长,但延长不得超过 12 个月。

（2）员工工伤医疗期满后不到公司上班必须请假，否则公司可以按旷工处理。

如果停工留薪期满了，员工还要继续休息，或者因为其他事情不能回公司上班的，就一定要向用人单位请病假或者事假。员工请病假的，需要提交医院出具的相关病假建议等相关医疗材料，公司审核后应当予以批准。如果员工请的是事假，公司可以不批准。如果员工未经公司批准擅自离职或者请事假期满逾期不归的，公司可以按照旷工处理。无论是请病假还是请事假，请假的手续一定要完善。请假条应当明确请假的类型、事由及时间。不然很可能就会被认定为旷工，最后既丢了工作，也得不到经济补偿金。

（3）工伤员工停工留薪期届满后未能到岗上班，所在单位应采取以下应对措施：

公司作为用人单位，对劳动者有管理职责，在工伤职工停工留薪期满后应通知员工返岗，并安排合适的工作岗位。如果员工不返岗，公司才可以按旷工解除。公司辞退旷工的员工程序上要到位，首先应该向员工下达返岗通知书，在返岗通知书中明确，如果在规定期限内员工不能及时到岗的按旷工处理。在规定期限内员工未到岗上班的，公司再向员工送达解除劳动合同（关系）通知书。尤其需要注意的是，员工在停工留薪期满后没有回公司上班，公司也没有通知员工回来上班。这种情况，公司将处于非常不利的被动地位。因为司法实践一般视之为双方于员工停工留薪期满之日协商一致解除劳动关系，并且属于由用人单位提出，经双方协商一致解除劳动关系的情形，公司还需要支付员工经济补偿金。如果案例中林某和 A 装饰公司于 2021 年 5 月协商解除劳动合同，则 A 装饰公司应向林某支付经济补偿，标准为劳动合同解除或者终止前 12 个月林某的月平均工资的 1 倍。如果林某的月平均工资高于 A 装饰公司所在直辖市、设区的市级人民政府公布的本地区上年度职工月平均工资 3 倍的，那么向林某支付经济补偿的标准按职工月平均工资 3 倍的数额支付。

【法条索引】

1.《中华人民共和国劳动合同法》

第三十六条 用人单位与劳动者协商一致，可以解除劳动合同。

第三十九条 劳动者有下列情形之一的，用人单位可以解除劳动合同：（二）严重违反用人单位的规章制度的。

第四十六条 有下列情形之一的，用人单位应当向劳动者支付经济补偿：（二）用人单位依照本法第三十六条规定向劳动者提出解除劳动合同并与劳动者协商一致解除劳动合同的。

第四十七条 经济补偿按劳动者在本单位工作的年限，每满一年支付一个月工资的标准向劳动者支付。六个月以上不满一年的，按一年计算；不满六个月的，向劳动者支付半个月工资的经济补偿。劳动者月工资高于用人单位所在直辖市、设区的市级人民政府公布的本地区上年度职工月平均工资三倍的，向其支付经济补偿的标准按职工月平均工资三倍的数额支付，向其支付经济补偿的年限最高不超过十二年。本条所称月工资是指劳动者在劳动合同解除或者终止前十二个月的平均工资。

2.《工伤保险条例》

第三十三条 职工因工作遭受事故伤害或者患职业病需要暂停工作接受工伤医疗的，在停工留薪期内，原工资福利待遇不变，由所在单位按月支付。

停工留薪期一般不超过 12 个月。伤情严重或者情况特殊，经设区的市级劳动能力鉴定委员会确认，可以适当延长，但延长不得超过 12 个月。工伤职工评定伤残等级后，停发原待遇，按照本章的有关规定享受伤残待遇。工伤职工在停工留薪期满后仍需治疗的，继续享受工伤医疗待遇。

生活不能自理的工伤职工在停工留薪期需要护理的，由所在单位负责。

二、养老保险

内地企业招用的港澳台居民、在内地依法从事个体工商经营的港澳台居民,能否参加我国的职工基本养老保险?

关键词:港澳台居民;社会保险

【基本案情】孙某(男)、林某(女)夫妻二人,系香港居民。2020年1月,夫妻二人赴深圳工作生活,孙某在深圳开了一家小超市,从事个体经营,林某被深圳 A 广告公司聘用。夫妻二人是否可以参加深圳当地的职工基本养老保险?

【法律分析】随着内地(大陆)经济迅速发展,港澳台与内地(大陆)交流合作不断深化、两岸人员往来日益密切,到内地(大陆)发展的港澳台居民人数规模也越来越大。对于其中在内地(大陆)就业、居住的港澳台居民而言,能否与内地(大陆)居民一样参加社会保险,成为他们关注的问题。为落实党中央、国务院关于"高度重视保障港澳台居民在内地(大陆)的权益"的要求,回应港澳台居民关切,进一步便利港澳台人员在内地(大陆)工作、生活,保障其社会保险权益,2019 年 11 月,人力资源社会保障部、国家医疗保障局发布了《香港澳门台湾居民在内地(大陆)参加社会保险暂行办法》(以下简称《暂行办法》),2020 年 1 月 1 日起施行。

根据《暂行办法》规定,在内地(大陆)依法注册或者登记的企业、事业单位、社会组织、有雇工的个体经济组织等用人单位依法聘用、招用的港澳台居民,应当依法参加职工基本养老保险;在内地(大陆)依法从事个体工商经营的港澳台居民、在内地(大陆)灵活就业且办理港澳台居民居住证的港澳台居民,可以按照注册地或居住地有关规定参加职工基本养老保险。

综合案例情况，林某应当参加企业职工基本养老保险，A 广告公司应当持林某的港澳台居民有效证件，以及劳动合同、聘用合同等证明材料，为其办理社会保险登记，并由用人单位和本人按规定缴纳社会保险费。孙某可以按照深圳有关规定参加职工基本养老保险。林某、孙某按规定参加职工基本养老保险后，将依法享受职工基本保险待遇。

【法条索引】

《香港澳门台湾居民在内地（大陆）参加社会保险暂行办法》

第二条 在内地（大陆）依法注册或者登记的企业、事业单位、社会组织、有雇工的个体经济组织等用人单位（以下统称用人单位）依法聘用、招用的港澳台居民，应当依法参加职工基本养老保险、职工基本医疗保险、工伤保险、失业保险和生育保险，由用人单位和本人按规定缴纳社会保险费。

在内地（大陆）依法从事个体工商经营的港澳台居民，可以按照注册地有关规定参加职工基本养老保险和职工基本医疗保险；在内地（大陆）灵活就业且办理港澳台居民居住证的港澳台居民，可以按照居住地有关规定参加职工基本养老保险和职工基本医疗保险。

第五条 参加社会保险的港澳台居民，依法享受社会保险待遇。

第十四条 办法所称"港澳台居民有效证件"，指港澳居民来往内地通行证、港澳台居民居住证。

问题 080 缴费人到 60 岁退休年龄时，基本养老保险缴费不足 15 年，能一次性补缴至满 15 年办理退休手续并领取养老金吗？

关键词：缴费不足 15 年；一次性补缴

【基本案情】李师傅今年 57 岁，1994 年 5 月参加工作，并开始缴纳企业职工基本养老保险，连续缴纳了 7 年多。2001 年 8 月，李师傅与企业解除劳动关系，中断缴费，准备从 2001 年 9 月开始继续缴费。李师傅想咨询一下，到 60 岁退休年龄时，养老保险缴费不足 15 年，能一次性补缴至满 15 年办理退休手续并领取养老金吗？如果达到退休年龄时不想继续缴费了怎么办？

【法律分析】李师傅不能一次性补缴至满 15 年办理退休手续。根据相关规定，参加企业职工基本养老保险的个人达到法定退休年龄时，累计缴费不足 15 年的，可以延长缴费至满 15 年。《社会保险法》实施前，即 2011 年 7 月 1 日前参保的，延长缴费 5 年后仍不足 15 年的，可以一次性缴费至满 15 年。李师傅是 2011 年 7 月 1 日前参保的，已经缴纳了 7 年多的养老保险费，在达到法定退休年龄 60 岁时，可以先延长缴费 5 年，再一次性缴费至满 15 年办理退休手续。

参加基本养老保险的个人，领取基本养老金必须同时符合 3 个条件：一是参保人员达到法定退休年龄；二是个人累计缴费年限满 15 年；三是办理了退休手续。因此，李师傅达到法定退休年龄 60 岁后，延长缴费 5 年至 65 岁，再一次性缴费至满 15 年并办理退休手续后，可以按月领取养老金。

参加基本养老保险的个人，达到法定退休年龄时累计缴费不足 15 年的，除了可以缴费至满 15 年，按月领取基本养老金外，也可以转入新型农村社会养老保险或者城镇居民社会养老保险，按照国务院规定享受相应的养老保险待遇。2014 年，国务院发布《关于建立统一的城乡居民基本养老保险制度的意见》，将"新农保"和"城居保"两项制度合并实施，在全国范围内建立起统一的城乡居民基本养老保险制度。因此，如果李师傅达到法定退休年龄 60 岁时不愿意继续缴费，可以转入城乡居民基本养老保险，其已有个人账户全部储存额并入城乡居民养老保险个人账户，其参加城镇职工养老保险的缴费年限合并计算为城乡居民养老保险的缴费年限。

然而，如果李师傅达到法定退休年龄 60 岁时不愿意继续缴费，也没有转入城乡居民基本养老保险，他也可以书面申请终止职工基本养老保险关系。

社会保险经办机构收到申请后，应当书面告知其转入城乡居民基本养老保险的权利以及终止职工基本养老保险关系的后果，经李师傅书面确认后，终止其职工基本养老保险关系，并将个人账户储存额一次性支付给本人。

【法条索引】

1. 《中华人民共和国社会保险法》

第十六条　参加基本养老保险的个人，达到法定退休年龄时累计缴费满十五年的，按月领取基本养老金。

参加基本养老保险的个人，达到法定退休年龄时累计缴费不足十五年的，可以缴费至满十五年，按月领取基本养老金；也可以转入新型农村社会养老保险或者城镇居民社会养老保险，按照国务院规定享受相应的养老保险待遇。

2. 《实施〈中华人民共和国社会保险法〉若干规定》

第二条　参加职工基本养老保险的个人达到法定退休年龄时，累计缴费不足十五年的，可以延长缴费至满十五年。社会保险法实施前参保、延长缴费五年后仍不足十五年的，可以一次性缴费至满十五年。

第三条　参加职工基本养老保险的个人达到法定退休年龄后，累计缴费不足十五年（含依照第二条规定延长缴费）的，可以申请转入户籍所在地新型农村社会养老保险或者城镇居民社会养老保险，享受相应的养老保险待遇。

参加职工基本养老保险的个人达到法定退休年龄后，累计缴费不足十五年（含依照第二条规定延长缴费），且未转入新型农村社会养老保险或者城镇居民社会养老保险的，个人可以书面申请终止职工基本养老保险关系。社会保险经办机构收到申请后，应当书面告知其转入新型农村社会养老保险或者城镇居民社会养老保险的权利以及终止职工基本养老保险关系的后果，经本人书面确认后，终止其职工基本养老保险关系，并将个人账户储存额一次性支付给本人。

3.《城乡养老保险制度衔接暂行办法》

第六条　参保人员从城镇职工养老保险转入城乡居民养老保险的，城镇职工养老保险个人账户全部储存额并入城乡居民养老保险个人账户，参加城镇职工养老保险的缴费年限合并计算为城乡居民养老保险的缴费年限。

缴费人曾经在某市缴纳了 10 年城镇职工基本养老保险，现在赴异地就业了，可以把单位和个人已缴纳的养老保险取出来吗？

关键词：异地；社保

【基本案情】孙某，男，40 岁，大学毕业后在 A 省 A 市工作了 10 年，缴纳了 10 年城镇职工基本养老保险。2022 年，因个人原因离开 A 市赴异地 B 省 B 市生活，因经济原因想将 10 年期间单位和个人缴纳的城镇职工基本养老保险换算成现金取出来，是否可行？

【法律分析】根据我国现行法律法规规定，缴费人在达到法定的领取基本养老金条件前，个人账户不得提前支取，只有两种情形例外，而且只能将社会保险个人账户储存额一次性支付给本人，用人单位缴纳至基本养老保险统筹基金不能返还：一是个人在达到法定的领取基本养老金条件前，想要离境定居并且丧失中华人民共和国国籍的，可以在其离境时或者离境后书面申请终止职工基本养老保险关系。社会保险经办机构收到申请后，应当书面告知其保留个人账户的权利以及终止职工基本养老保险关系的后果，经本人书面确认后，终止其职工基本养老保险关系，并将个人账户储存额一次性支付给本人。二是参加社会保险的外国人，在达到规定的领取养老金年龄前离境的，经本人书面申请终止社会保险关系的，可以将其社会保险个人账户储存额一次性支付给本人。

案例中的孙某属于在全国范围内跨省就业的情形，未达到待遇领取年龄前，不得终止基本养老保险关系并办理退保手续，可以按规定转移接续其基本养老保险关系。参保人员在异地转移基本养老保险关系时，要转移两笔资金。一是在原参保地的个人账户储存额，1998年1月1日后按计入个人账户的全部储存额计算转移，此前的只转移个人缴费累计本息。二是部分统筹基金，以转移接续者1998年1月1日后各年度实际缴费工资为基数，按基数的12%转移。

参保人员孙某达到基本养老保险待遇领取条件时，其在各地的参保缴费年限合并计算，个人账户储存额（含本息，下同）累计计算。如果其中断缴费时，由原参保地A省A市保留其养老保险关系和个人账户；今后再就业并继续参保缴费的，无论是回到原参保地A省A市就业还是到B省B市就业，参保前后的缴费年限合并计算，个人账户储存额累计计算。

孙某转移接续基本养老保险关系并确定待遇领取地后，符合待遇领取条件的，在核定基本养老金时，以本人在各参保地的各年度缴费工资和待遇领取地对应的各年度在岗职工平均工资计算其缴费工资基数，并按国家规定计发基本养老金。

【法条索引】

1.《中华人民共和国社会保险法》

第十四条　个人账户不得提前支取，记账利率不得低于银行定期存款利率，免征利息税。个人死亡的，个人账户余额可以继承。

2.《实施〈中华人民共和国社会保险法〉若干规定》

第六条　职工基本养老保险个人账户不得提前支取。个人在达到法定的领取基本养老金条件前离境定居的，其个人账户予以保留，达到法定领取条件时，按照国家规定享受相应的养老保险待遇。其中，丧失中华人民共和国国籍的，可以在其离境时或者离境后书面申请终止职工基本养老保险关系。社会保险经办机构收到申请后，应当书面告知其保留个人账户的权利以及终止职工基本养老保险关系的后果，经本人书面确认后，终止其职工基本养老保险关系，并将个人账户储存额一次性支付给本人。

3.《在中国境内就业的外国人参加社会保险暂行办法》

第五条　参加社会保险的外国人，符合条件的，依法享受社会保险待遇。

在达到规定的领取养老金年龄前离境的，其社会保险个人账户予以保留，再次来到中国就业的，缴费年限累计计算；经本人书面申请终止社会保险关系的，也可以将其社会保险个人账户储存额一次性支付给本人。

4.《国务院办公厅关于转发人力资源和社会保障部 财政部城镇企业职工基本养老保险关系转移接续暂行办法的通知》（国办发〔2009〕66号）

第三条　参保人员跨省流动就业的，由原参保所在地社会保险经办机构（以下简称社保经办机构）开具参保缴费凭证，其基本养老保险关系应随同转移到新参保地。参保人员达到基本养老保险待遇领取条件的，其在各地的参保缴费年限合并计算，个人账户储存额（含本息，下同）累计计算；未达到待遇领取年龄前，不得终止基本养老保险关系并办理退保手续；其中出国定居和到香港、澳门、台湾地区定居的，按国家有关规定执行。

第四条　参保人员跨省流动就业转移基本养老保险关系时，按下列方法计算转移资金：

（一）个人账户储存额：1998年1月1日之前按个人缴费累计本息计算转移，1998年1月1日后按计入个人账户的全部储存额计算转移。

（二）统筹基金（单位缴费）：以本人1998年1月1日后各年度实际缴费工资为基数，按12%的总和转移，参保缴费不足1年的，按实际缴费月数计算转移。

第七条 参保人员转移接续基本养老保险关系后，符合待遇领取条件的，按照《国务院关于完善企业职工基本养老保险制度的决定》（国发〔2005〕38号）的规定，以本人各年度缴费工资、缴费年限和待遇领取地对应的各年度在岗职工平均工资计算其基本养老金。

问题082 自由职业者，可以在城镇职工养老保险和城乡居民养老保险中进行选择，缴纳哪一种更好呢？

关键词：自由职业者；职工社保；居民社保

【基本案情】江某，男，35岁，某平台主播，未与平台签订劳动合同，属于自由职业者，可以选择缴纳城镇职工养老保险或者城乡居民养老保险，考虑缴费方式和待遇享受两方面因素，应该如何进行选择？

【法律分析】目前国家实行的两种养老保险是城乡居民养老保险和基本养老保险。其中基本养老保险指的是城镇职工基本养老保险；城乡居民养老保险是2014年由新型农村社会养老保险和城镇居民社会养老保险合并而来。

（一）从缴费方式上来看

1. 是否强制的问题

城镇职工基本养老保险缴费，实际上是在国家强制力要求下实施的。依据社会保险法规定，职工应当参加基本养老保险，由企业和个人共同承担保险费用。再加上相关配套完善的社会保险费征缴暂行条例、社会保险稽核办法等，职工养老保险缴纳的强制性非常大。职工的缴费基数要根据职工上年度的平均工资来计算，职工的社保权益受到劳动监察部门的保护。

城乡居民养老保险并不是强制性的,个人可以灵活选择缴与不缴,以及各种缴费档次。

2. 是否给予补贴的问题

政府对城乡居民养老保险制度给予财政补贴,具体分为两部分:一是在参保缴费环节,规定地方政府应当对参保人缴费给予补贴,具体标准和办法由省级政府确定,但国家统一明确了政策标准:(1)地方人民政府应当对参保人缴费给予补贴,对选择最低档次标准缴费的,补贴标准不低于每人每年30元;(2)对选择较高档次标准缴费的,适当增加补贴金额,其中对选择500元及以上档次标准缴费的,补贴标准不低于每人每年60元;(3)对重度残疾人等缴费困难群体,地方人民政府为其代缴部分或全部最低标准的养老保险费。二是在支付环节,政府对符合领取城乡居民养老保险待遇条件的参保人全额支付基础养老金。其中,中央财政对中西部按中央确定的基础养老金标准给予全额补助,对东部地区给予50%的补贴。

职工养老保险基本上享受不到国家的补贴补助,相应费用都是由个人和企业承担。

3. 缴费时间不同

职工基本养老保险考虑到职工工资是按月发放,所以采取的是按月缴纳的方式。

城乡居民养老保险实际上是充分考虑到城乡居民这样的群体每月收入不稳定的情况,所以采取的是按年缴纳的方式。

4. 缴费金额不同

职工养老保险的缴费金额,实际上是缴费基数乘以缴费比例。灵活就业人员参保一般是按照20%比例缴纳,企业职工参保个人按照8%的费率缴纳,单位的缴纳费率一般为16%。

城乡居民养老保险则是按照所在省(区、市)人民政府规定的档次缴费。国家规定,60周岁以下参加城乡居民养老保险的人员应该按规定缴纳养老保险费。缴费标准设为每年100元、200元、300元、400元、500元、600元、700元、800元、900元、1 000元、1 500元、2 000元12个档次,省

（区、市）人民政府可以根据实际情况增设缴费档次。人力资源社会保障部会同财政部依据城乡居民收入增长等情况适时调整缴费档次标准。

（二）从享受的待遇上看

养老金待遇都是按照基础养老金和个人账户养老金两种计算方式计算的，而且个人账户养老金的计算方式都是统一的。个人账户养老金等于个人账户的余额除以退休年龄确定的计发月数。

城乡居民养老保险个人缴纳的费用全部进入个人账户。职工基本养老保险也是个人缴纳的费用全部进入个人账户，企业缴纳的费用进入统筹账户。但是灵活就业人员的情况不一样，只按照缴费基数的 8% 划入个人账户，剩余的缴费钱数进入统筹账户。

由于城乡居民养老保险，个人缴纳的钱数普遍选择较低，很多人会选择 100 元到 500 元的最低档次缴纳费用。这样退休时实际累积的钱数不足 1 万元，退休后个人账户养老金待遇都不足 100 元每月。

除了个人账户养老金之外，还有基础养老金。

城乡居民养老保险的基础养老金是由政府补贴发放，中央政府补贴一部分，省级、市级政府也可额外补贴一部分。2009 年 9 月，国务院在启动"新农保"的指导意见中，确定的中央基础养老金为每人每月 55 元，2014 年提高到每人每月 70 元，2018 年再次提高到每人每月 88 元。省级政府可以根据实际情况适当提高标准，对长期缴费的可适当加发基础养老金。一些地区针对缴费满 15 年以上的参保人，每多缴费一年加发一定金额的基础养老金，体现了"长缴多得"的机制。目前各省市补贴的档次一般在 100 元—150 元之间。

对于参保人来说，究竟选择哪一种养老保险更划算，需要根据自己情况而定：如果职业不固定，没有稳定的收入或手头并不宽裕，建议选择城乡居民养老保险。城乡居民养老保险费用较低，一般一年只需要几百至几千元，即能够保障基本的养老；如果是个体户，收入比较稳定，并且有足够的预算缴纳养老保险，建议以灵活就业方式参与城镇职工养老保险。在退休时能够享受和单位职工一样的养老待遇。

【法条索引】

1. 《中华人民共和国劳动法》

第七十二条 社会保险基金按照保险类型确定资金来源,逐步实行社会统筹。用人单位和劳动者必须依法参加社会保险,缴纳社会保险费。

2. 《国务院关于建立统一的城乡居民基本养老保险制度的意见》

基金筹集:城乡居民养老保险基金由个人缴费、集体补助、政府补贴构成。(一)个人缴费。参加城乡居民养老保险的人员应该按规定缴纳养老保险费。缴费标准目前设为每年100元、200元、300元、400元、500元、600元、700元、800元、900元、1 000元、1 500元、2 000元12个档次,省(市、区)人民政府可以根据实际情况增设缴费档次,最高缴费档次标准原则上不超过当地灵活就业人员参加职工基本养老保险的年缴费额,并报人力资源社会保障部备案。人力资源社会保障部会同财政部依据城乡居民收入增长等情况适时调整缴费档次标准。参保人自主选择档次缴费,多缴多得。(三)政府对符合领取城乡居民养老保险待遇条件的参保人全额支付基础养老金,其中,中央财政对中西部按中央确定的基础养老金标准给予全额补助,对东部地区给予50%的补贴。地方人民政府应当对参保人缴费给予补贴,对选择最低档次标准缴费的,补贴标准不低于每人每年30元;对选择较高档次标准缴费的,适当增加补贴金额,其中对选择500元及以上档次标准缴费的,补贴标准不低于每人每年60元,具体标准和办法由省(区、市)人民政府确定。对重度残疾人等缴费困难群体,地方人民政府为其代缴部分或全部最低标准的养老保险费。

养老保险待遇及调整:城乡居民养老保险待遇由基础养老金和个人账户养老金构成,支付终身。(一)基础养老金。中央确定基础养老金最低标准,建立基础养老金最低标准正常调整机制,根据经济发展和物价变动等情况,适时调整全国基础养老金最低标准。

地方人民政府可以根据实际情况适当提高基础养老金标准；对长期缴费的，可适当加发基础养老金，提高和加发部分的资金由地方人民政府支出，具体办法由省（区、市）人民政府规定，并报人力资源社会保障部备案。

问题083 缴费人刚退休就去世，交了30年的城镇职工基本养老保险白交了吗？

关键词：去世；养老保险

【基本案情】李某，男，60周岁，城镇职工基本养老保险缴费年限已满30年，2022年1月办理退休手续，2022年2月初因病去世，未领取过养老金，前期已缴纳的社保费有补偿吗？

【法律分析】目前，我国基本养老保险实行社会统筹与个人账户相结合制度。

用人单位应当按照国家规定的本单位职工工资总额的比例缴纳基本养老保险费，记入基本养老保险统筹基金。职工应当按照国家规定的本人工资的比例缴纳基本养老保险费，记入个人账户。无雇工的个体工商户、未在用人单位参加基本养老保险的非全日制从业人员以及其他灵活就业人员参加基本养老保险的，应当按照国家规定缴纳基本养老保险费，分别记入基本养老保险统筹基金和个人账户。

基本养老保险个人账户部分用于支付个人账户养老金，个人账户不得提前支取，记账利率不得低于银行定期存款利率，免征利息税。

基本养老保险个人账户记账利率，每年6月由人力资源社会保障部和财政部统一公布，规定记账利率应主要考虑职工工资增长和基金平衡状况等因素研究确定，并通过合理的系数进行调整。2016年、2017年、2018年、

2019年、2020年的城镇职工基本养老保险记账利率分别为8.31%、7.12%、8.29%、7.61%、6.04%。个人死亡的，个人账户余额可以继承。

统筹账户，主要用于支付基础养老金、过渡性养老金、养老保险个人账户余额是零的情况下的个人账户养老金、每年增加的养老金待遇，以及参保人去世以后的个人账户余额、丧葬补助金和一次性抚恤金。

2021年9月，我国开始实施统一的《企业职工基本养老保险遗属待遇暂行办法》，丧葬补助金和一次性抚恤金标准有了全国统一的规定：丧葬补助金，是用于安葬参保人的费用，丧葬补助金的标准，按照参保人员死亡时本省（自治区、直辖市）上一年度城镇居民月人均可支配收入的2倍计算；一次性抚恤金，要根据缴费年限和领取养老金时间相确定。遗属待遇为一次性待遇，所需资金从企业职工基本养老保险统筹基金中列支。

参保人李某由于缴费满30年，未领取过养老金，要按照30年计算抚恤金，即可以领取24个月的参保人员死亡时本省（自治区、直辖市）上一年度城镇居民月人均可支配收入。

因此，缴费人李某的遗属可以领取养老保险个人账户余额加上26个月的城镇居民月人均可支配收入。

【法条索引】

1.《中华人民共和国社会保险法》

第十一条　基本养老保险实行社会统筹与个人账户相结合。基本养老保险基金由用人单位和个人缴费以及政府补贴等组成。

第十二条　用人单位应当按照国家规定的本单位职工工资总额的比例缴纳基本养老保险费，记入基本养老保险统筹基金。职工应当按照国家规定的本人工资的比例缴纳基本养老保险费，记入个人账户。无雇工的个体工商户、未在用人单位参加基本养老保险的非全日制从业人员以及其他灵活就业人员参加基本养老保险的，应当按照国家规定缴纳基本养老保险费，分别记入基本养老保险统筹基金和个人账户。

第十四条 个人账户不得提前支取，记账利率不得低于银行定期存款利率，免征利息税。个人死亡的，个人账户余额可以继承。

第十七条 参加基本养老保险的个人，因病或者非因工死亡的，其遗属可以领取丧葬补助金和抚恤金。

2.《企业职工基本养老保险遗属待遇暂行办法》

第二条 参加企业职工基本养老保险的人员（包括在职人员和退休人员，以下简称参保人员）因病或非因工死亡的，其遗属可以领取丧葬补助金和抚恤金（合称遗属待遇）。

第三条 遗属待遇为一次性待遇，所需资金从企业职工基本养老保险统筹基金中列支。

第四条 丧葬补助金的标准，按照参保人员死亡时本省（自治区、直辖市）上一年度城镇居民月人均可支配收入的2倍计算。

第五条 抚恤金标准按以下办法确定：（一）在职人员（含灵活就业等以个人身份参保人员），以死亡时本省上一年度城镇居民月人均可支配收入为基数，根据本人的缴费年限（包括实际缴费年限和视同缴费年限）确定发放月数。缴费年限不满5年的，发放月数为3个月；缴费年限满5年不满10年的，发放月数为6个月；缴费年限满10年不超过15年（含15年）的，发放月数为9个月；缴费年限15年以上的，每多缴费1年，发放月数增加1个月。缴费年限30年以上的，按照30年计算，发放月数最高为24个月。（二）退休人员（含退职人员），以死亡时本省上一年度城镇居民月人均可支配收入为基数，根据本人在职时的缴费年限确定最高发放月数（计算方法与在职人员相同），每领取1年基本养老金减少1个月，发放月数最低为9个月。本条所述缴费年限和领取基本养老金时间计算到月。

问题 084 缴费人若在两地都缴纳过养老保险，应该在哪里办理退休并领取退休金？

关键词：跨省；退休金

【基本案情】 缴费人金某户籍地在安徽，跨省就业，大学毕业后先在上海工作了 12 年，后离职赴江苏苏州工作了 9 年，如果此时已临近退休年龄，金某应该在哪里办理退休并领取退休金？

【法律分析】 金某属于跨省流动就业的参保人员，当临近退休年龄达到待遇领取条件时，应按照以下顺序确定其待遇领取地：如果金某的基本养老保险关系在户籍所在地安徽，由户籍所在地安徽负责办理待遇领取手续，享受基本养老保险待遇；如果金某的基本养老保险关系在上海，因在其基本养老保险关系所在地累计缴费年限已满 10 年，因此应在上海办理待遇领取手续，享受当地基本养老保险待遇；如果金某的基本养老保险关系在苏州，那么其基本养老保险关系所在地累计缴费年限不满 10 年，金某应将其基本养老保险关系转回上一个缴费年限满 10 年的原参保地上海办理待遇领取手续，享受基本养老保险待遇。

【法条索引】

《国务院办公厅关于转发人力资源和社会保障部 财政部城镇企业职工基本养老保险关系转移接续暂行办法的通知》（国办发〔2009〕66 号）

第六条 跨省流动就业的参保人员达到待遇领取条件时，按下列规定确定其待遇领取地：

（一）基本养老保险关系在户籍所在地的，由户籍所在地负责办理待遇领取手续，享受基本养老保险待遇。

（二）基本养老保险关系不在户籍所在地，而在其基本养老保险关系所在地累计缴费年限满10年的，在该地办理待遇领取手续，享受当地基本养老保险待遇。

（三）基本养老保险关系不在户籍所在地，且在其基本养老保险关系所在地累计缴费年限不满10年的，将其基本养老保险关系转回上一个缴费年限满10年的原参保地办理待遇领取手续，享受基本养老保险待遇。

（四）基本养老保险关系不在户籍所在地，且在每个参保地的累计缴费年限均不满10年的，将其基本养老保险关系及相应资金归集到户籍所在地，由户籍所在地按规定办理待遇领取手续，享受基本养老保险待遇。

问题085 夫妻离婚，基本养老金属于应该分割的共同财产吗？

关键词：离婚；养老金

【基本案情】林某（男）、李某（女）于1961年结婚，共同生活了40多年。后因李某性格变化导致夫妻矛盾加深，林某以双方感情不和为由向法院起诉请求离婚。法院作出判决：准许原告林某和被告离婚。对于林某因退休而领取的基本养老金，应作为夫妻共同财产处理。林某认为基本养老金是个人财产，坚决不同意分割。林某的看法到底是对是错？

【法律分析】林某的看法是错误的。

根据《民法典》的相关规定，夫妻在婚姻关系存续期间所得的下列财产，为夫妻共同财产，归夫妻共同所有：（一）工资、奖金、劳务报酬；（二）生产、经营、投资的收益；（三）知识产权的收益；（四）继承或者受赠的财产；

（五）其他应当归共同所有的财产。夫妻对共同财产，有平等的处理权。同时，《中华人民共和国民法典》对夫妻一方的个人财产也进行了列举，包括：（一）一方的婚前财产；（二）一方因受到人身损害获得的赔偿或者补偿；（三）遗嘱或者赠与合同中确定只归一方的财产；（四）一方专用的生活用品；（五）其他应当归一方的财产。

由于《民法典》对基本养老金是否属于共同财产没有明确规定，《最高人民法院关于适用〈中华人民共和国民法典〉婚姻家庭编的解释（一）》对此进行了进一步明确，规定婚姻关系存续期间，下列财产属于民法典中规定的其他应当归共同所有的财产：（一）一方以个人财产投资取得的收益；（二）男女双方实际取得或者应当取得的住房补贴、住房公积金；（三）男女双方实际取得或者应当取得的基本养老金、破产安置补偿费。

夫妻对共同财产有平等的处理权。对于属于夫妻共同财产的基本养老金，如果夫妻双方有约定，则按照约定分割；没有约定的话，应当依据法律及相关司法解释进行分割。

【法条索引】

1.《中华人民共和国民法典》

第一千零六十二条 夫妻在婚姻关系存续期间所得的下列财产，为夫妻共同财产，归夫妻共同所有：（一）工资、奖金、劳务报酬；（二）生产、经营、投资的收益；（三）知识产权的收益；（四）继承或者受赠的财产，但是本法第一千零六十三条第三项规定的除外；（五）其他应当归共同所有的财产。夫妻对共同财产，有平等的处理权。

第一千零六十三条 （一）一方的婚前财产；（二）一方因受到人身损害获得的赔偿或者补偿；（三）遗嘱或者赠与合同中确定只归一方的财产；（四）一方专用的生活用品；（五）其他应当归一方的财产。

2.《最高人民法院关于适用〈中华人民共和国民法典〉婚姻家

庭编的解释（一）》

第二十五条　婚姻关系存续期间，下列财产属于民法典第一千零六十二条规"其他应当归共同所有的财产"：（一）一方以个人财产投资取得的收益；（二）男女双方实际取得或者应当取得的住房补贴、住房公积金；（三）男女双方实际取得或者应当取得的基本养老金、破产安置补偿费。

缴费人达到法定退休年龄且养老保险缴费满15年，如何计算退休后第二个月可以领到的第一笔养老金？

关键词：退休；养老金

【基本案情】陈某，男，2021年3月满60岁退休，退休前他刚好缴了15年的养老保险，共缴费119 340元，其中个人账户的余额是：47 736元。假如2021年陈某所处地区的在岗职工月平均工资为5 525元，他在当地平均工资的60%—300%之间，选择了60%作为缴费基数，2021年4月陈某可以领到的第一笔养老金有多少钱？

【法律分析】

1. 养老金计算公式

每月到手的养老金＝月基础养老金＋月个人账户养老金

（1）月基础养老金＝（全省上年度所有职工的月平均工资＋本人指数化月平均缴费工资）÷2×缴费年限×1%

（2）个人账户养老金＝个人账户的余额÷计发月数（50岁为195个月、55岁为170个月、60岁为139个月）

2. 陈某可以领取的养老保险金

（1）月基础养老金：

（5 525 + 5 525 × 60%）÷ 2 × 15 × 1% = 663（元）

（2）个人账户养老金：

47 736 ÷ 139 = 343.42（元）

合计：663 + 343.42 = 1 006.42（元）

所以，陈某可以领取的第一个月的养老金是 1 006.42 元。

假设 60 岁的陈某还能领养老金 17 年，领取的时长是：17 × 12 个月 = 204 个月。

那么，陈某退休后 17 年内，总共能领取的养老金总额是：

1 006.42 × 204 = 205 309.68（元）

实践中，每个缴费人的养老金会因为当地工资水平、缴费年限、缴费档次的不同，导致计算结果的差异。

目前，我国已建立了基本养老金正常调整机制。根据职工平均工资增长、物价上涨情况，适时提高基本养老保险待遇水平。具体操作上，国家确定调整幅度和重点照顾人群，地方政府负责制定具体调整方案。2004 年以来，国家连续调整企业退休人员基本养老金，已实现"16 连涨"。所以陈某退休后 17 年内实际能领取的养老金会高于上文计算出的数字。

【法条索引】

1. 《中华人民共和国社会保险法》

第十六条　参加基本养老保险的个人，达到法定退休年龄时累计缴费满十五年的，按月领取基本养老金。

2. 《中华人民共和国社会保险法》

第十八条　国家建立基本养老金正常调整机制。根据职工平均工资增长、物价上涨情况，适时提高基本养老保险待遇水平。

问题 087 — 50岁退休还是55岁退休？按规定参加养老保险的灵活就业女性究竟应按照哪个年龄办理退休？

关键词：女性灵活就业人员；退休年龄

【基本案情】孙女士是没有固定工作单位的灵活就业女性，按规定参加养老保险并缴纳了法定年限，究竟是50岁退休还是55岁退休呢？

【法律分析】按照现行规定，我国女性职工的法定退休年龄有两种：如果是女工人，那么年满50周岁正常办理退休；若是女干部，则要到55周岁才可以正常办理退休。针对没有固定工作单位的灵活就业女性，要区分其是参加城乡居民社保还是以灵活就业身份参加城镇职工社保的。如果参加城乡居民社保，那么无论男女，退休年龄或者说是养老金领取年龄都是60周岁。但是如果没有固定工作单位的女性以灵活就业身份参加城镇职工社保，那么退休年龄就比较复杂了。

一般来说，女性以灵活就业身份参加城镇职工社保，那么退休年龄主要分为几种情况：

1. 如果我们从建立社保关系开始，都一直是以灵活就业身份参加社保的，从来都没有以职工身份参加过社保，那么这种情况的灵活就业参保女性通常需要年满55周岁才可以退休，但是也有部分地区允许灵活就业女性50周岁办理退休手续，具体以当地政策为准。

2. 如果灵活就业女性曾经在单位缴纳过社保，属于女工人身份，并且在单位工作达到一定年限（各地可能不一样），后来因为下岗等原因导致自己以灵活就业身份继续参加社保，那么这种情况通常可以按照女工人的法定退休年龄办理退休手续，即在50周岁时去办理退休享受养老金的待遇。

3. 如果灵活就业女性曾经在单位缴纳过社保，工作达到了一定年限，该灵活就业女性曾在单位的身份属于女干部身份，这种情况下即使之后以灵活就业身份参加了社保，那么也需要按照 55 周岁的年龄办理退休。

以上就是灵活就业女性退休年龄的几种常见情况，不同地区的政策可能不同，具体还要以当地的政策规定为准。如 2022 年 3 月 1 日开始施行的《江苏省企业职工基本养老保险实施办法》规定：女性灵活就业人员和女性失业人员（含相关的下岗职工）符合条件的可以提前 5 年退休，也就是说，原本规定的是 55 岁退休，但是新规之下，只要符合以下三个条件之一，就可以按照女工人退休年龄执行，即年满 50 岁就可以办理退休手续：

（1）女灵活就业参保人员和女失业人员曾为原固定工的；

（2）原在国有企业工人岗位上工作，且在原劳动保障部劳社部发〔2001〕20 号文件下发之前依法解除劳动关系的；

（3）50 周岁时，曾在用人单位工人岗位上的视同缴费年限和实际缴费年限，合计满 15 年的。

辽宁省对于在 2004 年 1 月 1 日以后缴纳职工养老保险的女性灵活就业人员（含个体工商户、自由职业者）的规定是：须年满 55 岁，累计缴费年限满 15 年，办理退休。

山东省对于曾经按灵活就业人员参保的女性，退休前进入企业的女职工的规定是：在企业的累计缴费年限满 10 年的，按国家和省对企业女职工的规定执行；在企业的累计缴费年限不满 10 年的，按城镇灵活就业人员的规定（即 55 岁）执行。

广东省对于曾经以职工身份参加养老保险的人的规定是：主要按现岗位情况界定领取基本养老金的年龄条件。如果退休时在管理岗位工作的，退休年龄为 55 周岁；如果退休时在生产岗位工作、从事城镇个体工商户者或灵活就业或处于失业状态的，退休年龄为 50 周岁。对于未曾以职工身份参加养老保险的参保人来说，退休年龄为 55 周岁。包括按城镇个体工商户、灵活就业人员身份参保人员。

广西壮族自治区对于女灵活就业人员（含以无雇工个体工商户、未在用人单位参加基本养老保险的非全日制从业人员或其他灵活就业人员身份参保的女性参保人员），申领基本养老金年龄统一调整为 55 周岁。在各类用人单位职工与无雇工个体工商户、非全日制从业人员、灵活就业人员之间进行参保身份转换的女性参保人员，按其申领基本养老金时的参保身份确定申领基本养老金年龄。

目前，全国大部分地区的女灵活就业人员退休年龄为55岁，但是也有例外，比如青海、四川、青岛等省、市的女性灵活就业人员的退休年龄是50周岁。

【法条索引】

1.《劳动和社会保障部关于完善城镇职工基本养老保险政策有关问题的通知》（劳社部发〔2001〕20号）

城镇个体工商户等自谋职业者以及采取各种灵活方式就业的人员，在男年满60周岁、女年满55周岁时，累计缴费年限满15年的，领取基本养老金。

2.《江苏省企业职工基本养老保险实施办法》

第十三条 参保人员的退休年龄按以下办法确定：女灵活就业参保人员和女失业人员，曾为原固定工的，或者原在国有企业工人岗位上工作且在原劳动保障部劳社部发〔2001〕20号文件下发之前依法解除劳动关系的，或者50周岁时其曾在用人单位工人岗位上的视同缴费年限和实际缴费年限合计满15年的，按照女工人退休年龄执行。不符合上述规定的女失业人员，退休年龄按55周岁执行。

问题088 退休后返聘人员，是否可以要求用人单位为其继续缴纳城镇职工基本养老保险？

关键词：返聘；职工养老保险

【基本案情】陈某，男，62岁，某医院医生，已办理退休手续，按月领取养老金，1年后被原单位返聘，签订用工合同，按月发放工资。陈某是否可以要求用人单位为其继续缴纳城镇职工基本养老保险？

【法律分析】 我国职工现行退休年龄是：男性 60 周岁，女干部 55 周岁，女工人 50 周岁。对于退休职工而言，在办理了退休手续之后，就可以按照正常的流程领取养老金了。

部分退休职工退休后被用人单位返聘，继续工作，发挥余热。职工退休后，开始享受社会保险待遇就不具备劳动法意义上的劳动者主体资格，劳动合同依法终止，无法再与用人单位建立劳动关系。用人单位返聘退休职工所签订的用工合同，一般是劳务合同而非劳动合同。对于返聘的退休职工，已经开始正常领取养老金，无须再继续缴纳职工城镇社保。

返聘后的退休工人可以享受两份待遇：一份是由用人单位发放的工资性待遇；另一份是社保基金发放的社保待遇。两者之间没有冲突，因此，返聘后的退休工作可以享受两份经济收入。

【法条索引】

1. 《国务院关于工人退休、退职的暂行办法》

第一条　全民所有制企业、事业单位和党政机关、群众团体的工人，符合下列条件之一的，应该退休：

（一）男年满六十周岁，女年满五十周岁，并且连续工龄满十年的；

（二）从事井下、高空、高温、特别繁重体力劳动或其他有害身体健康的工作，男年满五十五周岁、女年满四十五周岁，连续工龄满十年的。本项规定也适用于工作条件与工人相同的基层干部。

（三）男年满五十周岁，女年满四十五周岁，连续工龄满十年，由医院证明，并经劳动鉴定委员会确认，完全丧失劳动能力的应当准予退休。

（四）因工致残，经过医院证明，并经劳动鉴定委员会确定，完全丧失工作能力的。

2. 《国务院关于安置老弱病残干部的暂行办法》

第四条　党政机关、群众团体、企业、事业单位的干部，符合下列条件之一的，都可以退休：

（一）男年满六十周岁，女年满五十五周岁，参加革命工作年限满十年的；

（二）男年满五十周岁，女年满四十五周岁，参加革命工作年限满十年，经过医院证明完全丧失工作能力的；

（三）因工致残，经过医院证明完全丧失工作能力的。

3.《中华人民共和国劳动合同法》

第四十四条　劳动者开始依法享受基本养老保险待遇的，劳动合同终止。

4.《最高人民法院关于审理劳动争议案件适用法律若干问题的解释（三）》

第七条　用人单位与其招用的已经依法享受养老保险待遇或领取退休金的人员发生用工争议，向人民法院提起诉讼的，人民法院应当按劳务关系处理。

三、工伤保险

劳动者在用人单位就业发生工伤事故，因各种原因错过了工伤认定申请时限，无法享受工伤保险待遇，难道就没有其他救济渠道了吗？

关键词：工伤保险；认定申请时限

【基本案情】许某于2013年5月起在A企业上班。2013年8月6日，许某在工作中被机器轧伤了右手。由于伤情严重，前后共耗时1年多才完成治疗。治疗前期，A企业垫付了医疗费用，但后期的医疗费用经许某多次催要，A企业才于2014年8月9日支付。2014年9月，许某向当地社会保险行政部门申请工伤认定，却被告知因超过《工伤保险条例》所规定的时限，无法享受工伤保险待遇。那么，劳动者错过了工伤认定申请期限是否就没有其他救济途径了？

【法律分析】依据《工伤保险条例》规定，工伤职工本人申请工伤认定的时效期间为事故伤害发生之日起1年。超过该期限的，社会保险行政部门不再受理。

当然，如果因有合理事由而超过工伤认定申请期限的，被耽误的时间不计算在该期限内。本案中，许某发生工伤事故的时间为2013年8月6日，而在2014年9月才申请工伤认定，如果不存在《最高人民法院关于审理工伤保险行政案件若干问题的规定》中规定的法定合理事由，就已超过了法律规定的1年申请期限，社会保险行政部门已经无能为力。

但这并不意味着许某就没有其他救济途径了。许某可以选择提起侵权损害赔偿之诉。可惜的是，人身损害赔偿也受1年诉讼时效的限制。因此，工伤认定申请因超过申请期限不被社会保险行政部门受理，侵权赔偿诉讼超过诉讼期限一般也不会被法院受理。

从本案来看，存在诉讼时效中断的情形，许某仍然可以提起人身损害赔偿之诉。A公司于2014年8月9日才支付许某后期医疗费用，属于义务人同意履行义务，1年的诉讼时效因此而中断，自2014年8月10日起重新计算1年的诉讼时效期间，因此，许某可以在2015年8月10日前提起人身损害赔偿之诉。

需要注意的是，工伤赔偿与人身损害赔偿在责任划分方面有所不同。一般而言，一旦通过工伤认定，不论劳动者有无过错，用人单位如果未在事故伤害发生之日或者被诊断、鉴定为职业病之日起30日内提交工伤认定申请，那么在此期间发生符合本条例规定的工伤待遇等有关费用由该用人单位负担。至于侵权赔偿，如果受害人对损害的发生存在过错，可以减轻侵权人的责任。另外，在伤残定级、赔偿标准上，工伤案件和侵权案件也有所不同。就本案来说，许某现在过了申请认定工伤的期限，虽然可以提起侵权赔偿之诉，但因许某本人对损害的发生也有过错，所以无法获得全额赔偿。

在现实生活中，有不少劳动者在发生工伤后，误以为得在治疗结束后才能维权，结果因超过法定期限而难以维权。在遭遇工伤事故后，如果单位未主动申报工伤，劳动者本人应及时向社会保险行政部门提出工伤申请，以更好地维护自己的合法权益。

【法条索引】

1.《工伤保险条例》

第十七条第二款　用人单位未按规定期限提出工伤认定申请，工伤职工或者其近亲属、工会组织在事故伤害发生之日起 1 年内，可以直接向用人单位所在地统筹地区社会保险行政部门提出工伤认定申请。

第十七条第四款　用人单位未在本条第一款规定的时限内提交工伤认定申请，在此期间发生符合本条例规定的工伤待遇等有关费用由该用人单位负担。

2.《最高人民法院关于审理工伤保险行政案件若干问题的规定》

第七条　由于不属于职工或者其近亲属自身原因超过工伤认定申请期限的，被耽误的时间不计算在工伤认定申请期限内。有下列情形之一耽误申请时间的，应当认定为不属于职工或者其近亲属自身原因：（一）不可抗力；（二）人身自由受到限制；（三）属于用人单位原因；（四）社会保险行政部门登记制度不完善；（五）当事人对是否存在劳动关系申请仲裁、提起民事诉讼。

3.《中华人民共和国民法典》

第一百九十五条　有下列情形之一的，诉讼时效中断，从中断、有关程序终结时起，诉讼时效期间重新计算：（1）权利人向义务人提出履行请求；（2）义务人同意履行义务；（3）权利人提起诉讼或者申请仲裁；（4）与提起诉讼或者申请仲裁具有相同效力的其他情形。

劳动者未与用人单位签订劳动合同、未办理工伤保险，仅口头约定为零底薪的业务员，如果发生工伤事故，用人单位是否需要承担工伤赔偿责任？

关键词：工伤保险；零底薪

【基本案情】陈先生入职一家公司时，只是口头约定为公司的业务员，底薪为零，工资按销售金额的12%提成。为方便其开展工作，由公司发放工作证、介绍信等凭证。要求其跑业务过程中，必须遵守公司的规章制度。2021年1月，陈先生在上班时间前往客户处联系业务时，不幸发生交通事故，不仅花去12万余元的医疗费用，还落下八级伤残。经交警部门认定，对方司机负事故的全部责任。鉴于公司没有为陈先生办理工伤保险，陈先生只好要求公司按照《工伤保险条例》规定的项目和标准，承担工伤赔偿责任。但此要求却遭到公司拒绝，理由为工伤的存在是以彼此具有劳动关系为前提，而陈先生只是公司名义上的业务员，公司除发放提成之外，并不需要向陈先生支付工资，因而彼此之间不属于劳动关系，陈先生自然不构成工伤。公司的说法有道理吗？

【法律分析】公司的说法是错误的。的确，工伤的存在是以具有劳动关系为前提。同样，鉴于陈先生是在工作时间、因为联系业务而受伤，也就意味着公司究竟应否对陈先生承担工伤赔偿责任，取决于他们之间是否存在劳动关系。根据现行法律法规规定，用人单位招用劳动者未订立书面劳动合同，但同时具备下列情形的，劳动关系成立：（一）用人单位和劳动者符合法律、法规规定的主体资格；（二）用人单位依法制定的各项劳动规章制度适用于劳动者，劳动者受用人单位的劳动管理，从事用人单位安排的有报酬的劳动；（三）劳动者提供的劳动是用人单位业务的组成部分。认定双方存在劳动关系时可参照下列凭证：（一）工资支付凭证或记录（职工工资发放花名册）、缴纳各项社会保险费的记录；（二）用人单位向劳动者发放的"工作证""服务证"等能够证明身份的证件；（三）劳动者填写的用人单位招工招聘"登记表""报名表"等招用记录；（四）考勤记录；（五）其他劳动者的证言等。

因此，虽然陈先生与公司之间只是口头约定，没有签订书面劳动合同，但却符合上述要件，即能够说明彼此之间具有劳动关系：一方面，陈先生在从事业务过程中，必须遵守公司的一切规章制度，表明陈先生应当且已经接受公司的劳动管理；另一方面，公司向陈先生发放了工作证、介绍信等用于证明陈先生是其业务员的凭证，陈先生从事的业务也恰恰是公司整个经营的一部分。此外，虽然陈先生属于"零底薪"，只享有按销售金额的12%提成，但国家统计局《关于工资总额组成的规定》已明确将"按营业额提成或利润提成办法支付给个人的工资"纳入计件工资类的劳动报酬范围，即陈先生同样属于从事"有报酬的劳动"。据此，公司以与陈先生之间不存在劳动关系，拒绝承担工伤赔偿责任不符合法律规定。陈先生属于未参加工伤保险期间用人单位职工发生工伤的情形，应该由用人单位按照工伤保险待遇项目和标准支付费用。

【法条索引】

1. 《劳动和社会保障部关于确立劳动关系有关事项的通知》

第一条 用人单位招用劳动者未订立书面劳动合同，但同时具备下列情形的，劳动关系成立。（一）用人单位和劳动者符合法律、法规规定的主体资格；（二）用人单位依法制定的各项劳动规章制度适用于劳动者，劳动者受用人单位的劳动管理，从事用人单位安排的有报酬的劳动；（三）劳动者提供的劳动是用人单位业务的组成部分。

第二条 用人单位未与劳动者签订劳动合同，认定双方存在劳动关系时可参照下列凭证：（一）工资支付凭证或记录（职工工资发放花名册)、缴纳各项社会保险费的记录;(二)用人单位向劳动者发放的"工作证""服务证"等能够证明身份的证件;(三)劳动者填写的用人单位招工招聘"登记表""报名表"等招用记录;(四)考勤记录;(五)其他劳动者的证言等。

2.《关于工资总额组成的规定》

第六条第(三)项 计件工资是指对已做工作按计件单价支付的劳动报酬。包括:(三)按营业额提成或利润提成办法支付给个人的工资。

3.《工伤保险条例》

第六十条 未参加工伤保险期间用人单位职工发生工伤的,由该用人单位按照本条例规定的工伤保险待遇项目和标准支付费用。

问题091 久坐办公室,导致颈椎病、腰椎间盘突出、视力下降,算职业病吗?能认定工伤吗?

关键词:颈椎病;职业病

【基本案情】孙某2018年5月起在B软件公司上班,主要从事程序员工作。2020年单位体检的过程中,发现因久坐办公室的原因,得了严重的颈椎病、腰椎间盘突出,视力明显下降,能作为职业病认定为工伤吗?

【法律分析】依据《工伤保险条例》,患职业病的职工,应当认定为工伤。所以,工伤包含职业病。但是,我国对职业病的范围做了明确的规定,并不是所有的"工作病"都算职业病。

1957年,我国首次发布了《关于试行"职业病范围和职业病患者处理办法"的规定》,确定了14种职业病。国家相关机构先后4次修正职业病防治法规。《职业病防治法》于 2002 年 5 月 1 日实施,目的在于预防、控制和消除职业病危害,防治职业病,保护劳动者健康及其相关权益,促进经济社会和谐发展。2018 年进行第四次修订,职业病的诊治更加规范,职业病的预防更加明确,体现了对劳动者的保护。依据 2012 年 12 月 23 日开始施行的《职业病分类和目录》,我国法定职业病分为 10 类、132 种,主要包括:职业性尘肺病及其他呼吸系统疾病、职业性皮肤病、职业性眼病、职业性耳鼻喉口腔疾病、职业性化学中毒、物理因素所致职业病、职业性放射性疾病、职业性传染病、职业性肿瘤等。而上班族常见的颈椎病、腰椎间盘突出、视力下降等疾病不在职业病目录范围内,不能认定为工伤。

【法条索引】

1.《工伤保险条例》

第十四条 职工有下列情形之一的,应当认定为工伤:(四)患职业病的;

2.《国家卫生计生委 人力资源社会保障部 安全监管总局 全国总工会关于印发〈职业病分类和目录〉的通知》(国卫疾控发〔2013〕48 号)

一、职业性尘肺病及其他呼吸系统疾病

(一)尘肺病

1. 矽肺;2. 煤工尘肺;3. 石墨尘肺;4. 碳黑尘肺;5. 石棉肺;6. 滑石尘肺;7. 水泥尘肺;8. 云母尘肺;9. 陶工尘肺;10. 铝尘肺;11. 电焊工尘肺;12. 铸工尘肺;13. 根据《尘肺病诊断标准》和《尘肺病理诊断标准》可以诊断的其他尘肺病。

(二)其他呼吸系统疾病

1. 过敏性肺炎;2. 棉尘病;3. 哮喘;4. 金属及其化合物粉尘肺沉着病(锡、铁、锑、钡及其化合物等);5. 刺激性化学物所致慢性阻塞性肺疾病;6. 硬金属肺病。

二、职业性皮肤病

1. 接触性皮炎；2. 光接触性皮炎；3. 电光性皮炎；4. 黑变病；5. 痤疮；6. 溃疡；7. 化学性皮肤灼伤；8. 白斑；9. 根据《职业性皮肤病的诊断总则》可以诊断的其他职业性皮肤病。

三、职业性眼病

1. 化学性眼部灼伤；2. 电光性眼炎；3. 白内障（含放射性白内障、三硝基甲苯白内障）。

四、职业性耳鼻喉口腔疾病

1. 噪声聋；2. 铬鼻病；3. 牙酸蚀病；4. 爆震聋。

五、职业性化学中毒

1. 铅及其化合物中毒（不包括四乙基铅）；2. 汞及其化合物中毒；3. 锰及其化合物中毒；4. 镉及其化合物中毒；5. 铍病；6. 铊及其化合物中毒；7. 钡及其化合物中毒；8. 钒及其化合物中毒；9. 磷及其化合物中毒；10. 砷及其化合物中毒；11. 铀及其化合物中毒；12. 砷化氢中毒；13. 氯气中毒；14. 二氧化硫中毒；15. 光气中毒；16. 氨中毒；17. 偏二甲基肼中毒；18. 氮氧化合物中毒；19. 一氧化碳中毒；20. 二硫化碳中毒；21. 硫化氢中毒；22. 磷化氢、磷化锌、磷化铝中毒；23. 氟及其无机化合物中毒；24. 氰及腈类化合物中毒；25. 四乙基铅中毒；26. 有机锡中毒；27. 羰基镍中毒；28. 苯中毒；29. 甲苯中毒；30. 二甲苯中毒；31. 正己烷中毒；32. 汽油中毒；33. 一甲胺中毒；34. 有机氟聚合物单体及其热裂解物中毒；35. 二氯乙烷中毒；36. 四氯化碳中毒；37. 氯乙烯中毒；38. 三氯乙烯中毒；39. 氯丙烯中毒；40. 氯丁二烯中毒；41. 苯的氨基及硝基化合物（不包括三硝基甲苯）中毒；42. 三硝基甲苯中毒；43. 甲醇中毒；44. 酚中毒；45. 五氯酚（钠）中毒；46. 甲醛中毒；47. 硫酸二甲酯中毒；48. 丙烯酰胺中毒；49. 二甲基甲酰胺中毒；50. 有机磷中毒；51. 氨基甲酸酯类中毒；52. 杀虫脒中毒；53. 溴甲烷中毒；54. 拟除虫菊酯类中毒；55. 铟及其化合物中毒；

56. 溴丙烷中毒；57. 碘甲烷中毒；58. 氯乙酸中毒；59. 环氧乙烷中毒；60. 上述条目未提及的与职业有害因素接触之间存在直接因果联系的其他化学中毒。

六、物理因素所致职业病

1. 中暑；2. 减压病；3. 高原病；4. 航空病；5. 手臂振动病；6. 激光所致眼（角膜、晶状体、视网膜）损伤；7. 冻伤。

七、职业性放射性疾病

1. 外照射急性放射病；2. 外照射亚急性放射病；3. 外照射慢性放射病；4. 内照射放射病；5. 放射性皮肤疾病；6. 放射性肿瘤（含矿工高氡暴露所致肺癌）；7. 放射性骨损伤；8. 放射性甲状腺疾病；9. 放射性性腺疾病；10. 放射复合伤；11. 根据《职业性放射性疾病诊断标准（总则）》可以诊断的其他放射性损伤。

八、职业性传染病

1. 炭疽；2. 森林脑炎；3. 布鲁氏菌病；4. 艾滋病（限于医疗卫生人员及人民警察）；5. 莱姆病。

九、职业性肿瘤

1. 石棉所致肺癌、间皮瘤；2. 联苯胺所致膀胱癌；3. 苯所致白血病；4. 氯甲醚、双氯甲醚所致肺癌；5. 砷及其化合物所致肺癌、皮肤癌；6. 氯乙烯所致肝血管肉瘤；7. 焦炉逸散物所致肺癌；8. 六价铬化合物所致肺癌；9. 毛沸石所致肺癌、胸膜间皮瘤；10. 煤焦油、煤焦油沥青、石油沥青所致皮肤癌；11. β-萘胺所致膀胱癌。

十、其他职业病

1. 金属烟热；2. 滑囊炎（限于井下工人）；3. 股静脉血栓综合征、股动脉闭塞症或淋巴管闭塞症（限于刮研作业人员）。

休息日,职工参加单位组织的团建活动受伤,可以认定工伤吗?

关键词:团建;工伤

【基本案情】 钱某于 2018 年 5 月起在 A 公司上班,从事程序员工作。2020 年某个星期天,钱某参加单位组织的团建活动,因意外受伤了,可以认定为工伤吗?

【法律分析】 目前《工伤保险条例》对应当认定工伤和视同工伤的情形,进行了明确列举,应当认定工伤的情形主要包括:(一)在工作时间和工作场所内,因工作原因受到事故伤害的;(二)工作时间前后在工作场所内,从事与工作有关的预备性或者收尾性工作受到事故伤害的;(三)在工作时间和工作场所内,因履行工作职责受到暴力等意外伤害的;(四)患职业病的;(五)因工外出期间,由于工作原因受到伤害或者发生事故下落不明的;(六)在上下班途中,受到非本人主要责任的交通事故或者城市轨道交通、客运轮渡、火车事故伤害的;(七)法律、行政法规规定应当认定为工伤的其他情形。视同工伤的情形主要包括:(一)在工作时间和工作岗位,突发疾病死亡或者在 48 小时之内经抢救无效死亡的;(二)在抢险救灾等维护国家利益、公共利益活动中受到伤害的;(三)职工原在军队服役,因战、因公负伤致残,已取得革命伤残军人证,到用人单位后旧伤复发的。

参加工作日组织的团建活动受伤是否可以认定为工伤要具体问题具体分析,关键看团建活动和工作有无关联。如果职工在参加用人单位组织或者受用人单位指派参加其他单位组织的活动中受到事故伤害的,应当视为工作原因,但参加与工作无关的活动除外。

实践中,职工参加单位安排的从事直接关系本单位利益的正当活动,如运动会、各类竞赛等文体活动发生意外受伤,可以被认定为工伤。但是职工参加单位同事间聚餐、娱乐等与工作明确不相关活动中受伤的，一般不能认定为工伤。

【法条索引】

1. 《工伤保险条例》

第十四条 职工有下列情形之一的，应当认定为工伤：

（一）在工作时间和工作场所内，因工作原因受到事故伤害的；

（二）工作时间前后在工作场所内，从事与工作有关的预备性或者收尾性工作受到事故伤害的；

（三）在工作时间和工作场所内，因履行工作职责受到暴力等意外伤害的；

（四）患职业病的；

（五）因工外出期间，由于工作原因受到伤害或者发生事故下落不明的；

（六）在上下班途中，受到非本人主要责任的交通事故或者城市轨道交通、客运轮渡、火车事故伤害的；

（七）法律、行政法规规定应当认定为工伤的其他情形。

第十五条 职工有下列情形之一的，视同工伤：

（一）在工作时间和工作岗位，突发疾病死亡或者在48小时之内经抢救无效死亡的；

（二）在抢险救灾等维护国家利益、公共利益活动中受到伤害的；

（三）职工原在军队服役，因战、因公负伤致残，已取得革命伤残军人证，到用人单位后旧伤复发的。

2. 《人力资源社会保障部关于执行〈工伤保险条例〉若干问题意见（二）》

第四条 职工在参加用人单位组织或者受用人单位指派参加其他单位组织的活动中受到事故伤害的，应当视为工作原因，但参加与工作无关的活动除外。

问题093 农民工,在某建筑工地做水电工,没有签订书面劳动合同,可以办理工伤保险吗?

关键词:农民工;工伤保险

【基本案情】秦某,50岁,农民工,在某建筑工地做水电工,被口头允诺用工事宜,发放了"工作证",没有签订书面劳动合同,可以办理工伤保险吗?秦某个人需要缴费吗?

【法律分析】虽然秦某与某建筑工地未签订书面劳动合同,但依据相关法律法规规定,可以依据"工作证"等证明材料,认定双方形成了劳动关系。用人单位应当自用工之日起30日内为秦某向社会保险经办机构申请办理包括工伤保险在内的社会保险登记。

用人单位应当按时缴纳工伤保险费。职工个人不缴纳工伤保险费。所以案例中的工伤保险费由用人单位缴纳,秦某个人无须缴纳。

2015年,《人力资源和社会保障部 财政部关于调整工伤保险费率政策的通知》将工伤保险风险类别确定为八类,企业各行业工伤保险类别对应的全国工伤保险行业基准费率为:一类至八类分别控制在该行业用人单位职工工资总额的0.2%、0.4%、0.7%、0.9%、1.1%、1.3%、1.6%、1.9%左右。按照《国民经济行业分类》对行业的划分,根据不同行业的工伤风险程度,由低到高,依次将行业工伤保险类别划分为一类至八类。其中建筑安装业、建筑装饰和其他建筑业属于五类(基准费率1.1%),房屋建筑业、土木工程建筑业属于六类(基准费率1.3%)。

根据现行规定,建筑施工企业相对固定的职工,应按用人单位参加工伤保险。对不能按用人单位参加工伤保险的职工,特别是短期雇佣的农民工,应按项目优先参加工伤保险。所以秦某工作的建筑工地应考虑秦某的用工情况,选择按用人单位或者项目参加工伤保险。按项目参加工伤保险,一般应由施工项目总承包单位或项目标段合同承建单位按照劳动雇佣关系一次性代缴本项目工伤保险费,覆盖项目使用的所有职工,包括专业承包单位、劳务分包单位使用的农民工。

【法条索引】

1. 《关于确立劳动关系有关事项的通知》

第一条　用人单位招用劳动者未订立书面劳动合同,但同时具备下列情形的,劳动关系成立。(一)用人单位和劳动者符合法律、法规规定的主体资格;(二)用人单位依法制定的各项劳动规章制度适用于劳动者,劳动者受用人单位的劳动管理,从事用人单位安排的有报酬的劳动;(三)劳动者提供的劳动是用人单位业务的组成部分。

第二条　用人单位未与劳动者签订劳动合同,认定双方存在劳动关系时可参照下列凭证:(一)工资支付凭证或记录(职工工资发放花名册)、缴纳各项社会保险费的记录;(二)用人单位向劳动者发放的"工作证""服务证"等能够证明身份的证件;(三)劳动者填写的用人单位招工招聘"登记表""报名表"等招用记录;(四)考勤记录;(五)其他劳动者的证言等。

2. 《中华人民共和国社会保险法》

第五十八条　用人单位应当自用工之日起三十日内为其职工向社会保险经办机构申请办理社会保险登记。未办理社会保险登记的,由社会保险经办机构核定其应当缴纳的社会保险费。

3. 《工伤保险条例》

第八条　国家根据不同行业的工伤风险程度确定行业的差别费率,并根据工伤保险费使用、工伤发生率等情况在每个行业内确定若干费率档次。

第十条　用人单位应当按时缴纳工伤保险费。职工个人不缴纳工伤保险费。

4.《关于铁路、公路、水运、水利、能源、机场工程建设项目参加工伤保险工作的通知》

三、依法合理确定缴费比例。建筑施工企业相对固定的职工,应按用人单位参加工伤保险。对不能按用人单位参加工伤保险的职工特别是短期雇用的农民工,应按项目优先参加工伤保险,一般应由施工项目总承包单位或项目标段合同承建单位按照劳动雇佣关系一次性代缴本项目工伤保险费,覆盖项目使用的所有职工,包括专业承包单位、劳务分包单位使用的农民工。各类工程建设项目可以项目或标段为单位,按照项目或标段的建筑安装工程费(或工程合同价)的一定比例参保缴费。对人工成本占比较低的工程建设项目,可按照人工成本乘以工伤保险行业基准费率的方式计算工伤保险费。对于难以确定直接人工成本的工程建设项目,可参照本地区社会平均工资确定缴费基数。

问题094 书面劳动合同中约定"如发生工伤,公司概不负责"条款,是否具有法律效力?

关键词:合同约定;工伤

【基本案情】2013年2月,A装饰公司招用李某为装饰工,在双方签订的书面劳动合同中有"如发生工伤,装饰公司概不负责"的条款。2013年12月17日,A装饰公司指派李某等五人到某居民区从事装饰工作。在工作中,李某不慎从梯子上摔下受伤,住院治疗15天。2014年1月,李某向社会保险行政部门提出工伤认定申请,社会保险行政部门认定李某所受伤害为工伤。A装饰公司不服该工伤认定结论,认为劳动合同中的"如发生工伤,装饰公司概不负责"条款是双方当事人的真实意思表示,双方均签字认可,具有法律效力。约定该条款的目的是增加职工在工作中的谨慎注意义务，防止意外事故的发生。A装饰公司的申辩理由成立吗？

【法律分析】A装饰公司招用李某为装饰工，签订书面劳动合同，双方形成合法的劳动关系，李某在工作时间、工作地点、因工作原因发生事故伤害，应当认定为工伤。我国现行法律法规规定，用人单位和劳动者必须依法参加社会保险，缴纳社会保险费。我国境内的用人单位应当参加工伤保险，为本单位全部职工或者雇工缴纳工伤保险费。用人单位的职工和个体工商户的雇工，均有享受工伤保险待遇的权利。用人单位应当自用工之日起30日内为其职工向社会保险经办机构申请办理包括工伤保险在内的社会保险登记。据此可知，为职工办理工伤保险登记并缴纳工伤保险费是用人单位的法定义务。

依据相关法律法规规定，用人单位免除自己的法定责任，排除劳动者权利的条款无效。"如发生工伤，装饰公司概不负责"条款明显是A装饰公司免除自己的法定责任，排除劳动者权利的条款，也违反了法律、行政法规强制性规定，是无效条款，不具有法律效力。至于A装饰公司所称在合同中约定该条款的目的是增加职工在工作的谨慎注意义务，防止意外事故的发生，也是不成立的，公司可以通过对职工进行安全教育或加大安全设施的投入来减少安全事故的发生。因此，A装饰公司的申辩理由不成立。

案例中的A装饰公司应参加工伤保险而未参加的，由社会保险行政部门责令限期参加，补缴应当缴纳的工伤保险费，并自欠缴之日起，按日加收0.5‰的滞纳金；逾期仍不缴纳的，处欠缴数额1倍以上3倍以下的罚款。A装饰公司职工李某属于应当参加工伤保险而未参加工伤保险的用人单位职工，发生工伤后，由A装饰公司按工伤保险条例规定的工伤保险待遇项目和标准支付费用。A装饰公司参加工伤保险并补缴应当缴纳的工伤保险费、滞纳金后，由工伤保险基金和A装饰公司按照工伤保险条例的规定支付新发生的费用。

【法条索引】

1.《中华人民共和国劳动法》

第七十二条 社会保险基金按照保险类型确定资金来源，逐步实行社会统筹。用人单位和劳动者必须依法参加社会保险，缴纳社会保险费。

2.《中华人民共和国社会保险法》

第五十八条 用人单位应当自用工之日起三十日内为其职工向社会保险经办机构申请办理社会保险登记。

3.《工伤保险条例》

第二条 中华人民共和国境内的企业、事业单位、社会团体、民办非企业单位、基金会、律师事务所、会计师事务所等组织和有雇工的个体工商户应该依照本条例规定参加工伤保险，为本单位全部职工或者雇工缴纳工伤保险费。

中华人民共和国境内的企业、事业单位、社会团体、民办非企业单位、基金会、律师事务所、会计师事务所等组织的职工和个体工商户的雇工，均有依照本条例的规定享受工伤保险待遇的权利。

第六十二条 用人单位依照本条例规定应参加工伤保险而未参加的，由社会保险行政部门责令限期参加，补缴应当缴纳的工伤保险费，并自欠缴之日起，按日加收万分之五的滞纳金；逾期仍不缴纳的，处欠缴数额 1 倍以上 3 倍以下的罚款。

依照本条例规定应当参加工伤保险而未参加工伤保险的用人单位职工发生工伤的，由该用人单位按工伤保险条例规定的工伤保险待遇项目和标准支付费用。

用人单位参加工伤保险并补缴应当缴纳的工伤保险费、滞纳金后，由工伤保险基金和用人单位按照本条例的规定支付新发生的费用。

4.《中华人民共和国劳动合同法》

第二十六条 下列合同无效或者部分无效：（二）用人单位免

除自己的法定责任、排除劳动者权利的；（三）违反法律、行政法规强制性规定的。

问题 095 员工受了工伤后，除了社保基金赔偿，用人单位还有赔偿责任吗？

关键词：工伤；赔偿责任

【基本案情】2015 年 8 月，A 装修公司招用孙某为装饰工，双方签订了书面劳动合同，A 装修公司 8 月底为孙某办理了包括工伤保险在内的社会保险登记，A 装修公司和孙某都按期足额缴纳了各项社会保险。2016 年 12 月 17 日，A 装修公司指派孙某等五人到某居民区从事装饰工作。在工作中，孙某不慎从梯子上摔下受伤，住院治疗一个月。2017 年 1 月，孙某向社会保险行政部门提出工伤认定申请，社会保险行政部门认定孙某所受伤害为工伤，鉴定为十级伤残。A 装修公司认为已缴纳了工伤保险，后期孙某的各项工伤保险待遇都应该由社保基金支付，公司无赔偿责任。A 装修公司的说法有道理吗？

【法律分析】A 装修公司的说法是错误的。员工受了工伤，不仅需要社保基金赔偿，公司也要承担赔偿责任。

工伤赔付一共分为两个时期，一是治疗期，二是伤愈后。在这两个时期，工伤职工不仅能拿到工伤保险基金的工伤赔付，公司也要承担相应的法定责任。

一、治疗期

1. 工伤保险基金承担部分

职工受了工伤后，要进行相应的治疗。工伤保险基金要承担工伤职工的工伤医疗赔付责任。治疗工伤所需费用符合工伤保险诊疗项目目录、工伤保险药品目录、工伤保险住院服务标准的，从工伤保险基金支付。职工住院治疗工伤的伙食补助费，以及经医疗机构出具证明，报社会保险经办机构同意，工伤职工到统筹地区以外就医所需的交通、食宿费用从工伤保险基金支付。工伤职工到签订服务协议的医疗机构进行工伤康复的费用，符合规定的，从工伤保险基金支付。工伤职工因日常生活或者就业需要，经劳动能力鉴定委员会确定，可以安装假肢、矫形器、假眼、假牙和配置轮椅等辅助器具，所需费用按照国家规定的标准从工伤保险基金支付。

2. 用人单位承担部分

职工因工作遭受事故伤害或者患职业病需要暂停工作接受工伤治疗的，在停工留薪期内，原工资福利待遇不变，由所在单位按月支付。停工留薪期一般不超过 12 个月。伤情严重或者情况特殊，经设区的市级劳动能力鉴定委员会确认，可以适当延长，但延长不得超过 12 个月。生活不能自理的工伤职工在停工留薪期需要护理的，由所在单位负责。

二、伤愈后

工伤伤残鉴定分为 10 个等级，十级最轻，活动能力部分受限；一级最严重，生活完全不能自理。不同的工伤等级，在伤愈后的待遇自然也是有所不同的。

1. 生活护理费

工伤职工已经评定伤残等级并经劳动能力鉴定委员会确认需要生活护理的，从工伤保险基金按月支付生活护理费。按照生活完全不能自理、生活大部分不能自理或者生活部分不能自理 3 个不同等级支付，其标准分别为统筹地区上年度职工月平均工资的 50%、40% 或者 30%。

2. 伤残等级待遇

（1）职工因工致残被鉴定为一级至四级伤残的，保留劳动关系，退出工作岗位，享受的工伤保险待遇如下：

①从工伤保险基金按伤残等级支付一次性伤残补助金，标准为：一级伤残为 27 个月的本人工资，二级伤残为 25 个月的本人工资，三级伤残为 23 个

月的本人工资,四级伤残为 21 个月的本人工资。

②从工伤保险基金按月支付伤残津贴,标准为:一级伤残为本人工资的 90%,二级伤残为本人工资的 85%,三级伤残为本人工资的 80%,四级伤残为本人工资的 75%。伤残津贴实际金额低于当地最低工资标准的,由工伤保险基金补足差额。

③工伤职工达到退休年龄并办理退休手续后,停发伤残津贴,按照国家有关规定享受基本养老保险待遇。基本养老保险待遇低于伤残津贴的,由工伤保险基金补足差额。

④由用人单位和职工个人以伤残津贴为基数,缴纳基本医疗保险费。

(2)职工因工致残被鉴定为五级至六级伤残的,享受的工伤保险待遇如下。

①从工伤保险基金按伤残等级支付一次性伤残补助金,标准为:五级伤残为 18 个月的本人工资,六级伤残为 16 个月的本人工资。

②保留与用人单位的劳动关系,由用人单位安排适当工作。难以安排工作的,由用人单位按月发给伤残津贴,标准为:五级伤残为本人工资的 70%,六级伤残为本人工资的 60%,并由用人单位按照规定为其缴纳应缴纳的各项社会保险费。伤残津贴实际金额低于当地最低工资标准的,由用人单位补足差额。

(3)职工因工致残被鉴定为七级至十级伤残的,享受的工伤保险待遇如下。

从工伤保险基金按伤残等级支付一次性伤残补助金,标准为:七级伤残为 13 个月的本人工资,八级伤残为 11 个月的本人工资,九级伤残为 9 个月的本人工资,十级伤残为 7 个月的本人工资。

3. 解约后一次性补偿

(1)职工因工致残被鉴定为五级至六级伤残的,经工伤职工本人提出,该职工可以与用人单位解除或者终止劳动关系,由工伤保险基金支付一次性工伤医疗补助金,由用人单位支付一次性伤残就业补助金。一次性工伤医疗补助金和一次性伤残就业补助金的具体标准由省、自治区、直辖市人民政府规定。

（2）职工因工致残被鉴定为七级至十级伤残的，劳动、聘用合同期满终止，或者职工本人提出解除劳动、聘用合同的，由工伤保险基金支付一次性工伤医疗补助金，由用人单位支付一次性伤残就业补助金。一次性工伤医疗补助金和一次性伤残就业补助金的具体标准由省、自治区、直辖市人民政府规定。

因此，员工受了工伤，不仅可以获得社保基金的赔偿，也应获得用人单位的赔偿。在治疗期内，社保承担医疗费，用人单位应照常支付工资。伤愈后，社保承担生活护理费，用人单位负责安排工作，发放工资。如果员工要求解除劳动合同，可以获得一次性工伤医疗补助金和一次性伤残就业补助金。

如果用人单位不愿承担工伤赔偿责任，员工可以依法申请调解、仲裁，提起诉讼，也可以要求社会保险行政部门或者社会保险费征收机构依法处理。

【法条索引】

1. 《工伤保险条例》

第三十条　职工因工作遭受事故伤害或者患职业病进行治疗，享受工伤医疗待遇。

职工治疗工伤应当在签订服务协议的医疗机构就医，情况紧急时可以先到就近的医疗机构急救。

治疗工伤所需费用符合工伤保险诊疗项目目录、工伤保险药品目录、工伤保险住院服务标准的，从工伤保险基金支付。工伤保险诊疗项目目录、工伤保险药品目录、工伤保险住院服务标准，由国务院社会保险行政部门会同国务院卫生行政部门、食品药品监督管理部门等部门规定。

职工住院治疗工伤的伙食补助费，以及经医疗机构出具证明，报经办机构同意，工伤职工到统筹地区以外就医所需的交通、食宿费用从工伤保险基金支付，基金支付的具体标准由统筹地区人民政府规定。

工伤职工治疗非工伤引发的疾病,不享受工伤医疗待遇,按照基本医疗保险办法处理。

工伤职工到签订服务协议的医疗机构进行工伤康复的费用,符合规定的,从工伤保险基金支付。

第三十二条　工伤职工因日常生活或者就业需要,经劳动能力鉴定委员会确认,可以安装假肢、矫形器、假眼、假牙和配置轮椅等辅助器具,所需费用按照国家规定的标准从工伤保险基金支付。

第三十三条　职工因工作遭受事故伤害或者患职业病需要暂停工作接受工伤医疗的,在停工留薪期内,原工资福利待遇不变,由所在单位按月支付。

停工留薪期一般不超过12个月。伤情严重或者情况特殊,经设区的市级劳动能力鉴定委员会确认,可以适当延长,但延长不得超过12个月。工伤职工评定伤残等级后,停发原待遇,按照本章的有关规定享受伤残待遇。工伤职工在停工留薪期满后仍需治疗的,继续享受工伤医疗待遇。

生活不能自理的工伤职工在停工留薪期需要护理的,由所在单位负责。

第三十四条　工伤职工已经评定伤残等级并经劳动能力鉴定委员会确认需要生活护理的,从工伤保险基金按月支付生活护理费。

生活护理费按照生活完全不能自理、生活大部分不能自理或者生活部分不能自理3个不同等级支付,其标准分别为统筹地区上年度职工月平均工资的50%、40%或者30%。

第三十五条　职工因工致残被鉴定为一级至四级伤残的,保留劳动关系,退出工作岗位,享受以下待遇:

(一)从工伤保险基金按伤残等级支付一次性伤残补助金,标准为:一级伤残为27个月的本人工资,二级伤残为25个月的本人工资,三级伤残为23个月的本人工资,四级伤残为21个月的本人工资;

（二）从工伤保险基金按月支付伤残津贴，标准为：一级伤残为本人工资的90%，二级伤残为本人工资的85%，三级伤残为本人工资的80%，四级伤残为本人工资的75%。伤残津贴实际金额低于当地最低工资标准的，由工伤保险基金补足差额；

（三）工伤职工达到退休年龄并办理退休手续后，停发伤残津贴，按照国家有关规定享受基本养老保险待遇。基本养老保险待遇低于伤残津贴的，由工伤保险基金补足差额。

职工因工致残被鉴定为一级至四级伤残的，由用人单位和职工个人以伤残津贴为基数，缴纳基本医疗保险费。

第三十六条　职工因工致残被鉴定为五级、六级伤残的，享受以下待遇：

（一）从工伤保险基金按伤残等级支付一次性伤残补助金，标准为：五级伤残为18个月的本人工资，六级伤残为16个月的本人工资；

（二）保留与用人单位的劳动关系，由用人单位安排适当工作。难以安排工作的，由用人单位按月发给伤残津贴，标准为：五级伤残为本人工资的70%，六级伤残为本人工资的60%，并由用人单位按照规定为其缴纳应缴纳的各项社会保险费。伤残津贴实际金额低于当地最低工资标准的，由用人单位补足差额。

经工伤职工本人提出，该职工可以与用人单位解除或者终止劳动关系，由工伤保险基金支付一次性工伤医疗补助金，由用人单位支付一次性伤残就业补助金。一次性工伤医疗补助金和一次性伤残就业补助金的具体标准由省、自治区、直辖市人民政府规定。

第三十七条　职工因工致残被鉴定为七级至十级伤残的，享受以下待遇：

（一）从工伤保险基金按伤残等级支付一次性伤残补助金，标准为：七级伤残为13个月的本人工资，八级伤残为11个月的本人工资，九级伤残为9个月的本人工资，十级伤残为7个月的本人工资；

（二）劳动、聘用合同期满终止，或者职工本人提出解除劳动、聘用合同的，由工伤保险基金支付一次性工伤医疗补助金，由用人单位支付一次性伤残就业补助金。一次性工伤医疗补助金和一次性伤残就业补助金的具体标准由省、自治区、直辖市人民政府规定。

2.《中华人民共和国社会保险法》

第三十六条　职工因工作原因受到事故伤害或者患职业病，且经工伤认定的，享受工伤保险待遇；其中，经劳动能力鉴定丧失劳动能力的，享受伤残待遇。

工伤认定和劳动能力鉴定应当简捷、方便。

第八十三条　个人与所在用人单位发生社会保险争议的，可以依法申请调解、仲裁，提起诉讼。用人单位侵害个人社会保险权益的，个人也可以要求社会保险行政部门或者社会保险费征收机构依法处理。

问题 096　员工同时在两个单位上班，发生了工伤，应该由哪个单位承担工伤保险责任？

关键词：两个单位；工伤保险责任

【基本案情】季某，31岁，2019年3月起同时在A公司和B公司两个单位上班，2019年5月在A公司工作时不慎摔伤，社会保险行政部门认定季某所受伤害为工伤，鉴定为九级伤残。类似季某的员工工伤保险应该如何缴纳？发生工伤时，工伤保险责任应该由哪个工作单位承担？

【法律分析】员工在两个单位工作发生工伤要结合具体情形确定工伤保险责任：

1. 一个单位借调到另一个单位的员工。这种情形下，借调的员工只与原用人单位有劳动关系，原用人单位应当履行为职工缴纳工伤保险的义务。发生工伤时，原用人单位应当承担工伤保险责任。但原用人单位可与借调单位约定补偿办法。案例中，如果 B 公司为原用人单位，那么 B 公司就应当履行为季某缴纳工伤保险的义务，即使季某的工伤发生在借调单位 A 公司，都应由 B 公司承担工伤保险责任。

2. 员工同时在两个单位工作，即一个员工同时与两个用人单位保持劳动关系。这种情形下，两个单位都应当为职工缴纳工伤保险费。职工发生工伤的，由职工受伤时工作的单位依法承担工伤保险责任。案例中，如果季某同时与 A 公司、B 公司两个用人单位保持劳动关系，那么 A 公司、B 公司都应当履行为季某缴纳工伤保险的义务，但是因为季某受伤时工作的单位是 A 公司，那么应由 A 公司承担工伤保险责任。

案例中，如果用人单位未依法缴纳工伤保险费的，员工发生工伤，用人单位应当采取措施及时救治，并按照规定的工伤保险待遇项目和标准支付费用。如果 A 公司或者 B 公司不愿承担工伤保险责任，季某可以依法申请调解、仲裁，提起诉讼，也可以要求社会保险行政部门或者社会保险费征收机构依法处理。

【法条索引】

1. 《工伤保险条例》

第二条　中华人民共和国境内的企业、事业单位、社会团体、民办非企业单位、基金会、律师事务所、会计师事务所等组织和有雇工的个体工商户应该依照本条例规定参加工伤保险，为本单位全部职工或者雇工缴纳工伤保险费。

中华人民共和国境内的企业、事业单位、社会团体、民办非企业单位、基金会、律师事务所、会计师事务所等组织的职工和个体工商户的雇工，均有依照本条例的规定享受工伤保险待遇的权利。

第四十三条　职工被借调期间受到工伤事故伤害的，由原用人单位承担工伤保险责任，但原用人单位与借调单位可以约定补偿办法。

第六十二条　用人单位依照本条例规定应参加工伤保险而未参加的，由社会保险行政部门责令限期参加，补缴应当缴纳的工伤保险费，并自欠缴之日起，按日加收万分之五的滞纳金；逾期仍不缴纳的，处欠缴数额1倍以上3倍以下的罚款。

依照本条例规定应当参加工伤保险而未参加工伤保险的用人单位职工发生工伤的，由该用人单位按工伤保险条例规定的工伤保险待遇项目和标准支付费用。

用人单位参加工伤保险并补缴应当缴纳的工伤保险费、滞纳金后，由工伤保险基金和用人单位按照本条例的规定支付新发生的费用。

2.《实施〈中华人民共和国社会保险法〉若干规定》

第九条　职工（包括非全日制从业人员）在两个或者两个以上用人单位同时就业的，各用人单位应当分别为职工缴纳工伤保险费。职工发生工伤，由职工受到伤害时工作的单位依法承担工伤保险责任。

第二十七条　职工与所在用人单位发生社会保险争议的，可以依照《中华人民共和国劳动争议调解仲裁法》《劳动人事争议仲裁办案规则》的规定，申请调解、仲裁，提起诉讼。

职工认为用人单位有未按时足额为其缴纳社会保险费等侵害其社会保险权益行为的，也可以要求社会保险行政部门或者社会保险费征收机构依法处理。社会保险行政部门或者社会保险费征收机构应当按照社会保险法和《劳动保障监察条例》等相关规定处理。在处理过程中，用人单位对双方的劳动关系提出异议的，社会保险行政部门应当依法查明相关事实后继续处理。

3.《中华人民共和国社会保险法》

第八十三条　用人单位或者个人认为社会保险费征收机构的行为侵害自己合法权益的，可以依法申请行政复议或者提起行政诉讼。

用人单位或者个人对社会保险经办机构不依法办理社会保险登记、核定社会保险费、支付社会保险待遇、办理社会保险转移接续手续或者侵害其他社会保险权益的行为，可以依法申请行政复议或者提起行政诉讼。

个人与所在用人单位发生社会保险争议的，可以依法申请调解、仲裁，提起诉讼。用人单位侵害个人社会保险权益的，个人也可以要求社会保险行政部门或者社会保险费征收机构依法处理。

4.《社会保险基金先行支付暂行办法》

第六条 职工所在用人单位未依法缴纳工伤保险费，发生工伤事故的，用人单位应当采取措施及时救治，并按照规定的工伤保险待遇项目和标准支付费用。

问题 097 职工夜间在家加班后猝死，能否认定工伤？
关键词：在家加班；猝死；工伤

【基本案情】孙某，32岁，2021年1月入职A贸易公司，与公司签订了劳动合同。A贸易公司为孙某办理了社会保险登记并按时足额缴纳了各项社会保险费。2021年7月21日，孙某在家加班，与客户沟通工作事宜时突发疾病，送医后当晚经抢救无效死亡，该种情形能否认定工伤？如果可以认定工伤应如何申请？

【法律分析】根据《工伤保险条例》规定，职工在工作时间和工作岗位，突发疾病死亡或者在48小时之内经抢救无效死亡的，视同工伤。

当今社会，科技的发展为工作模式提供了更多的可能和选择，由于微信等具备实时发送文字、语音、图片以及视频功能的通信工具成本低、效率高，职工可以随时随地在线处理工作，甚至成为某些职业群体的主要工作方式，一定程度上打破了传统的线下坐班处理工作的时空限制。因此，对职工工作时间和工作岗位的确定，并不必然局限于固定的上班时间和上班地点。

《工伤保险条例》中规定的"工作岗位"强调更多的不是工作处所和位置，而是岗位职责、工作任务。职工为了单位的利益，下班后因工作需要继续占用个人时间处理工作事项的，属于"工作时间和工作岗位"的延伸。因此，为了单位的利益，将工作带回家，占用个人时间继续工作，其间突发疾病死亡或者在48小时之内经抢救无效死亡的，且不属于排除工伤认定情形的，则其权利理应受到保护，应当予以认定工伤。

依据《工伤保险条例》相关规定，职工发生事故伤害或者按照职业病防治法规定被诊断、鉴定为职业病，所在单位应当自事故伤害发生之日或者被诊断、鉴定为职业病之日起30日内，向统筹地区社会保险行政部门提出工伤认定申请。遇有特殊情况，经报社会保险行政部门同意，申请时限可以适当延长。用人单位未按前款规定提出工伤认定申请的，工伤职工或者其近亲属、工会组织在事故伤害发生之日或者被诊断、鉴定为职业病之日起1年内，可以直接向用人单位所在地统筹地区社会保险行政部门提出工伤认定申请。用人单位、工伤职工或者其近亲属、工会组织提出工伤认定申请应当提交下列材料：（1）工伤认定申请表；（2）与用人单位存在劳动关系（包括事实劳动关系）的证明材料；（3）医疗诊断证明或者职业病诊断证明书（或者职业病诊断鉴定书）。

本案例中，A贸易公司应当自事故伤害发生之日起30日内，向统筹地区社会保险行政部门提出工伤认定申请。如果A贸易公司未按规定提出工伤认定申请的，孙某的近亲属、工会组织在事故伤害发生之日起1年内，可以直接向A贸易公司统筹地区社会保险行政部门提出工伤认定申请。

【法条索引】

《工伤保险条例》

第十五条 职工在工作时间和工作岗位，突发疾病死亡或者在48小时之内经抢救无效死亡的，视同工伤。

第十六条　职工符合本条例第十四条、第十五条的规定，但是有下列情形之一的，不得认定为工伤或者视同工伤：

（一）故意犯罪的；

（二）醉酒或者吸毒的；

（三）自残或者自杀的。

第十七条　职工发生事故伤害或者按照职业病防治法规定被诊断、鉴定为职业病，所在单位应当自事故伤害发生之日或者被诊断、鉴定为职业病之日起30日内，向统筹地区社会保险行政部门提出工伤认定申请。遇有特殊情况，经报社会保险行政部门同意，申请时限可以适当延长。

用人单位未按前款规定提出工伤认定申请的，工伤职工或者其近亲属、工会组织在事故伤害发生之日或者被诊断、鉴定为职业病之日起1年内，可以直接向用人单位所在地统筹地区社会保险行政部门提出工伤认定申请。

按照本条第一款规定应当由省级社会保险行政部门进行工伤认定的事项，根据属地原则由用人单位所在地的设区的市级社会保险行政部门办理。

用人单位未在本条第一款规定的时限内提交工伤认定申请，在此期间发生符合本条例规定的工伤待遇等有关费用由该用人单位负担。

第十八条　提出工伤认定申请应当提交下列材料：

（一）工伤认定申请表；

（二）与用人单位存在劳动关系（包括事实劳动关系）的证明材料；

（三）医疗诊断证明或者职业病诊断证明书（或者职业病诊断鉴定书）。

工伤认定申请表应当包括事故发生的时间、地点、原因以及职工伤害程度等基本情况。

工伤认定申请人提供材料不完整的，社会保险行政部门应当一次性书面告知工伤认定申请人需要补正的全部材料。申请人按照书面告知要求补正材料后，社会保险行政部门应当受理。

职工工作日中午食堂就餐，午饭后返岗途中不慎摔伤，是否可以认定工伤？如果可以认定工伤应如何申请？

关键词：食堂就餐；摔伤；工伤

【基本案情】任某，30 岁，2021 年 1 月入职 A 贸易公司，与公司签订了劳动合同。A 贸易公司为任某办理了社会保险登记并按时足额缴纳了各项社会保险费。2021 年 12 月的一个工作日中午，任某在公司职工食堂吃完午饭返回办公楼的途中，不慎踩到结冰路面滑倒摔伤，被路过同事扶起回到办公岗位，2 小时后因疼痛就医，经住院治疗，被诊断为左肱三头肌腱损伤、左尺骨鹰嘴骨折。任某这次受伤是否可以认定工伤？如果可以认定工伤应如何申请？

【法律分析】任某受到的伤害符合《工伤保险条例》规定情形，应认定为工伤。第一，任某中午就餐后预返回办公场所，其就餐与下午开始的工作紧密相连，故任某中午就餐系处于工作时间前后。第二，对于工作场所的认定，不应完全囿于字面含义而被理解为仅限于劳动者日常的、固定的工作地点。任某就餐地点为公司的职工食堂，该食堂虽系公司委托案外人经营，但仍然是公司专门为职工在工作期间提供饮食的附属场所，处在公司有效监管的区域范围，属于工作场所的合理延伸。第三，任某在职工食堂就餐虽不属于直接履行工作职责，但该就餐行为是继续正常开展工作的前提，可认定为从事与工作有关的预备性工作。

对于工伤认定中的工作时间、工作场所、工作职责的理解不能完全片面地依靠法条，应根据具体案情，从立法精神出发，作出正确的判断。劳动者在日常工作中用餐是其必要的、合理的生理需求，是继续劳动工作的前提条件，与劳动者的正常工作密不可分，应当受到法律的保护。因此，任某工作日中午食堂就餐，午饭后返岗途中不慎摔伤，应认定为工伤。

依据《工伤保险条例》相关规定，职工发生事故伤害或者按照职业病防治法规定被诊断、鉴定为职业病，所在单位应当自事故伤害发生之日或者被诊断、鉴定为职业病之日起30日内，向统筹地区社会保险行政部门提出工伤认定申请。遇有特殊情况，经报社会保险行政部门同意，申请时限可以适当延长。用人单位未按前款规定提出工伤认定申请的，工伤职工或者其近亲属、工会组织在事故伤害发生之日或者被诊断、鉴定为职业病之日起1年内，可以直接向用人单位所在地统筹地区社会保险行政部门提出工伤认定申请。用人单位、工伤职工或者其近亲属、工会组织提出工伤认定申请应当提交下列材料：（1）工伤认定申请表；（2）与用人单位存在劳动关系（包括事实劳动关系）的证明材料；（3）医疗诊断证明或者职业病诊断证明书（或者职业病诊断鉴定书）。

本案例中，A贸易公司应当自事故伤害发生之日起30日内，向统筹地区社会保险行政部门提出工伤认定申请。如果A贸易公司未按规定提出工伤认定申请的，任某、任某的近亲属、工会组织在事故伤害发生之日起1年内，可以直接向A贸易公司统筹地区社会保险行政部门提出工伤认定申请。

【法条索引】

《工伤保险条例》

第十四条　职工有下列情形之一的，应当认定为工伤：（二）工作时间前后在工作场所内，从事与工作有关的预备性或者收尾性工作受到事故伤害的；

第十七条　职工发生事故伤害或者按照职业病防治法规定被诊

断、鉴定为职业病，所在单位应当自事故伤害发生之日或者被诊断、鉴定为职业病之日起30日内，向统筹地区社会保险行政部门提出工伤认定申请。遇有特殊情况，经报社会保险行政部门同意，申请时限可以适当延长。

用人单位未按前款规定提出工伤认定申请的，工伤职工或者其近亲属、工会组织在事故伤害发生之日或者被诊断、鉴定为职业病之日起1年内，可以直接向用人单位所在地统筹地区社会保险行政部门提出工伤认定申请。

按照本条第一款规定应当由省级社会保险行政部门进行工伤认定的事项，根据属地原则由用人单位所在地的设区的市级社会保险行政部门办理。

用人单位未在本条第一款规定的时限内提交工伤认定申请，在此期间发生符合本条例规定的工伤待遇等有关费用由该用人单位负担。

第十八条 提出工伤认定申请应当提交下列材料：

（一）工伤认定申请表；

（二）与用人单位存在劳动关系（包括事实劳动关系）的证明材料；

（三）医疗诊断证明或者职业病诊断证明书（或者职业病诊断鉴定书）。

工伤认定申请表应当包括事故发生的时间、地点、原因以及职工伤害程度等基本情况。

工伤认定申请人提供材料不完整的，社会保险行政部门应当一次性书面告知工伤认定申请人需要补正的全部材料。申请人按照书面告知要求补正材料后，社会保险行政部门应当受理。

退休返聘人员发生工伤事故，应该如何处理？是否可以认定工伤？

关键词：退休返聘；工伤事故

【基本案情】 孙某，61岁，2021年1月退休后，按规定领取养老金，同月被原工作单位A医院返聘。A医院为本单位职工办理了社会保险登记并按时足额缴纳了各项社会保险费。2021年5月5日，孙某在上班期间不慎摔伤，因就医治疗产生了各类费用。是否可以认定工伤？赔偿项目有哪些？

【法律分析】 退休返聘人员发生工伤事故，不能认定为工伤。

员工退休后，开始享受社会保险待遇就不再具有劳动法调整的劳动者主体资格，与单位签订的是劳务协议，属于劳务关系，不在《劳动法》《劳动合同法》《工伤保险条例》等劳动法律的调整范围内，也就不能依照《工伤保险条例》认定工伤，应适用《民法典》等民事法律。依据《最高人民法院关于审理人身损害赔偿案件适用法律若干问题的解释》相关规定，返聘人员一旦发生意外事故，应认定为从事雇佣活动中受到伤害，雇佣单位（聘用单位）应当承担民事赔偿责任，赔偿项目有医疗费、误工费、护理费、残疾赔偿金、辅助器具费、必要的交通费及被扶养人生活费等，造成死亡的还有丧葬费和死亡赔偿金等：（1）受害人遭受人身损害，因就医治疗支出的各项费用以及因误工减少的收入，包括医疗费、误工费、护理费、交通费、住宿费、住院伙食补助费、必要的营养费，赔偿义务人应当予以赔偿。（2）受害人因伤致残的，其因增加生活上需要所支出的必要费用以及因丧失劳动能力导致的收入损失，包括残疾赔偿金、残疾辅助器具费、被扶养人生活费，以及因康复护理、继续治疗实际发生的必要的康复费、护理费、后续治疗费，赔偿义务人也应当予以赔偿。（3）受害人死亡的，赔偿义务人除应当根据抢救治疗情况赔偿本条第一款规定的相关费用外，还应当赔偿丧葬费、被扶养人生活费、死亡补偿费以及受害人亲属办理丧葬事宜支出的交通费、住宿费和误工损失等其他合理费用。

本案例中，退休返聘人员孙某在上班期间不慎摔伤，应认定为从事雇佣活动中受到伤害，对其因就医治疗产生的各类费用，雇佣单位（聘用单位）A医院应当承担民事赔偿责任，主要的赔偿项目结合具体伤情主要有医疗费、误工费、护理费、残疾赔偿金、辅助器具费、必要的交通费等。

【法条索引】

1.《中华人民共和国劳动合同法》

第四十四条　劳动者开始依法享受基本养老保险待遇的，劳动合同终止。

2.《最高人民法院关于审理劳动争议案件适用法律若干问题的解释（三）》

第七条　用人单位与其招用的已经依法享受养老保险待遇或领取退休金的人员发生用工争议，向人民法院提起诉讼的，人民法院应当按劳务关系处理。

3.《最高人民法院关于审理人身损害赔偿案件适用法律若干问题的解释》

第十一条　雇员在从事雇佣活动中遭受人身损害，雇主应当承担赔偿责任。雇佣关系以外的第三人造成雇员人身损害的，赔偿权利人可以请求第三人承担赔偿责任，也可以请求雇主承担赔偿责任。雇主承担赔偿责任后，可以向第三人追偿。

雇员在从事雇佣活动中因安全生产事故遭受人身损害，发包人、分包人知道或者应当知道接受发包或者分包业务的雇主没有相应资质或者安全生产条件的，应当与雇主承担连带赔偿责任。

属于《工伤保险条例》调整的劳动关系和工伤保险范围的，不适用本条规定。

第十七条　受害人遭受人身损害，因就医治疗支出的各项费用以及因误工减少的收入，包括医疗费、误工费、护理费、交通费、住宿费、住院伙食补助费、必要的营养费，赔偿义务人应当予以赔偿。

受害人因伤致残的，其因增加生活上需要所支出的必要费用以及因丧失劳动能力导致的收入损失，包括残疾赔偿金、残疾辅助器具费、被扶养人生活费，以及因康复护理、继续治疗实际发生的必要的康复费、护理费、后续治疗费，赔偿义务人也应当予以赔偿。

受害人死亡的，赔偿义务人除应当根据抢救治疗情况赔偿本条第一款规定的相关费用外，还应当赔偿丧葬费、被扶养人生活费、死亡补偿费以及受害人亲属办理丧葬事宜支出的交通费、住宿费和误工损失等其他合理费用。

问题100　职工在上班期间因自身疾病导致死亡的，是否可以认定工伤？

关键词：上班期间；自身疾病；工伤

【基本案情】吴某，51岁，2013年在福建煤矿务工，导致其患尘肺病，长期服用药物。2021年回老家到A物业公司应聘保安，A物业公司为本单位职工办理了社会保险登记并按时足额缴纳了各项社会保险费。2021年6月30日，吴某在上班期间突发疾病，当场死亡。A物业公司认为吴某因患有尘肺病导致死亡，与其现职工作不具有因果关系，不能认定视同工伤。这种情形是否可以认定工伤？如果可以认定工伤应如何申请？

【法律分析】吴某在上班期间因尘肺病导致死亡的事件属于《工伤保险

条例》保护的范畴，可以认定工伤。

《工伤保险条例》中规定的"突发疾病死亡或者在48小时内经抢救无效死亡"的前提要件是该"突发疾病"特定具体事实于"工作时间和工作岗位"之中发生。若是下班之后疾病发生并在48小时之内死亡的，即使疾病产生的原因可能是工作，原则上亦不能认定为工伤。反之，如果是在工作时间和工作岗位上发生的疾病，即使该疾病产生原因不是工作，而可能是职工个人身体的原因，亦可以认定为工伤。对于劳动者而言，"病"和"伤"的保护一般属于不同的法律规范和政策调整范畴，《工伤保险条例》保护的是因工作中遭受事故而发生伤害的情形，对疾病的保护应当属于医疗保险范畴，不属于《工伤保险条例》保护的范围。本案中，吴某在工作期间因尘肺病导致死亡，属于《工伤保险条例》保护的范畴。

吴某在上班期间因自身尘肺病导致死亡符合《工伤保险条例》第十五条第（一）项的规定。认定工伤必备条件是"三工原则"：即"工作时间、工作场所、工作原因"。其中，工作原因是工伤认定的核心要件，工作时间与工作场所是用以佐证工作原因的重要因素；但在遵从一般原则的情况下，为了充分保障劳动者的权益，特别设立了"视同工伤"制度。《工伤保险条例》第十五条第（一）项规定的"视同工伤"只要求满足"工作时间"和"工作岗位"构成要件，并没有设置"工作原因"这一构成要件。相对于用人单位，劳动者作为弱势群体更需要保护，将与工作无关的"病"视为工伤来保护，体现了工伤保险法律对劳动者倾斜保护的立法精神。

本案例中，某物业公司抗辩吴某因患有尘肺病导致死亡，与其现职工作不具有因果关系，不能认定视同工伤。然而，《工伤保险条例》第十五条第（一）项并未规定职工必须因工作原因导致突发疾病，才认定视同工伤。

综上所述，职工在上班期间因自身疾病导致死亡或者在48小时之内经抢救无效死亡的，应认定视同工伤，而不需要与工作原因具有因果关系。因此，吴某在上班期间因患有尘肺病突发导致死亡，应认定视同工伤。

依据《工伤保险条例》相关规定，职工发生事故伤害或者按照职业病防治法规定被诊断、鉴定为职业病，所在单位应当自事故伤害发生之日或者被诊断、鉴定为职业病之日起 30 日内，向统筹地区社会保险行政部门提出工伤认定申请。遇有特殊情况，经报社会保险行政部门同意，申请时限可以适当延长。用人单位未按前款规定提出工伤认定申请的，工伤职工或者其近亲属、工会组织在事故伤害发生之日或者被诊断、鉴定为职业病之日起 1 年内，可以直接向用人单位所在地统筹地区社会保险行政部门提出工伤认定申请。用人单位、工伤职工或者其近亲属、工会组织提出工伤认定申请应当提交下列材料：（1）工伤认定申请表；（2）与用人单位存在劳动关系（包括事实劳动关系）的证明材料；（3）医疗诊断证明或者职业病诊断证明书（或者职业病诊断鉴定书）。

本案例中，A 物业公司应当自事故伤害发生之日起 30 日内，向统筹地区社会保险行政部门提出工伤认定申请。如果 A 物业公司未按规定提出工伤认定申请的，吴某的近亲属、工会组织在事故伤害发生之日起 1 年内，可以直接向 A 物业公司统筹地区社会保险行政部门提出工伤认定申请。

【法条索引】

《工伤保险条例》

第十五条　职工有下列情形之一的，视同工伤：

（一）在工作时间和工作岗位，突发疾病死亡或者在 48 小时之内经抢救无效死亡的；

第十七条　职工发生事故伤害或者按照职业病防治法规定被诊断、鉴定为职业病，所在单位应当自事故伤害发生之日或者被诊断、鉴定为职业病之日起 30 日内，向统筹地区社会保险行政部门提出工伤认定申请。遇有特殊情况，经报社会保险行政部门同意，申请时限可以适当延长。

用人单位未按前款规定提出工伤认定申请的，工伤职工或者其近亲属、工会组织在事故伤害发生之日或者被诊断、鉴定为职业病之日起 1 年内，可以直接向用人单位所在地统筹地区社会保险行政部门提出工伤认定申请。

按照本条第一款规定应当由省级社会保险行政部门进行工伤认定的事项，根据属地原则由用人单位所在地的设区的市级社会保险行政部门办理。

用人单位未在本条第一款规定的时限内提交工伤认定申请，在此期间发生符合本条例规定的工伤待遇等有关费用由该用人单位负担。

第十八条 提出工伤认定申请应当提交下列材料：

（一）工伤认定申请表；

（二）与用人单位存在劳动关系（包括事实劳动关系）的证明材料；

（三）医疗诊断证明或者职业病诊断证明书（或者职业病诊断鉴定书）。

工伤认定申请表应当包括事故发生的时间、地点、原因以及职工伤害程度等基本情况。

工伤认定申请人提供材料不完整的，社会保险行政部门应当一次性书面告知工伤认定申请人需要补正的全部材料。申请人按照书面告知要求补正材料后，社会保险行政部门应当受理。

问题101 职工下班后，在回女朋友家途中发生交通事故，可以认定为工伤吗？

关键词：女朋友家；交通事故；工伤

【基本案情】金某，31岁，2021年1月入职A广告公司。A广告公司为本单位职工办理了社会保险登记并按时足额缴纳了各项社会保险费。2021年6月30日，金某正常下班后，在回女朋友家途中发生交通事故，小腿骨折，交警部门出具的事故认定结论为员工个人承担事故的次要责任。这种情况是否可以认定工伤？如果可以认定工伤应如何申请？

【法律分析】职工下班后，在回女朋友家途中发生交通事故，是否可以认定工伤，要结合具体情况考虑。

《工伤保险条例》第十四条规定，在上下班途中，受到非本人主要责任的交通事故或者城市轨道交通、客运轮渡、火车事故伤害的，应当认定为工伤。其中"非本人主要责任"是指交警部门出具的事故认定结论为员工个人承担事故的"无责任""次要责任""同等责任"。如果交警部门出具的事故认定结论为员工个人承担事故的"主要责任"或"全部责任"，则不能认定为工伤。在这一具体情形中，上下班的路线是否合理是工伤认定的关键。

对此，《最高人民法院关于审理工伤保险行政案件若干问题的规定》第六条规定，对社会保险行政部门认定下列情形为"上下班途中"的，人民法院应予支持：（1）在合理时间内往返于工作地与住所地、经常居住地、单位宿舍的合理路线的上下班途中；（2）在合理时间内往返于工作地与配偶、父母、子女居住地的合理路线的上下班途中；（3）从事属于日常工作生活所需要的活动，且在合理时间和合理路线的上下班途中；（4）在合理时间内其他合理路线的上下班途中。

可见，在法律规定中，并没有明确去女朋友家是否属于上下班的合理路线，因此在工伤认定中要结合实际情况做出判断。如果自己有住所，偶尔才到女朋友那里留宿，那么回女朋友家就很难认定为是上下班的合理路线。如果职工没有法律意义上的经常居住地，即没有公民离开住所地至起诉时已经连续居住1年以上的地方，只有临时居所。就临时居所而言，本身就因临时性往往不具有确定性。基于这一情况，职工回女朋友家就应该属于最高法规定的"在合理时间内其他合理路线的上下班途中"的情形。

依据《工伤保险条例》相关规定，职工发生事故伤害或者按照职业病防治法规定被诊断、鉴定为职业病，所在单位应当自事故伤害发生之日或者被诊断、鉴定为职业病之日起30日内，向统筹地区社会保险行政部门提出工伤认定申请。遇有特殊情况，经报社会保险行政部门同意，申请时限可以适当延长。用人单位未按前款规定提出工伤认定申请的，工伤职工或者其近亲属、工会组织在事故伤害发生之日或者被诊断、鉴定为职业病之日起1年内，可以直接向用人单位所在地统筹地区社会保险行政部门提出工伤认定申请。用人单位、工伤职工或者其近亲属、工会组织提出工伤认定申请应当提交下列材料：(1)工伤认定申请表；(2)与用人单位存在劳动关系（包括事实劳动关系）的证明材料；(3)医疗诊断证明或者职业病诊断证明书（或者职业病诊断鉴定书）。

本案例中，A广告公司应当自事故伤害发生之日起30日内，向统筹地区社会保险行政部门提出工伤认定申请。如果A广告公司未按规定提出工伤认定申请的，金某、金某的近亲属、工会组织在事故伤害发生之日起1年内，可以直接向A广告公司统筹地区社会保险行政部门提出工伤认定申请。

【法条索引】

1. 《工伤保险条例》

第十四条 职工有下列情形之一的，应当认定为工伤：(六)在上下班途中，受到非本人主要责任的交通事故或者城市轨道交通、客运轮渡、火车事故伤害的；

第十七条 职工发生事故伤害或者按照职业病防治法规定被诊断、鉴定为职业病，所在单位应当自事故伤害发生之日或者被诊断、鉴定为职业病之日起30日内，向统筹地区社会保险行政部门提出工伤认定申请。遇有特殊情况，经报社会保险行政部门同意，申请时限可以适当延长。

用人单位未按前款规定提出工伤认定申请的，工伤职工或者其近亲属、工会组织在事故伤害发生之日或者被诊断、鉴定为职业病之日起1年内，可以直接向用人单位所在地统筹地区社会保险行政部门提出工伤认定申请。

按照本条第一款规定应当由省级社会保险行政部门进行工伤认

定的事项，根据属地原则由用人单位所在地的设区的市级社会保险行政部门办理。

用人单位未在本条第一款规定的时限内提交工伤认定申请，在此期间发生符合本条例规定的工伤待遇等有关费用由该用人单位负担。

第十八条　提出工伤认定申请应当提交下列材料：

（一）工伤认定申请表；

（二）与用人单位存在劳动关系（包括事实劳动关系）的证明材料；

（三）医疗诊断证明或者职业病诊断证明书（或者职业病诊断鉴定书）。

工伤认定申请表应当包括事故发生的时间、地点、原因以及职工伤害程度等基本情况。

工伤认定申请人提供材料不完整的，社会保险行政部门应当一次性书面告知工伤认定申请人需要补正的全部材料。申请人按照书面告知要求补正材料后，社会保险行政部门应当受理。

2.《最高人民法院关于适用〈中华人民共和国民事诉讼法〉的解释》

第四条　公民的经常居住地是指公民离开住所地至起诉时已经连续居住一年以上的地方，但公民住院就医的地方除外。

3.《最高人民法院关于审理工伤保险行政案件若干问题的规定》

第六条　对社会保险行政部门认定下列情形为"上下班途中"的，人民法院应予支持：（一）在合理时间内往返于工作地与住所地、经常居住地、单位宿舍的合理路线的上下班途中；（二）在合理时间内往返于工作地与配偶、父母、子女居住地的合理路线的上下班途中；（三）从事属于日常工作生活所需要的活动，且在合理时间和合理路线的上下班途中；（四）在合理时间内其他合理路线的上下班途中。

个人挂靠其他单位对外经营，其聘用的员工因工受伤，能否认定工伤？哪个单位应承担工伤保险责任？

关键词：挂靠；工伤；责任单位

【基本案情】孙某，31岁，2021年1月开始挂靠A建筑公司对外经营，因工作需要，2021年3月，孙某聘用了李某从事公关工作。2021年4月11日，李某在工作岗位不慎被建筑工地的抛物砸伤。工作期间，孙某未给李某办理工伤保险登记。李某因工受伤能否认定工伤？如果可以认定工伤，承担工伤保险责任的单位是孙某的挂靠组织还是A建筑公司？如何申请工伤认定？申请时限期间如果发生不可抗力事件是否可以延长？

【法律分析】个人挂靠其他单位对外经营，其聘用的员工因工受伤，应该认定工伤。

《工伤保险条例》第十四条规定，职工在工作时间和工作场所内，因工作原因受到事故伤害的，应当认定为工伤。对于本案例中的挂靠情形，《最高人民法院关于审理工伤保险行政案件若干问题的规定》规定，个人挂靠其他单位对外经营，其聘用的人员因工伤亡的，被挂靠单位为承担工伤保险责任的单位。被挂靠单位承担赔偿责任或者社会保险经办机构从工伤保险基金支付工伤保险待遇后，有权向相关组织、单位和个人追偿。

依据《工伤保险条例》相关规定，职工发生事故伤害或者按照职业病防治法规定被诊断、鉴定为职业病，所在单位应当自事故伤害发生之日或者被诊断、鉴定为职业病之日起30日内，向统筹地区社会保险行政部门提出工伤认定申请。遇有特殊情况，经报社会保险行政部门同意，申请时限可以适当延长。用人单位未按前款规定提出工伤认定申请的，工伤职工或者其近亲属、工会组织在事故伤害发生之日或者被诊断、鉴定为职业病之日起1年内，可以直接向用人单位所在地统筹地区社会保险行政部门提出工伤认定申请。用人单位、工伤职工或者其近亲属、工会组织提出工伤认定申请应当提交下列材料：（一）工伤认定申请表；（二）与用人单位存在劳动关系（包括事实劳动关系）的证明材料；（三）医疗诊断证明或者职业病诊断证明书（或者职业病诊断鉴定书）。

本案例中，A建筑公司应当自事故伤害发生之日起30日内，向统筹地区社会保险行政部门提出工伤认定申请。如果A建筑公司未提出工伤认定申请的，李某、李某的近亲属、工会组织在事故伤害发生之日起1年内，可以直接向A建筑公司统筹地区社会保险行政部门提出工伤认定申请。

根据《最高人民法院关于审理工伤保险行政案件若干问题的规定》，由于不属于职工或者其近亲属自身原因超过工伤认定申请期限的，被耽误的时间不计算在工伤认定申请期限内。其中受不可抗力影响耽误申请时间的，应当认定为不属于职工或者其近亲属自身原因，被耽误的时间不计算在工伤认定申请期限内。

本案例中，由A建筑公司承担赔偿责任，或者社会保险经办机构从工伤保险基金支付工伤保险待遇后，有权向挂靠人孙某追偿。

【法条索引】

1. 《工伤保险条例》

第十四条　职工有下列情形之一的，应当认定为工伤：（一）在工作时间和工作场所内，因工作原因受到事故伤害的。

第十七条　职工发生事故伤害或者按照职业病防治法规定被诊断、鉴定为职业病，所在单位应当自事故伤害发生之日或者被诊断、鉴定为职业病之日起30日内，向统筹地区社会保险行政部门提出工伤认定申请。遇有特殊情况，经报社会保险行政部门同意，申请时限可以适当延长。

用人单位未按前款规定提出工伤认定申请的，工伤职工或者其近亲属、工会组织在事故伤害发生之日或者被诊断、鉴定为职业病之日起1年内，可以直接向用人单位所在地统筹地区社会保险行政部门提出工伤认定申请。

按照本条第一款规定应当由省级社会保险行政部门进行工伤认定的事项，根据属地原则由用人单位所在地的设区的市级社会保险行政部门办理。

用人单位未在本条第一款规定的时限内提交工伤认定申请，在此期间发生符合本条例规定的工伤待遇等有关费用由该用人单位负担。

第十八条 提出工伤认定申请应当提交下列材料：

（一）工伤认定申请表；

（二）与用人单位存在劳动关系（包括事实劳动关系）的证明材料；

（三）医疗诊断证明或者职业病诊断证明书（或者职业病诊断鉴定书）。

工伤认定申请表应当包括事故发生的时间、地点、原因以及职工伤害程度等基本情况。

工伤认定申请人提供材料不完整的，社会保险行政部门应当一次性书面告知工伤认定申请人需要补正的全部材料。申请人按照书面告知要求补正材料后，社会保险行政部门应当受理。

2.《最高人民法院关于审理工伤保险行政案件若干问题的规定》

第三条 社会保险行政部门认定下列单位为承担工伤保险责任单位的，人民法院应予支持：（五）个人挂靠其他单位对外经营，其聘用的人员因工伤亡的，被挂靠单位为承担工伤保险责任的单位。

前款第（四）、（五）项明确的承担工伤保险责任的单位承担赔偿责任或者社会保险经办机构从工伤保险基金支付工伤保险待遇后，有权向相关组织、单位和个人追偿。

第八条 有下列情形之一耽误申请时间的，应当认定为不属于职工或者其近亲属自身原因：（一）受不可抗力影响的；（二）职工由于被国家机关依法采取强制措施等人身自由受到限制不能申请工伤认定的；（三）申请人正式提交了工伤认定申请，但因社会保险机构未登记或者材料遗失等原因造成申请超时限的；（四）当事人就确认劳动关系申请劳动仲裁或提起民事诉讼的；（五）其他符合法律法规规定的情形。

职工在工作时间和工作岗位，突发疾病48小时内经抢救无效"脑死亡"，超过48小时临床死亡的，能否认定工伤？

关键词：48小时；突发疾病；工伤

【基本案情】林某，51岁，2021年4月入职A物业公司，工作职位为小区保安。A物业公司为本单位职工办理了社会保险登记并按时足额缴纳了各项社会保险费。2021年6月30日，林某在上班期间突发脑出血，送医后经过抢救，医生判定林某深昏迷、脑干反射消失和无自主呼吸后插呼吸机送入ICU病房。7月3日，林某家属决定拔掉林某的呼吸机，居民死亡医学证明（推断）书显示，林某的死亡时间为7月3日18时48分，死亡原因为脑出血。这种情形是否可以认定工伤？

【法律分析】林某在工作时间和工作岗位，突发疾病48小时内经抢救无效"脑死亡"，超过48小时临床死亡的，能否认定工伤，目前存在较大争议。

《工伤保险条例》中规定，在工作时间和工作岗位，突发疾病死亡或者在48小时内经抢救无效死亡，视同工伤。该规定中的死亡时间，人社部门通常采信医疗机构出具的居民医学死亡证明书中记载的死亡时间。

但是，目前我国法律对死亡的判断没有明确标准。现实生活中，除了居民医学死亡证明书中记载的死亡时间，还有一种特殊形式——"脑死亡"。根据《中国成人脑死亡判定标准与操作规范（第二版）》，"脑死亡"的临床判定标准为深昏迷、脑干反射消失和无自主呼吸，依赖呼吸机维持通气，自主呼吸激发试验证实无自主呼吸。本案例中林某经抢救后处于深昏迷，各项症状均符合"脑死亡"的临床判定标准。

脑死亡是医学上的一种状态，尚未被我国民政等机关采纳为死亡识别标准，也尚未被吸纳为法律对死亡的认定标准。脑死亡虽然不属于法律上的死亡，但依然不可逆转。从多数案例看，脑死亡后，呼吸心跳的停止通常会在短时间内，也可能是几日内必然发生。一般情况下，自发病到脑死亡状态呈现时间较短——并未超过48小时，但呼吸心跳停止且医疗机构出具的死亡证明书记载死亡时间超过48小时的情况，是否还能够认定工伤，就目前司法案例来看，认定与不认定两种情况都有。

无论是认定还是不认定工伤，均有各自的理由。不认定工伤依据的是严格执行现行死亡识别标准；认定工伤则是在现行法律对死亡认定标准没有明确规定情况下，从有利于保护职工的立场、保护劳动者合法权益的角度予以解释。目前，社会保险行政机关和司法机关对于死亡标准的采纳往往不一——行政机关基本不予采纳脑死亡标准，而司法机关的判定则体现了较大弹性，有的法院采纳脑死亡标准，有的法院不予采纳脑死亡标准。

【法条索引】

1.《工伤保险条例》

第十五条 职工有下列情形之一的，视同工伤：

（一）在工作时间和工作岗位，突发疾病死亡或者在48小时之内经抢救无效死亡的；

2.《中国成人脑死亡判定标准与操作规范（第二版）》

二、临床判定标准：

（一）深昏迷；

(二)脑干反射消失;

(三)无自主呼吸。

依赖呼吸机维持通气,自主呼吸激发试验证实无自主呼吸。以上三项临床判定标准必须全部符合。

问题104 脱贫攻坚驻村干部在扶贫工作期间,对交通事故进行施救时不慎受伤,能否认定工伤?

关键词:驻村干部;施救;工伤

【基本案情】付某,40岁,系某县某街道办事处干部,是被派驻在某村开展脱贫攻坚驻村工作的驻村工作队员。2020年4月1日晚上20时左右,经脱贫攻坚指挥部的工作安排,付某步行前往帮扶村某组召开群众院坝会,途经村民杨某家门口路段时,看到一辆白色面包车的车轮掉入路上的井坑,遂组织人员对其进行施救,在帮助车主抬车的过程中不慎扭伤腰部,随后到某县医院诊断治疗,诊断为"L4椎体压缩性骨折A型NOMO"。这种情形是否可以认定工伤?

【法律分析】脱贫攻坚驻村干部在扶贫工作期间,对交通事故进行施救时不慎受伤,应该认定工伤。

付某作为脱贫攻坚驻村工作队员,其工作职责就是负责涉及该村脱贫攻坚的各项工作。2020年4月1日晚上20时左右,经脱贫攻坚指挥部的工作安排前往帮扶村帮扶组召开群众院坝会,其应是在工作时间和工作场所内,因驻村工作范围没有明确的界定,所以原告付某组织人员帮助车主抬车的行为应属于其驻村工作的分内之事,更是一种值得提倡的维护公共利益的见义勇为。因此,其所受之伤符合《工伤保险条例》第十四条第(一)项"职工有下列情形之一的,应当认定为工伤:(一)在工作时间和工作场所内,因工作原因受到事故伤害的"，以及根据《人力资源和社会保障部关于执行〈工伤保险条例〉若干问题的意见（二）》相关规定，职工因工作原因驻外，有固定的住所，有明确的作息时间，工伤认定时按照在驻在地当地正常工作的情形处理。综上，脱贫攻坚驻村干部付某在扶贫工作期间，对交通事故进行施救时不慎受伤，应该认定工伤。

如果员工系非因工作原因对遇险者实施救助导致伤亡的，那么依据《最高人民法院关于非因工作原因对遇险者实施救助导致伤亡的情形是否认定工伤问题的答复》中的相关规定：非因工作原因对遇险者实施救助导致伤亡的，如未经有关部门认定为见义勇为，不属于《工伤保险条例》第十五条第一款第（二）项规定的视同工伤情形。司法实践中，考虑到员工舍身救人的行为值得提倡，最高人民法院要求各级人民法院协调当地有关部门，尽可能通过其他方式做好相关安抚工作，以妥善化解争议。

【法条索引】

1. 《工伤保险条例》

第十四条　职工有下列情形之一的，应当认定为工伤：（一）在工作时间和工作场所内，因工作原因受到事故伤害的。

第十五条　职工有下列情形之一的，视同工伤：（二）在抢险救灾等维护国家利益、公共利益活动中受到伤害的。

2. 《人力资源和社会保障部关于执行〈工伤保险条例〉若干问题的意见（二）》

第五条　职工因工作原因驻外，有固定的住所，有明确的作息时间，工伤认定时按照在驻在地当地正常工作的情形处理。

3. 《最高人民法院关于非因工作原因对遇险者实施救助导致伤亡的情形是否认定工伤问题的答复》

非因工作原因对遇险者实施救助导致伤亡的，如未经有关部门认定为见义勇为，似不属于《工伤保险条例》第十五条第一款第（二）项规定的视同工伤情形。考虑到请示所涉案件中张诗春舍身救人的行为值得提倡，建议你院与下级法院协调当地有关部门，尽可能通过其他方式做好相关安抚工作，以妥善化解争议。

职工因工作原因参加商务应酬，应酬期间喝了白酒，应酬结束后坐出租车送合同回单位途中发生交通事故受伤，能否认定工伤？

关键词：商务应酬；工伤

【基本案情】金某，42岁，2020年4月入职A酒厂，工作职位为销售部经理。A物业公司为本单位职工办理了社会保险登记并按时足额缴纳了各项社会保险费。2021年3月30日晚，金某因工作原因参加商务应酬，推销白酒，席间金某喝了5两白酒，应酬结束后坐出租车送合同回单位途中发生交通事故受伤。这种情形是否可以认定工伤？

【法律分析】员工参加商务应酬，喝酒后发生事故伤害，能否认定工伤，要结合具体情形判断。

本案例中，金某身为A酒厂的销售部经理，推销白酒是其工作职责，商务应酬属于其工作范围之内，借助宴请促使客户品尝酒品，应酬结束后坐出租车送合同回单位属于金某的工作内容。金某应酬结束后坐出租车送合同回单位途中发生交通事故受伤与其喝酒之间无直接的因果关系，符合《工伤保险条例》的相关规定，属于在工作时间和工作场所内，因工作原因受到事故伤害的情形，应当认定工伤。

但是如果员工的工作属性、工作职责与销售酒类无关，则其参加商务宴请，因醉酒发生事故伤害，则属于《工伤保险条例》中的排除情形，不得认定为工伤或者视同工伤。

实践中，满足工伤认定条件又因醉酒而不能认定为工伤的情形，需要满足以下 3 个条件：

1. 职工应达到醉酒状态，应当参照车辆驾驶人员的检测标准认定为醉酒，而不是通过人为观察判断。对于醉酒标准，可以参照国家标准《车辆驾驶人员血液、呼气酒精含量阈值与检验》（GB19522-2010）。这一标准规定：驾驶人员血液中的酒精含量大于（等于）20 毫克/100 毫升、小于 80 毫克/100 毫升的行为属于饮酒驾车，含量大于（等于）80 毫克/100 毫升的行为属于醉酒驾车。公安机关交通管理部门、医疗机构等有关单位依法出具的检测结论、诊断证明等材料，可以作为认定醉酒的依据。

2. 职工受伤与醉酒之间存在因果关系，职工因为醉酒导致的受伤不能认定为工伤。职工醉酒，但受伤与醉酒无关，并非由醉酒引发的受伤也可以认定为工伤。

3. 职工是否醉酒的举证责任应由用人单位承担。

只有上述 3 个要件同时满足时，方可适用"醉酒排除事由"排除工伤认定。

【法条索引】

1.《工伤保险条例》

第十四条　职工有下列情形之一的，应当认定为工伤：（一）在工作时间和工作场所内，因工作原因受到事故伤害的。

第十六条　职工符合本条例第十四条、第十五条的规定，但是有下列情形之一的，不得认定为工伤或者视同工伤：（二）醉酒或者吸毒的。

2.《车辆驾驶人员血液、呼气酒精含量阈值与检验》（GB19522-2010）

3.3 饮酒驾车：车辆驾驶人员血液中的酒精含量大于（等于）20 毫克/100 毫升、小于 80 毫克/100 毫升的驾驶行为；3.4 醉酒驾车：车辆驾驶人员血液中的酒精含量大于（等于）80 毫克/100 毫升的驾驶行为。

四、医疗、生育保险

问题 106　即将生娃，此时公司注销，生育保险待遇方面女职工该如何维权？

关键词：孕期；注销；生育保险

【基本案情】吴某，女，A 公司职工，工作 5 年，孕期 8 个月，即将生育，但此时公司注销了，没有事先通知，也没支付任何补偿，就生育保险待遇方面她该怎样维权？可主张哪些权利？

【法律分析】根据现行生育保险制度，女职工生育当月需正常缴纳社保，否则会影响其正常享受生育保险待遇。公司注销了，孕期职工很难找到一份新工作。即便职工想以自由职业者身份继续缴纳城镇职工社保，但现行法律法规规定，以自由职业者身份进行个人社保缴纳只包含养老保险和医疗保险两种，至于生育保险、工伤保险以及失业保险都是无法缴纳的。如此一来，生育后将无法享受生育津贴。针对孕期时出现公司注销的情况，员工维权应从以下几个方面出发。

一、责任承担主体

根据现行法律规定，劳动仲裁时，员工可将该公司注销时提交市场监督管理部门承诺书中所列明的公司注销后责任承担主体作为被申请人。

二、可主张的权益

1. 经济补偿

公司注销前未与员工进行任何协商，且未给付经济补偿，是不是属于违法解除，可以主张赔偿金？根据《劳动合同法》相关规定，公司注销属于劳动合同自然终止的情形，所以无法认定其为违法解除劳动合同，从而主张赔偿金，但公司应当按照员工工作年限给付经济补偿。经济补偿按劳动者在本单位工作的年限，每满 1 年支付 1 个月工资的标准向劳动者支付。月工资是指劳动者在劳动合同解除或者终止前 12 个月的平均工资。

2. 生育津贴

目前尚没有法律对此特殊情形作出规定，但是司法实践中，法院一般都会支持劳动者有关生育津贴的合理诉求。公司在注销时本应充分考虑员工的合法利益，尤其是应当考虑并保护处于特殊时期的职工权益，而不应仅仅考虑企业自身的经济利益。孕期员工如果未申领到或者与公司正常经营状态下领取到的生育津贴有差额，可以向法院主张全部或部分生育津贴。

【法条索引】

1.《最高人民法院关于适用〈中华人民共和国公司法〉若干问题的规定（二）》

第二十条第二款 公司未经依法清算即办理注销登记，股东或者第三人在公司登记机关办理注销登记时承诺对公司债务承担责任，债权人主张其对公司债务承担相应的民事责任的，人民法院应依法予以支持。

2.《中华人民共和国劳动合同法》

第四十四条 有下列情形之一的，劳动合同终止：（五）用人单位被吊销营业执照、责令关闭、撤销或者用人单位决定提前解散的；

第四十六条 有下列情形之一的，用人单位应当向劳动者支付经济补偿：（六）依照本法第四十四条第四项、第五项规定终止劳动合同的。

第四十七条 经济补偿按劳动者在本单位工作的年限，每满一年支付一个月工资的标准向劳动者支付。六个月以上不满一年的，按一年计算；不满六个月的，向劳动者支付半个月工资的经济补偿。劳动者月工资高于用人单位所在直辖市、设区的市级人民政府公布的本地区上年度职工月平均工资三倍的，向其支付经济补偿的标准按职工月平均工资三倍的数额支付，向其支付经济补偿的年限最高不超过十二年。本条所称月工资是指劳动者在劳动合同解除或者终止前十二个月的平均工资。

问题107 用人单位现有员工都是男性职工，没有女性职工，是否可以不缴纳生育保险？

关键词：男性职工；生育保险

【基本案情】李某，男，34岁，经营了一家保安公司，因工作性质原因，公司32名员工均为男性，没有招用女性员工。李某认为，自己的公司没有女职工，就不需要缴纳生育保险，而且即便缴纳了生育保险，自己的员工也享受不到任何利益。李某的看法有道理吗？

【法律分析】李某的看法是错误的。

生育保险是国家通过社会保险立法，对生育职工因生育而暂时中断劳动，提供必要的经济补偿和医疗保健的一项社会制度。其宗旨在于均衡不同行业男女职工生育费用负担，减轻女职工多的用人单位的人工成本，促进妇女公平就业，同时保障女职工生育期间的基本生活、医疗待遇，保护她们及下一代的身体健康。我国的生育保险属于社会保险型，用人单位即使没有女职工，也必须按照规定缴纳生育保险费。国家之所以要做出这样的规定，既是为了维护女职工的合法权益，保障她们在生育期间得到必要的经济补偿和医疗保障，也是在市场经济条件下，均衡单位负担，实现公平竞争和促进男女平等就业的需要。如果不能有效地均衡用人单位的生育费用负担，不仅会影响单位间的公平竞争，而且会导致一些单位不愿意招用女职工，从而增加女性的就业难度，侵害女性平等就业权。所以，用人单位不管有没有女职工，都应参加生育保险。用人单位应按照国家规定缴纳生育保险费，职工不缴纳生育保险费。2019年3月，国务院办公厅印发《关于全面推进生育保险和职工基本医疗保险合并实施的意见》，明确生育保险基金并入职工基本医疗保险基金，统一征缴，统筹层次一致。生育保险费的费率由当地人民政府根据计划内生育人数和生育津贴、生育医疗费等各项费用确定，并可根据费用支出情况适时调整，但最高不得超过工资总额的1%。

女性按规定缴纳生育保险后，在怀孕分娩期间，符合条件就可以享受生育费用报销待遇，并且还可以享受生育津贴等福利待遇。男职工虽然不存在生孩子休产假的问题，但对于男职工来说，生育保险也能起到很大作用。

男职工交了生育保险，如果其配偶没有交生育保险的话，那么配偶生育也是可以享受生育保险待遇的。如果是全职太太，或者怀孕后因为身体原因就辞职了，那么就无法享受生育保险保障。这种情况下，如果丈夫按规定缴纳了生育保险，那么丈夫所缴纳的生育保险就可以用来报销妻子生产或者流产等相关费用。不过需要注意，一般使用丈夫的生育保险，女性只能按照规定享受生育医疗费用待遇，无法享受生育津贴。

生育医疗费用包括：生育医疗费用、计划生育的医疗费用以及法律、法规规定的其他项目费用。

（1）生育医疗费用。

女职工在妊娠期、分娩期、产褥期内，因生育所发生的检查费、接生费、手术费、住院费、药费或者流产等医疗费用，以及生育出院后因生育引起疾病的医疗费，按照生育保险规定的项目和标准，均由生育保险基金支付。在生育期间超出规定的医疗服务费和药费（含自费药品和营养费用的药费）由职工个人负担。

（2）计划生育的医疗费用。

职工因实行计划生育需要，实施放置（取出）宫内节育器、流产术、引产术、绝育及复通手术所发生的医疗费用。男职工如果在医保定点医院进行输精管结扎和复通手术，那么可以按照规定报销医疗费用，并享受生育津贴待遇，具体以当地规定为准。

参加生育保险的人员在协议医疗服务机构发生的生育医疗费用，符合生育保险药品目录、诊疗项目以及医疗服务设施标准的，由生育保险基金支付。需急诊、抢救的，可在非协议服务机构就医。

如果配偶想使用丈夫的生育保险报销生育医疗费用，那么通常需要同时具备以下三个条件（各地政策可能有所差异，建议提前咨询所在地区医疗保险经办机构）：

（1）配偶未列入生育保险范围；

（2）配偶生育或流产时，丈夫的用人单位以及连续为男职工缴纳生育保险满12个月以上，并且申请生育保险报销时，生育保险还是正常缴纳状态；

（3）符合国家计划生育政策规定和法定生育条件。

如果因用人单位未依法为职工缴纳生育保险费，造成职工不能享受生育保险待遇的，将由用人单位按照法律规定的项目和标准支付其生育保险待遇。

【法条索引】

1. 《中华人民共和国社会保险法》

第五十三条　职工应当参加生育保险，由用人单位按照国家规定缴纳生育保险费，职工不缴纳生育保险费。

第五十四条　用人单位已经缴纳生育保险费的，其职工享受生育保险待遇；职工未就业配偶按照国家规定享受生育医疗费用待遇。所需资金从生育保险基金中支付。

第五十五条　生育医疗费用包括下列各项：

（一）生育的医疗费用；

（二）计划生育的医疗费用；

（三）法律、法规规定的其他项目费用。

2. 《生育保险条例》

第十二条　生育医疗费用包括生育的医疗费用、计划生育的医疗费用和法律、法规规定的应当由生育保险基金支付的其他项目费用。

生育的医疗费用指女职工在孕产期内因怀孕、分娩发生的医疗费用，包括诊治妊娠合并症、并发症的医疗费用。

计划生育的医疗费用是指职工放置或者取出宫内节育器、施行输卵管或者输精管结扎及复通手术、实施人工流产术或者引产术等发生的医疗费用。

第十三条 参加生育保险的人员在协议医疗服务机构发生的生育医疗费用，符合生育保险目录、诊疗项目及医疗服务设施标准的，由生育保险基金支付。

需急诊、抢救的，可在非协议医疗机构就医。

第二十四条 因用人单位未依法为职工缴纳生育保险费，造成职工不能享受生育保险待遇的，由用人单位按照本办法规定的项目和标准支付其生育保险待遇。

3.《国务院办公厅关于全面推进生育保险和职工基本医疗保险合并实施的意见》

以习近平新时代中国特色社会主义思想为指导，全面贯彻党的十九大和十九届二中、三中全会精神，认真落实党中央、国务院决策部署，统筹推进"五位一体"总体布局和协调推进"四个全面"战略布局，坚持以人民为中心，牢固树立新发展理念，遵循保留险种、保障待遇、统一管理、降低成本的总体思路，推进两项保险合并实施，实现参保同步登记、基金合并运行、征缴管理一致、监督管理统一、经办服务一体化。

问题 108 母亲参加生育保险后，新生儿出生后的医疗费用可以跟随母亲的生育保险报销吗？

关键词：新生儿；生育保险

【基本案情】孙某，女，32岁，A广告公司职工，已按国家要求参加了包括生育保险在内的各项社会保险。2021年1月，孙某生下女儿杨某，杨某出生后一天因病理性黄疸住院治疗1周，产生了4 300余元的医疗费用。入院治疗时，杨某尚未参加城乡居民医疗保险。请问杨某的医疗费用能否跟随孙某的生育保险报销？

【法律分析】不可以。新生儿是一个独立的个体，不能被他人（包括母亲）的任何医疗保险所覆盖。因此，杨某的医疗费用不能跟随孙某的生育保险报销。但是杨某的监护人可以为其办理城乡居民基本医疗保险登记，参加城乡居民基本医疗保险。

新生儿参加城乡居民基本医疗保险的具体流程一般如下：新生儿的监护人需持新生儿的户口簿复印件和新生儿的一寸照片，到户口所在的社区居委会填写《城镇居民基本医疗保险参保登记表》，由经办人员签名盖章后，将参保登记表送到市医保中心居民科制作社会保障卡，缴纳医保费（各地政策可能有差异，建议办理前提前咨询所在地区医疗保险经办机构）。

根据现行规定，城镇居民基本医疗保险结算年度为自然年度。对于新生儿，全国绝大部分地区均不再执行随母报销政策，施行新生儿"落地参保"政策，即在一个结算年度内，新生儿出生并在90日（含）内办理当年参保缴费手续的，按照本年度缴费标准缴费，从出生之日起享受当年基本医疗保险待遇；在出生90日后办理当年参保缴费手续的，按照本年度缴费标准缴费，从缴费次日起享受当年基本医疗保险待遇。新生儿参加城乡居民医保社会保险的，不设等待期。因此，为充分保障新生儿享受医疗保险待遇，监护人应在新生儿出生后90日（含）内及时办理保险登记和缴费手续。10月1日至12月31日出生的新生儿，因户籍等问题当年未能参保缴费，监护人可在新生儿出生之日起90日（含）内为该新生儿办理次年参保登记并缴费，自出生之日起至次年12月31日享受医保待遇（各地政策可能有差异，建议办理前提前咨询所在地区医疗保险经办机构）。

如果新生儿没有在出生当年参保缴费，之后在任何一年参保是可以的，只要在集中缴费期缴费就可以作为新参保人员进行参保，享受次年1月1日起至12月31日的医保待遇。但是新生儿作为一个自然人，每时每刻都在面临各种不确定的疾病风险，及时参加城乡居民基本医疗保险可以有效防范和化解医疗费用风险。

【法条索引】

1.《国家医保局 财政部 人力资源和社会保障部 国家卫生健康委关于做好2018年城乡居民基本医疗保险工作的通知》

二、推进统一的城乡居民医保制度建立

完善新生儿、大学生以及已取得居住证的常住人口等特殊人群参保登记及缴费办法，确保及时参保，杜绝发生参保空档期。

2.《国家医保局 财政部 国家税务总局关于做好2021年城乡居民基本医疗保险工作的通知》

二、巩固完善城乡居民医保待遇

要规范待遇享受等待期（以下简称"等待期"）设置，对居民医保在集中参保期内参保的、在职工医保中断缴费3个月内参加居民医保的，以及新生儿、农村低收入人口等特殊群体，不设等待期。